JN077128

改訂版　まえがき

　この本を手にしているみなさんは、個別の支援を必要とする障がいがある子どもやさまざまな環境下に育ち配慮が必要な子どもの育ちとその援助に関心がある人、あるいはこれから就学前の教育・保育に携わる学びを進めた人かと思います。今回、本書の改訂にあたり、3つのことをお伝えしたいと考えています。

　まず、1つ目は、子どもたちの育ちとそのときどきの心の動きを理解するために、専門性のある知識を得て、眼の前にいる子ども、つまり「その子」にかかわりながら、理解を深めているかを問い続けてほしいということです。次に、2つ目は、援助する者として、子どもの「今」にとって、より適したかかわりと援助になっているか、専門性のある揺らぎをもって向き合い、より豊かな実践になっているかを探り続けてほしいということです。そして、3つ目は、本書の初版編著者である故柴﨑正行先生の“自ら育とうとする子どもの育ちを個々に支える”という思いを紡ぎつつ、子どもの声を大切にした保育を営んでほしいということです。2014（平成26）年に本書が発刊された当時は、まだ、「インクルーシブ」という言葉が十分に周知されない状況でした。そのような中でも、柴﨑先生は、この言葉の背景にある理念を大切に、また、今後の社会の変化を見据えて、集団の保育の実践の場である保育所、幼稚園、こども園等での多様性のある子どもを支えることに力を注がれました。保育の場の傍らに身をおかれて、保育者と共に考え続けてこられました。その思いは、本書の初版のまえがきに以下のように記されています。

> 「こうした社会の変化や子どもたちの多様性に、保育者（保育士、幼稚園教諭、保育教諭）はどう対応していけばよいのでしょうか。その基礎は、障がいをめぐるこうした社会や制度の変化、多様化する障がいに対する基礎的な知識の整理、さらには園内でのそうした子どもたちの支援体制づくりの基本などを学んでおくことです」

　2023（令和5）年の今、さまざまな制度改革を経て、まさに集団の保育の中での「インクルーシブ」の言葉の理念の理解が進み、その実践のための支援体制づくりも構築され、「インクルーシブな保育（教育）」が実現されるようになりました。子どもの多様性が認められ、一人ひとりの子どもの生活スタイル、遊び方、学び方で、各々のペースでの育ちが保障される保育が営まれるようになりました。まさに、柴﨑先生の先見の明が初版編集に紡がれていました。この度の改訂版は、障がい理解に必要な知識、さまざまな子どもが共に生活し、育ち合う保育を営むための保育の考え方、専門機関と保育者との連携、社会システムの変化の経緯の明示などの視点から、さまざまな情報が詰め込まれています。この本を手にされたみなさんが子ども理解と“こどもまんなか”の保育の営みに活用していただければ幸いです。最後になりましたが、改訂にあたり、柴﨑先生の思いを繋ぐためにさまざまにご尽力くださいましたわかば社編集部に心より感謝申し上げます。

　2023年11月

著者代表　宮﨑　豊

初版　まえがき

　みなさんはインクルーシブという言葉を知っていますか。きっと最近聞いたことがあるという人が多いと思います。でも、どんな意味ですかと聞かれると、いまひとつはっきり説明できないという人も多いのではないでしょうか。この言葉は、日本語では説明しにくい言葉ですが、共存というような意味です。いろいろな人々が共に暮らす地域を意味しています。

　アメリカ合衆国はもちろんのこと、西欧社会は多様な民族が共存しながら国を形成しています。ですからあえてインクルーシブ社会を保障するというまでもなく、もともとインクルーシブなのです。そしてその多様性の中に、障がいも含まれているのです。もう30年以上前から、障がいのある人がいて当たり前の地域社会づくりが、欧米では主流になってきました。

　この流れが、近年日本でも取り入れられるようになりました。その影響もあって、近年保育をめぐる状況も大きく変わりつつあります。地域の小学校や保育施設に障がいのある子を含めて多様な子どもたちが在籍するようになり、みんなで共に暮らし学んでいく仕組みをつくっていくという方向性です。これまでの障がい児だけを集めた学校で特殊な教育をしていく障がい児教育という考え方から、多様な子どもたちが共に生活する中で、個々に合わせて特別な支援をしていく特別支援教育という方向性に大きく転換していきつつあります。保育の世界もその流れの中で、特別な支援を必要とする子どもの保育という考え方が広がりつつあります。その一方で、発達障害と診断される子どもたちの増加傾向は、保育対象となる子どもたちや保護者の多様化も伴い、保育者もその対応を悩ませています。

　こうした社会の変化や子どもたちの多様性に、保育者（保育士、幼稚園教諭、保育教諭）はどう対応していけばよいのでしょうか。その基礎は、障がいをめぐるこうした社会や制度の変化、多様化する障がいに対する基礎的な知識の整理、さらには園内でのそうした子どもたちの支援体制づくりの基本などを学んでおくことです。障がいに関する社会的な変化や情報の多様化に対応するためには、その情報の適否を判断できる基礎が求められてくるのです。

　そこで本書では、障がいを有する子どもたちの保育について初めて学ぶ人たちが、障がい理解の仕方の変化、障がいの原因や理解の方法、さらには療育や保育のあり方やその歴史や制度も含めて、幅広く基礎となる事柄を学べるように配慮してあります。その意味では、障がい児保育の基礎が理解できる入門書ともいえます。養成校でのテキストとしての活用はもちろんのこと、現場の保育者の方々の基礎知識の本としても活用していただければ幸いです。最後になりましたが、本書の編集を温かく見守り励ましてくださいました、わかば社編集部に心より感謝申し上げます。

　2014年3月

編者　柴崎　正行

も く じ

本書について

● 本書では、「障害（障碍）」の表記を「障がい」とひらがな表記に統一してあります。「害」という文字のもつ意味合いから差別的な印象を与える論議があり、「碍」という文字は「さまたげる」という意味ですが常用漢字外のため、本書では「障がい」「障がい児」等とひらがなで表記しています。ただし、法令名や法律用語、診断名、公式名称で用いる場合などは「障害」と表記しています（本書、第1章§1、p.10参照）。

● 本書では、障がい名や診断名は、保育・教育の中で使われ、理解されやすいものを用いて表記をしています。大きくは、文部科学省の特別支援教育における障がいの区分表に基づくもの、医学の領域で使用される「DSM-5」[1]を基準にしています。法律での分類表記や「DSM-5」の改訂版となる「DSM-5-TR」[2]の診断表記もあり、現状はさまざまな分類表記や表現となっています。今回の改訂では、保育を学ぶ学生のみなさんが理解しやすいように、保育・教育現場で使用頻度の高い診断名を使用しています。ただし、事例や事例解説の診断名は、診断されたときの診断名を記載しています。

　※1）日本精神神経学会「DSM-5 病名・用語翻訳ガイドライン（初版）」2014
　※2）日本語版用語監修：日本精神神経学会、監訳：高橋三郎・大野裕『DSM-5-TR 精神疾患の診断・統計マニュアル』医学書院、2023

● 本書では、理解してもらいたい重要な語句や内容について、ゴシック表記で示してあります。

● 本書では、下記のような囲み記事を設けてありますので、ぜひ参考にしてください。

 本文の語句の説明や補足などを掲載しています。　　　 その章に関連した事柄などをまとめてあります。

● 各章の巻末には、「この章での学びの確認」として、演習課題とその章の参考となる書籍を紹介してあります。

第1章

障がいを理解する

この章で学ぶこと

　　みなさんは「障がい」という言葉から、どのようなことをイメージするでしょうか。また、最近では「障害」に代えて、「障碍」や「障がい」という表記が用いられるのを頻繁に目にするようになりましたが、これらは何を意味しているのでしょうか。

　　そして障がい児保育を行うにあたって、保育者は障がいのある子どもをどのように理解し、どのような援助を行ったらよいのでしょうか。

　　障がい児保育を行うためには、障がいの種類や特徴、効果的な対応方法を知っているだけでなく、その子のことをしっかりと理解していくことが求められます。この章では、障がい児保育の基礎となる「障がいとは何か」「障がいをどう理解するか」ということについて考えてみましょう。

「ショウガイ」をめぐる3つの表記
——障害・障碍・障がい

みなさんは、「障害」という言葉が「障碍」や「障がい」と表記されているのを見たことがあるでしょうか。本書でも、「障がい」という表記を用いています。近年では、「障害」がこのように表記されることが多くなっていますが、これらはどのような意味をもつのでしょうか。

「障害」、「障碍」という言葉を辞書で引いてみると、どちらも「①さわり・さまたげ・さまたげとなるもの、②精神や身体の器官が何らかの原因でその機能を果たさないこと・またその状態」と説明されています[1]。「障害」も「障碍」も、意味はまったく同じなのです。しかし、「障害」と表記する場合には「害」という漢字が「危害を与える」といった否定的なイメージをもたせるために、差別や偏見が生じやすいといった問題がありました[2]。そこで、こうした問題意識から「害」という表記を改めようとする動きが出てきたのです。

「障碍」という表記への変更を求める立場では、ここに「社会的障壁」という意味を込めるなど、「障害」とは異なる意味を見出そうとする主張も見られます[3]。ここでは、障がいが単に心身の機能や構造といった個人の問題ではなく、社会的につくられるという考え方がその背景にあるようです。ところが、この表記を用いる場合、「碍」は常用漢字でないために行政では「障碍」と表記をすることができません。そこで、「害」という表記を改めようとすると「障がい」とひらがなで表記をせざるを得ないという事情もあるのです[4]。

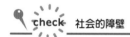

check 社会的障壁

「社会的障壁」とは、障害者基本法において「障害がある者にとって日常生活又は社会生活を営む上で障壁となるような社会における事物、制度、慣行、観念、その他一切のもの」と定義されています。

本節では「ショウガイ」をめぐる表記について確認してきましたが、ここには障がいに対する認識の違いが含まれていることがわかります。とすると、みなさんが「ショウガイ」をどのように表記するかを考えるためには、障がいというものをしっかりと理解しておく必要があるでしょう。次に障がいとは何かということを考えてみましょう。

障がいとは何か

障がいには、大きく2つのとらえ方があります。1つは、心身機能の低下や異常、身

体の一部欠損または喪失などの医学的・生物学的レベルからとらえる "狭義の障がい" です。もう 1 つは、これらの障がいの結果として生じる生活レベル・社会レベルのさまざまな困難という障がいを含む、"広義の障がい" です。近年では、この "広義の障がい"、つまり "狭義の障がい" によってもたらされる生活上の支障までを含めて、障がいをとらえるようになってきました。これは、WHO（世界保健機関）の示した考え方です。

WHO は 2001 年に ICF（国 際 生 活 機 能 分 類： International Classification of Functioning, Disability and Health）を採択し、それまでの障がいの考え方を大きく転換しました。障がいというものを人間の「生活機能（Functioning）」という枠組みでとらえ、次の 3 つのレベルに分けて考えているのです（図表 1-1）。1 つ目は、体や心の機能・手足や器官といった体の部分を表す「心身機能・身体構造」であり、ここに問題が生じた状態を「機能障害（Impairment）」ととらえます。2 つ目は生きていくために必要な生活行為・余暇活動などの「活動」であり、ここに問題が生じた状態が「活動制限（Activity Limitation）」です。そして 3 つ目が社会生活を中心とした人生のさまざ

check　医学モデルと社会モデル

これまでの障がいの考え方には、「医学モデル」と「社会モデル」と呼ばれる 2 つのとらえ方があります。医学モデルとは、障がいは個人の問題であり、専門職による個別的な治療といった医療などの援助を必要とするものであるという考え方です[5]。これに対して、社会モデルとは障がいは社会によってつくられたものであり、社会への統合の問題であるという考え方です[6]。

WHO の示した ICF は「医学モデル」と「社会モデル」という対立する 2 つのモデルを統合した考え方であることから、「統合モデル」と呼ばれます。

な活動に関与する「参加」であり、ここに問題が生じた状態を「参加制約（Participation Restriction）」としてとらえています[7]。

図表 1-1 を見てみると、関連するすべての要素に双方向の矢印がついています。これは、それぞれの要素が相互に影響を与え合っていることを示すものです。たとえば、その人の「健康状態」やその人の年齢、性別、ライフスタイル、価値観、生活歴などの

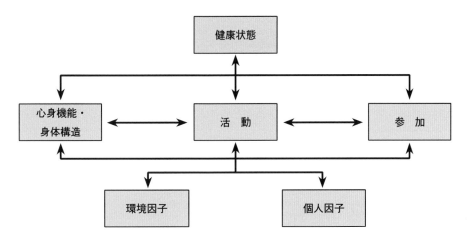

図表 1-1　ICF の生活機能構造モデル

出典）世界保健機関（WHO）『ICF　国際生活機能分類―国際障害分類改訂版』中央法規出版、2002

「個人因子」、社会の意識、制度、その人を取り巻く人的環境、福祉サービスといった「環境因子」などが生活機能に影響を与え、障がいの要因となることがわかります[8]。

　このように、ICFはその人の「生活」に生じる支障や困難を含めて、総合的に障がいの全体像をとらえようとするものです。たとえば、歩行ができないという「機能障害」があっても、車椅子を使用することによって日常生活上の移動が可能になります。反対に、車椅子が使用できない環境では、歩けないこと自体が生活上の問題に直結します。このように、「生活機能」という視点から障がいをとらえると、生活上の支障はどのようなことであり、それを取り除くために何ができるかということを具体的に考えることができるのです。障がい児保育においても、**集団生活を通して子どもの生活機能を高めていくことが大きなねらい**とされています。

　障がいを「生活機能」という視点で考えるとき、障がいを当事者自身がどのように感じ、受け止めるかといった主観的な次元の障がいも見落とすことができません。上田敏は「体験としての障害」いう言葉で、このことの重要性を指摘しています[9]。当事者が障がいをどのように受け止めているのかは生活の質にかかわる大きな問題です。なぜなら、いくら生活機能が高い水準にあったとしても、本人が「障がいがあるからどうせ何をやってもうまくいかない」と絶望していれば、もっている生活機能を発揮することはできず、その結果として生活機能が低下してしまうこともあります。逆に「障がいとうまくつきあうことでいろんなことにチャレンジできる」と前向きに考えている場合には、積極的に今ある力を発揮して自己実現の道を切り開いていくことができるでしょう。

　障がい児を理解しようとするとき、その子の障がいの特徴や程度、それに伴う生活上の支障といった客観的な側面だけでなく、その子自身が自分の状態をどのように感じ、生活の中でどのようなことに困難を感じているのか、**その子が経験する主観的な障がいについても目を向けることが大切**です。

🔖 column　ICF以前の3つの障がい

　ICFが示される以前は、1980年にWHOの示したICIDH（国際障害分類）の考え方が広く知られていました（下図参照）。ICIDHでは、障がいを「①機能・形態障害（Impairment）」、「②能力障害（Disability）」、「③社会的不利（Handicap）」の3つの次元からとらえ、これらの全体像を障がいと考えました。「機能・形態障害」とは、心や身体の機能が障がいを負った状態であり、これによって生活の中でさまざまな能力に障がいが生じた場合を「能力障害」、これらによって引き起こされる日常生活上の不便さを「社会的不利」としています。

　ICIDHによる障がいのとらえ方にはさまざまな課題があったことから、2001年にICIDHの改訂版としてICFが採択されました。

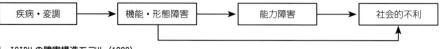

図　ICIDHの障害構造モデル（1980）
　　出典）世界保健機関（WHO）『ICF　国際生活機能分類―国際障害分類改訂版』中央法規出版、2002

§3　病気・健康・最善の利益との関連性

　障がいとは単に心身の機能や構造の問題だけでなく、生活上の支障を含むものであることを先に確認しましたが、障がいと似たような心身の状態を示すものとして病気があります。では、障がいと病気はどのように異なるのでしょうか。病気は「①生物の全身又は一部分に生理状態の異常を来し、正常の機能が営めず、また諸種の苦痛を訴える現象。やまい。疾病。疾患」と説明されています[10]。私たちは病気にかかると、医療機関を受診し、その回復をめざして何らかの治療を行います。しかし、病気の症状が長期間にわたる場合や、一定の水準まで回復することはあっても正常な状態にまで戻らない場合、本来あるはずの構造や機能を失ってしまった場合には、私たちは障がいという言葉でその状態をいい表しています。また、病気の場合にはその種類によって感染することがあります。かつて障がいが感染すると考えられていた時代がありましたが、障がいの場合には他者に感染することはありません。こうした点が、病気との違いといえるでしょう。

　次に、障がいと健康との関連について考えてみましょう。健康とは「身体に悪いところがなく心身がすこやかなこと。達者。丈夫。壮健。病気の有無に関する、体の状態」と説明されています[11]。この内容からは、健康とはおおむね病気がないこととととらえることができます。そのように解釈すると、障がいは病気ではないので障がいがあると健康ではないということにはなりません。さらに、先に見たICFの障がいのとらえ方を踏まえると、健康とは単に病気がないということではなく「生活機能」が高い水準にある状態と理解することができるでしょう。たとえば、脳梗塞の後遺症として片麻痺があったとしても、歩行補助具を使って日常生活を送ることができれば、生活制限は軽減されます。また、パソコン操作ができないといった職業上の問題があるとすれば、音声認識による文字入力ソフトを使用することにより、社会生活を営むことが可能となり、障がいがあっても生活を円滑に営むことができるようになります。

　最後に、保育におけるキーワードである「**子どもの最善の利益**（the best interest of the child）」との関連について考えてみます。「子どもの最善の利益」とは、「**児童の権利に関する条約**」（通称：子どもの権利条約）によって普及した保育の理念を示す概念です。網野はこれを「子どもの生存、発達を最大限の範囲において確保するために必要なニーズが最優先されて充足されること」と説明し

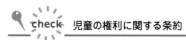

check　児童の権利に関する条約

　「児童の権利に関する条約」（通称、子どもの権利条約）は国連で1989（平成元）年に採択され、日本は1994（平成6）年に批准しました。同条約の内容は「生きる権利」「育つ権利」「守られる権利」「参加する権利」の4つに大別されます。また、同条約には、①生命、生存および発達に対する権利、②差別の禁止、③子どもの意見の尊重、④子どもの最善の利益、以上4つの原則があり、これらは2023（令和5）年4月に施行された「こども基本法」にも位置づけられています。

ており、保育においては主に2つの趣旨が大切であると述べています[12]。1つは、**子どもを一人の価値ある人間としてその尊厳を守り、人権や権利に配慮すること**、もう1つは**保育者の利益よりも子どもの思いやニーズを常に考慮すること**です[13]。

保育者の役割は、障がいそのものにアプローチすることよりも、集団生活を通して子どもの発達を促し、生活機能を高めていくことにあります。子どもの思いやニーズを常に考慮しつつ、子どもがもっている力を十分に発揮して今の生活を充実して生きることを支えることが、子どもの最善の利益につながるといえるでしょう。

§4 “その子の障がい”を理解するとは

私たちが障がいのある子どもを見るとき、“その子”を理解する以前に、その子の診断名にとらわれてしまうことがあります。たとえば、自閉スペクトラム症（本書 p.37 参照）と診断された子どもであれば、その発達特性や行動特性にばかり目が向けられがちです。もちろん、こうした知識を得ることも必要となりますが、障がいに関する知識やその効果的な教育方法を踏まえた保育が、“その子”にとってもっともよい保育とは限りません。なぜなら、同じ自閉スペクトラム症と呼ばれる子どもたちであっても、それぞれの障がいの程度や現れ方は、一人としてまったく同じということはあり得ないからです。

check バイステックの7原則

対人援助における援助の原則としてバイステックが提唱したもので、7つの原則として、①個別化、②意図的な感情の表出、③統制された情緒的関与、④受容、⑤非審判的態度、⑥クライエントの自己決定、⑦秘密保持があります。

対人援助の原則である「バイステックの7原則」には、「**個別化**」と呼ばれる原則があります。これは、援助対象者が一人ひとり異なる独自性をもつ存在であることを理解し、その独自性をもつ特定の一人の人間として対応すべきという考え方です[14]。つまり、同じ障がいのある子どもであっても、一人ひとりはそれぞれに異なる独自の存在であることを踏まえておかなければならないのです。

子どもを一人ひとり異なる独自性をもつ存在として理解することは、何も障がい児保育に限ったことではありません。通常の保育においても一人ひとりの入園までの生育環境、生活経験、好みなどがそれぞれに異なることを踏まえて子どもを理解しています。障がい児保育と聞くと、何か特別なことをしなければならないように感じるかもしれませんが、**一人ひとりの理解に基づいて、それぞれに必要な援助を考えていく**という点では、通常の保育と変わりがないのです。また、気になることがあっても「障がいがあるから」と片づけてしまうことのないよう注意しましょう。

　ここで、ある幼稚園の障がい児保育の取り組みを紹介します。この事例に登場するA子ちゃんは両足の麻痺による肢体不自由という障がいがあり、車椅子を利用して園生活を送っています。担任保育者は、A子ちゃんの障がいをどのように理解しているでしょうか。

> **事例 1-1**　🌿 **みんなと一緒**
>
>
>
> 　幼稚園に在籍する4歳児のA子ちゃんは園内では車椅子を使用していますが、歩けないこと以外はまったく他の子どもたちと変わりなく、自分のことは何でも自分の力でやっています。しっかり者のA子ちゃんはクラスの子どもたちから頼られることも多く、他の子どもたちもA子ちゃんが困っていると自然に手助けをしています。
>
> 　一見、A子ちゃんは十分に集団生活ができているし、クラスの子どもたちともよい関係がつくれていて困っていることはなさそうです。しかし、担任保育者には気になっていることがありました。それは、子どもたちが立っているときに、車椅子に乗ったA子ちゃんの目線がどうしても低くなってしまうということでした。保育者は日ごろからA子ちゃんが「みんなと同じような生活がしたい」という願いをもっていることを感じ取っていました。
>
> 　あるとき、クラスのみんなで踊りをおどることがありました。A子ちゃんも車椅子に乗ってみんなと一緒に踊りをおどっています。しかし、どうしてもA子ちゃんの目線がみんなよりも低くなってしまうことが、保育者には気になっていました。そこで保育者は、A子ちゃんがみんなと同じ目線で踊りに参加することができるように、板とキャスターを使ってA子ちゃん専用の可動式の椅子を手づくりすることにしました。これを使うことで、「みんなと一緒」により近い形で踊りに参加することができるようになり、A子ちゃんはとても喜びました。

　この事例に登場する担任保育者は、“園生活において生活感覚も含めて他児と同じように生活したい”というA子ちゃんの願いを読み取っています。その上で、A子ちゃん自身が感じる不自由さ、つまり「立っている状態ではみんなと目線が違うこと」を理解し、できる限り他児と同じような感覚で踊りに参加できるよう工夫を行っています。保育者は、A子ちゃんという一人の子どもが園生活においてどのような願いをもち、どのようなことに不便さや他児との違いを感じているのか、A子ちゃんの視点からその思いをしっかりと受け止めています。これはまさに、**個別化の原則を踏まえたその子の理解**であるといえるでしょう。

　このように、保育においては単にその障がいを理解するのではなく、それまでの生活状況を踏まえることはもちろん、生活に対する願いやその子が感じている不自由さ、自分自身に対する認識など、**その子にとっての障がいを理解していくことが大切**です。診断名にとらわれることなく、一人ひとりの子どもを独自の存在としてしっかりと理解する姿勢を忘れないようにしましょう。

子どもの「困り感®」に対する理解

　障がい児保育は、通常の保育と基本的には変わりがないことを先に述べました。それでは、障がい児保育にあたって特別に配慮すべきこととはどのようなことなのでしょうか。

　このことを考えるためのキーワードとして「困り感」という言葉があります。これは「日々の生活のなかで子どもが困っているという、子ども自身の感覚を表した言葉」です [15]。障がい児保育を行う場合、保育者はさまざまな面で「困った」と感じることが多くなります。しかし、実は保育がうまくいかずに保育者が困っているときには、障がい児自身がその何倍も困っているのです。私たちは、子どもの姿に「困った」と感じるとき、その行動を何とか望ましいものにしようとあれこれ対応の手だてを考えます。しかしその前に、なぜその子がそうした行動に出ているのか、どのような状況になるとそれが起こるのか、その行動はその子にとってどのような意味があるのかを考えていくことが大切です。

　たとえば、みんなで一緒に活動する場面になると落ち着きがなくなり、保育室内を歩きまわる子どもがいたとします。このとき、「どうしたらみんなと同じように座って話を聞くことができるか」と考える前に、「みんなで活動する場面で落ち着きがなくなることには、どのような意味があるのだろうか？」「活動内容がむずかし過ぎるのだろうか？」「活動の見通しがもてず、不安になるのだろうか？」「具体的に自分が何をしたらよいかがわからないでいるのだろうか？」など、子どもがどのようなことに困っているのか、という視点で考えてみることが必要です。

　子ども自身が感じる「困り感」は保育者のかかわり方や環境によって軽減しますし、場合によっては増大もします。たとえば、見通しがもてずに不安になっているのなら、これから行う活動内容をわかりやすく説明し見通しがもてるようにすることが必要でしょうし、「集まって」といわれても自分がどこに座ってよいのかわからずに戸惑っているのなら、その子の定位置を決めたり、「○○ちゃんのとなりに座ってね」と具体的に伝えたりすることが大切になるでしょう。反対に、困った行動に対して厳しく注意したり、形式的に他児と同じ行動をとることを強要したりすると、子どもはさらに混乱し不安になったりと「困り感」を募らせることになってしまいます。

　このように、その子の「困り感」の内実を探りながら保育を考えていくと、具体的な対応方法を検討しやすくなります。**保育者が困ったときこそ、子どもの視点に立ち、子ども自身が感じる生活上の困難を取り除いていくことが大切**です。

§6 障がいとそこから派生する さまざまな問題

次に、障がいによって派生するいくつかの問題について考えてみましょう。

1．自己肯定感のもちにくさ

check　自己肯定感

> 良い面も悪い面も含めてありのままの自分を受け止め、自分が自分であることを認める感覚のことを「自己肯定感」といいます。類似する概念として、「自己有能感」「自尊感情」「自尊心」などがあり、乳幼児期にはこれをしっかりと育てておくことが重要であると考えられています。

　障がいのある子どもは、日常生活上のさまざまな場面でうまくいかないこと、できないこと、困難を感じることなどが多くあります。また、自分の行動について周囲の大人から注意されたり、他児から批判されたりする経験も多くなりがちです。こうした経験が繰り返されると、自信の喪失や劣等感につながり、自分自身を肯定的にとらえる気持ちが育ちにくくなります。

　特に乳幼児期は心身の発達が著しく、生活習慣の形成をはじめ、さまざまな能力を獲得する時期です。できることがどんどん増えていく周囲の子どもたちの中で、障がいのある子どもは「できないこと」「うまくいかないこと」を多く経験することになります。他者との比較による評価ではなく、"自分が以前できなかったことができるようになった"といった**自分自身の育ちや達成感を感じることができる体験**を大切にしたいものです。

　また、子どもの自己認識には、他者の態度が大きな影響を及ぼします。たとえば、保護者がどの程度子どもの障がいを受容し、どのような感情を抱いているのかは子どもの**自己肯定感**の形成にも影響します。保護者が障がいのあるわが子に対して"不憫である"とか"かわいそう"という気持ちでいたり、悲嘆に暮れていたりする場合には、子どもも「自分はかわいそうな存在だ」「自分は親を悲しませる存在だ」と感じ、自己評価が低下してしまいます。このことは、保育者の対応についても同じことがいえるでしょう。保育にあたっては、障がいのある子どもが自己肯定感をもてるような保育者のかかわり方が大事になってくるのです。

2．仲間づくりのむずかしさ

　障がいのある子どもたちは、仲間づくりにもむずかしさを伴うことがあります。その内実は障がいの種類や程度、年齢などによって当然異なりますが、これは保育者にとっての障がい児保育のむずかしさともいえるでしょう。発達障害のように行動に特徴がある場合には、コミュニケーションそのものに困難が生じますし、奇形や肢体不自由といった外見上の違いがある場合にはその"違い"を感じることによる仲間づくりのむず

18

かしさが伴います。これらは一例ですが、保育者はこうしたことを踏まえながら、**障がい児が仲間とつながる体験**がもてるよう保育を行っていくことが大切になります。

　このことについて、ある幼稚園の例をあげて考えてみましょう。

事例 1-2　好きな遊びをみんなで一緒に

　Ｂ介くんは発達障害のある４歳児です。Ｂ介くんは電車が大好きで、一人で落ち着いて遊べる階段の踊り場に線路をつくってもらい、最近は毎日段ボールでつくった電車に乗って遊んでいます。その魅力的な遊びに引きつけられて他児もやってくるのですが、Ｂ介くんは近寄ってくる子どもを突き飛ばしてしまい、なかなか遊びの場で他児との交流をもつことができません。

　運動会が近づき、保育者はＢ介くんが他児と一緒に楽しめる活動がないかと考えました。そして、Ｂ介くんが大好きな電車を使った競技を取り入れることにしました。Ｂ介くんと他の子どもたちが同じ道具を使って、同じ動きを楽しむことが仲間意識につながるのではないかと考えたのです。この競技にクラス全体で取り組み、Ｂ介くんが電車に乗って進むコツや見本を見せたりするうちに、クラスの子どもたちのＢ介くんに対する見方が少しずつ変わっていきました。Ｂ介くんも電車の競技には張り切って参加し、それまでは自分の電車に他児を乗せることはなかったのですが、同じクラスの子どもだけは同乗することを許容するようになりました。しかし、他のクラスの子どもたちを乗せることはなく、同じクラスの子どもたちはＢ介くんにとって特別な存在となっているようでした。

　このように、楽しさを共有することは障がい児にとっても、まわりの子どもたちにとっても仲間意識の形成につながりやすいものです。Ｂ介くんは大好きな電車を媒介として、同じクラスの子どもたちと楽しさを共有することで、仲間という意識が芽生えたようでした。その子が好きなことや得意なことをみんなで楽しむ、一体感のもてる活動を行うなど、みんなで楽しさを共有できる活動を取り入れていきたいものです。

3.「親 ― 子」関係のむずかしさ

　園に通っている障がいのある子どもたちのほとんどが、療育（本書 p.68 参照）のための施設に通っています。この場合、療育施設で自立に向けたさまざまな治療や訓練を行いながら、保護者はわが子の障がいを少しでも軽減させることや、自立的な生活が営めるようになることを願います。このことは、わが子の幸せを願う親として当然のことでしょう。そして、できる限り自宅でも治療や訓練を実施しようとすることも多いものです。

　しかし、このような場合には保護者が熱心になるあまり、子どもにとっては"治療

者"という存在になってしまうことが少なくありません。乳幼児期は生涯でもっとも発達が著しい時期であるからこそ、さまざまな可能性を信じてできる限りのことをしたいと願うことは自然なことです。特に、治療や訓練が子どもにとって必要なものであればあるほど、保護者が"治療者"としての役割をとることになりやすいといえます。しかし、**子どもにとっては、保護者がありのままの自分を受け止め、支えてくれる存在としての"親"でいることが、非常に大きな意味をもつのです。**

　このような親子関係に生じるむずかしさも考慮に入れながら、保育者は保護者が"親"でいられるための援助を行うことが大切です。

4．障がいを「受容」することのむずかしさ

　乳幼児をもつ保護者が、生まれてきたわが子に障がいがあるという事実を「受け容（入）れる」ことはきわめてむずかしいことです。保育者が子どもに障がいの疑いがあることを保護者に伝えると、保護者との関係が悪化してしまうケースが多々報告されていますが、これは当然の反応ともいえるでしょう。なぜなら、突然わが子に障がいがあるといわれても、「そんなはずはない」「うちの子に限って」とまずは否定したくなるからです。そう考えると、「なぜ先生はそんなことをいうのか」「どうしてうちの子をそういう目で見るのか」といった怒りが込み上げてくるのは自然なことと理解できます。

　保護者がわが子の障がいを知ったとき、まずショックや悲しみ、怒りといった感情が起こり、それを否定したり落ち込んだりすることが通常の反応です。障がいの受容に関する研究では、いくつかの段階を経て最終的にわが子の障がいの受容に至るという考え方もありますが、いずれにしても乳幼児期という人生のきわめて早期の段階で、保護者がわが子の障がいを受け入れることは大変むずかしいことなのです。さらに、障がいを認めるということは、自分が「障がい児の親」であることを同時に認めることでもあるのです。

　保育者としては、できる限り早い段階で療育を開始したほうが効果的であるために、早く保護者に障がいを認めてもらいたいと考えます。しかしながら、療育を受けさせるかどうかは最終的には保護者が判断することになるので、保護者の気持ちの準備が整わないままに子どもの障がいを突きつけることが、かえって子どもを必要な療育から遠ざけてしまうこともあるのです。そのため、障がい児を適切な療育につなげるためには、**保護者の混乱や怒り、悲しみなどを受け止めつつ、子どもにとって必要な援助を共に考えていく姿勢**が求められます（本書第3章 p.41〜参照）。

check　3つの「障がい受容モデル」

　保護者が子どもの障がいをどのように受容していくのかについては諸説ありますが、大きくは次の3つの考え方があります[16]。
1．段階モデル
　混乱から受容に至るまでを段階的な過程としてとらえる考え方であり、Drotar のショック→回復への期待→悲嘆、怒り→順応→再体制化という段階説が有名です。
2．「慢性的悲嘆」モデル
　受容過程を直線的にとらえた段階説に対して、保護者はさまざまな局面で悲嘆や混乱と回復を繰り返し経験するとする考え方です。
3．螺旋モデル
　上記2つのモデルを包括した考え方であり、保護者は落胆と適応を繰り返しながら子どもの障がいに適応していくとする考え方です。

この章での学びの確認

　本章では、「障がいとは何か」ということを考えてきました。そして、障がいとは、心身の"障がい"それ自体だけでなく、障がいによって生じる生活や社会参加に関する制限、社会的障壁なども含めた概念であることを確認してきました。このように、障がいを「生活機能」という視点から理解することに加えて、障がいの主観的な側面についても目を向けていく必要性についても述べました。

　実際の障がい児保育においては、診断名にとらわれることなく、その子をしっかりと理解すること、保育者が困ったときには子どもの「困り感」に目を向けることを忘れないようにしましょう。また、こうした障がい児本人の問題に加えて、障がいが親子関係に及ぼす影響や、保護者の障がいの受容のむずかしさについても保育者として意識しておくことが大切です。

演習課題　　　　　　　　　　　　　　　　　　　　　　　　　　　assignment

1　2人組になり、一人は目を閉じて教室内や階段などを歩き、もう一人は危険のないよう手を引いて誘導します。役割を交代してこれを繰り返します。お互いに体験できたら、目が見えない場合の生活上の困難について感じたことを話し合ってみましょう。

2　ある部分に障がいがあると、日常生活にはどのような不自由や困難が伴うか、グループで話し合ってみましょう。さらに、それらを解消するためにはどのような援助や機器、サービス等が必要か、考えてみましょう。

参考文献　　　　　　　　　　　　　　　　　　　　　　　　　　　reference

『ICF 国際生活機能分類 —— 国際障害分類改訂版』
世界保健機関（WHO）・障害者福祉研究会編、中央法規出版、2002
　障がいについてきちんとその概念を学びたいと考える方におすすめの一冊です。現在の障がいの考え方だけでなく、これまでの障がい概念の変遷や改定に至った背景、以前の考え方の問題点などを含めて詳細に理解することができます。

『気になる子の本当の発達支援【新版】』 市川奈緒子、風鳴舎、2017
　本書では、障がいの有無にかかわらず、子ども理解を深めるための視点を提示しています。その上で、さまざまな発達特性を取り上げながら、子どもの行動を理解するための手がかりやその背景をわかりやすく解説しています。また、実践編では子どもだけでなく、保護者を含めた援助の具体例が示されています。

『特別な配慮を必要とする子どもが輝くクラス運営 —— 教える保育からともに学ぶ保育へ』
松井剛太、中央法規出版、2018
　本書では、特別な配慮を必要とする子どもを、保育者に「学びのきっかけをくれる子ども」としてとらえ直し、子ども理解の視点や方法、クラス運営の考え方について、具体的な事例を通してわかりやすく解説しています。

第2章

障がいの原因と発見

　人はいつから「障がい児」あるいは「障がい者」となるのでしょうか。それは人により大きく異なります。たとえば母親の体内にいるとき（胎児）から、すでにそのような原因がつくられていることもあります。一方、交通事故や病気で"突然"障がい者なる人もいます。

　妊娠したとき夫婦が思うことは、「健康に生まれてほしい」ということではないでしょうか。それはある意味、障がいを否定していることかもしれません。障がいがあるからといって他の人より劣っているとは限りません。しかし、日常の生活において「不便さ」を感じることが多いのも事実です。そして、その「不便さ」は「いつ」障がいがあるようになったかで異なってきます。たとえば生まれたときから目が見えない子どもと、園に入ってから見えなくなった子どもでは、心に抱く感情や求める支援も異なってきます。保育者は、「いつ」、「どのような原因で」障がいが起こり、「どのように発見されるのか」について、正確に理解しておく必要があるのです。

　本章では「障がいの原因となる病気や疾患がいつ起こる可能性が高いのか」について、胎児期から学童期の子どもの発達を追いながら知識を深めていきます。

§1 胎 児 期

1．胎児の成長と障がい

　人の誕生は「偶然」と「奇跡」の中で育まれていきます。女性がどのような卵子を排卵し、どのような精子と出会い受精するのか、それは母親や父親となる当人ですらわかりません。しかし、もうこの段階で成長ははじまっているのです。精子が卵子と出会うまでは5分程度といわれています。そして、その10日後には胎盤がつくられ、胎児に必要な酸素や栄養が運ばれるようになります。胎児はその後38週かけて体内で成長していきます。それはおおよそ図表2-1のような過程となります。

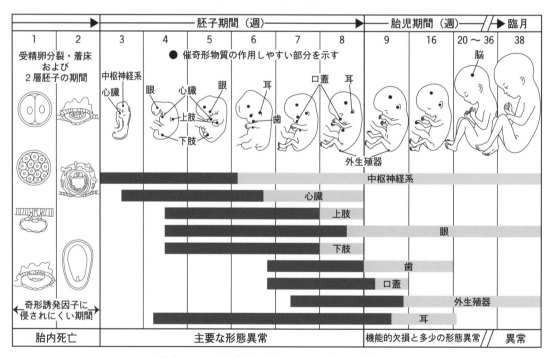

図表 2-1　出生前の発達　出典）川島他：2010 より[1]

　胎児期では、胎児の栄養源はすべて母親であるため、母親がどのような生活を送っているかが、胎児の発育に大きな影響を及ぼします。どのような食事をしているかはもちろん、飲酒や喫煙、薬の服用なども胎児の成長に影響を及ぼす場合があります。また、妊娠中の感染症（風疹や梅毒など）には十分な配慮が必要です。その他にも、妊娠中毒症にかかったり、放射線を多く浴びるなど、母親の状態の悪化が、胎児に障がいを引き起こす原因になる可能性もあります。また、胎児の成長は、右半身と左半身をくっつけ

る、いわゆる"癒合"が行われるのですが、この癒合がうまくできないと、口蓋裂や二分脊椎症（にぶんせきつい）などの障がいで生まれてくる可能性もあります。

　このような障がいの多くは、成長の過程で"偶然"生み出されたもので、生まれてくるまでわからない場合がほとんどです。なお、風疹、麻疹、流行性耳下腺炎（おたふくかぜ）、水痘（水疱瘡（みずぼうそう））、B型肝炎などは、妊娠時や出産時に子どもの先天異常の要因となったり、母子感染のリスクがあります。これらの疾病にはワクチンがありますので、妊娠の可能性がある人は予防接種を受けることもできます。一方、生まれてくる前（胎児のとき）から"障がいがあること"あるいは"障がいがある状態で生まれてくる可能性が高いこと"が検査によってわかる場合があります。それらには、①**遺伝学的疾患**、②**染色体異常**、そして、③**先天異常**があります。

　人間は、"遺伝子"を基礎として形成されています。よって、母親あるいは父親が遺伝子の異常による疾患にかかっている場合、生まれてくる子どももこの疾患をもっている可能性は高くなります（遺伝学的疾患）。また、染色体は、その遺伝子を収納する倉庫という、重大な役割を担っています。よって、この染色体に不具合が起こると、障がいが起こる確率が高くなります（染色体異常）。そして、胎児期に何らかの要因で身体機能が正常に形成されなかったときには、特有の特徴をもった体で生まれてくる可能性もあるのです（先天異常）。

　ここでは、染色体の異常による障がいを考えてみることにします。

　人の染色体は、通常46本で22対の常染色体と2つの性染色体（XXが女性・XYが男性）からなっています（図表2-2）。

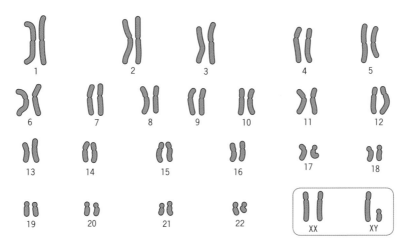

図表 2-2　人間の染色体

　この図からもわかるように、1対目の染色体は大きく、22番目の染色体になるにしたがって段々と小さくなっています。染色体は大きいほうが身体を構成している要因が大きいため、1対目や2対目のように番号が小さい染色体に異常がある場合は、正常な発育ができません。結果、ほとんどが流産してしまいます。

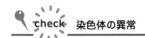
染色体の異常

染色体の異常には次のようなものがあります。
● 数的異常
1つしかない（モノソミー）
3つある（トリソミー）
正常と異常が混じり合う（モザイク）
● 構造異常
一部が欠ける（欠失）
一部が入れ替わる（相互転座）

染色体異常でよく知られている障がいには、「**ダウン症候群**」（以下、ダウン症）があります。ダウン症の染色体は21番目が3つあるため21トリソミーともいわれています。この他にも13トリソミー（パトー症候群）や18トリソミー（エドワーズ症候群）があります。この3つの染色体は、22対の中でも情報量が少ないものです。そのため、流産せずに産まれる可能性があります。一方で、身体の多くの部位で奇形を起こしたり、重度の知的障害を伴います。たとえば、18トリソミーではほとんどに心臓の欠陥が見られます。同様にダウン症は心臓疾患や消化器などの疾患が合併症として現れることが多いため、その治療が早期から必要となるケースが多く見られます。

2. 出生前診断

出生前診断とは、「妊娠早期に先天異常の診断を行うこと」と定義されています[2]。女性が安全に妊娠・出産するために、さまざまな情報をあらかじめ全体として評価します。対象となる母体と胎児の状態の条件は、①症状が重篤、②再発の危険性が高く、③正確な診断法があること、とされています。検査は以下について行われます。

① 胎児の異常として、先天性疾患（奇形）や発育不全
② 胎児の異常として、位置異常（前置胎盤）など
③ 臍帯の異常として、臍帯巻絡など
④ 羊水異常として、羊水過多・羊水異常

先天性疾患があって生まれてくる子どもは、統計的には3〜5％といわれています。原因は、①染色体の異常、②ある特定の遺伝子の変異、③薬剤・ウイルス・放射線などの催奇形因子（胎児に奇形を起こさせるもの）や環境、そして④原因が特定できない多因子遺伝、の4つに分けられます。

	検査方法	実施時期（妊娠週数）	結果までの時間	確定／非確定
侵襲的[※1]	絨毛検査	10〜14週	2〜3週	確定的
	羊水検査	15週〜	2〜4週	確定的
非侵襲的[※2]	母体血清マーカー検査	15（14）〜21週	7〜10日	非確定的
	超音波検査	11週〜	即時	非確定的
	母体血を用いた新型出生前検査（NIPT）	10（9）〜	7〜10日	非確定的

※1　侵襲的とは、胎盤の一部（絨毛）や母体の羊水を直接採取する検査。
※2　非侵襲的とは、母体の血液や超音波などを使用する検査。

図表2-3　出生前検査

出典）山中美智子・玉井真理子・坂井律子 編『出生前診断受ける受けない誰が決めるの？』生活書院、2017
注記（※）筆者加筆

　出生前診断の検査は、前頁の図表 2-3 のようになっています。第 1 に非侵襲的な検査を行い、「陽性」の結果が出た場合、胎児異常の診断（確定）を行うために侵襲的検査を行います。特に 2013（平成 25）年から"**新型出生前診断**"として行われているNIPT は、13 トリソミー、18 トリソミー、21 トリソミーの確率を調べることができ、ほかの母体血清マーカー検査と比べても信頼度（99％以上）がとても高くなっています。

　日本における出生前診断の実施率は、諸外国に比べて決して高くありません。それは、日本の法律（母体保護法）では、人工妊娠中絶が認められるケースは、「妊娠の継続又は分娩が身体的又は経済的理由により母体の健康を著しく害するおそれのあるもの」、あるいは「暴行若しくは脅迫によつて又は抵抗若しくは拒絶することができない間に姦淫（かんいん）されて妊娠したもの」とされていることや、中絶に対する特有の観念があることが大きいでしょう。つまり、生まれてくる子どもに障がいの可能性が見つかっても、それを理由に人工妊娠中絶を行うことは認められていないのです。日本産科婦人科学会の報告[3]によると、2013（平成 25）～ 2020（令和 2）年に NIPT で陽性の判定を受けた 1,556人中、妊娠の継続を中断した人は 1,083 人でした。他の要因（要因のわからない人）を含めた妊娠中断率は 78.2％ です（偽陽性者・研究脱落者を除いているため、実質の割合はもっと高率である可能性あり）。妊娠を中断する人の多くは、"経済的理由"により人工妊娠中絶を行っていると考えられます。

　一方、家族（両親やきょうだい、子どもなど）に先天異常があるために、妊娠や出産をためらう人の姿もあります。そのようなときに出生前診断の結果が妊娠（あるいはその継続）の後押しになることもあります。現在の出生前診断を行う際に強化しなければならない事柄は、診断や検査の前後に行う"**遺伝カウンセリング**"の充実です。"検査で胎児に疾病（障がい）の疑いがある判定が出た場合どう対応するか"、について検査前に

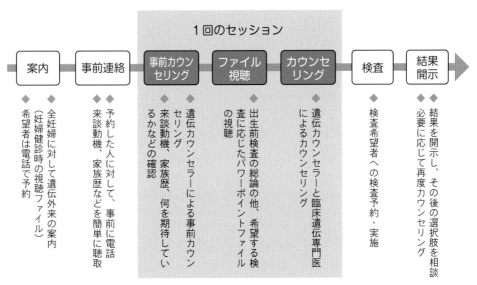

図表 2-4　出生前検査前の遺伝カウンセリング

出典）山中美智子・玉井真理子・坂井律子 編『出生前診断受ける受けない誰が決めるの？』生活書院、2017

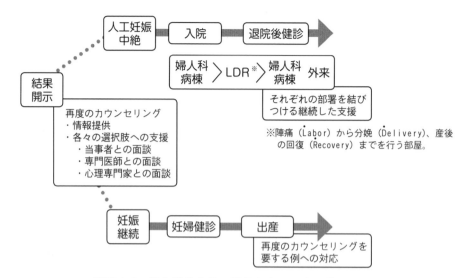

図表 2-5　出生前検査後の遺伝カウンセリング

出典）山中美智子・玉井真理子・坂井律子 編『出生前診断受ける受けない誰が決めるの？』生活書院、2017
注記（※）筆者加筆

説明し、疾病（障がい）の可能性が明らかになった場合は、その対応について一緒に考える体制づくりが必要なのです。なお、家族に先天異常による障がいがある人がいる場合は、「受精卵診断」や「着床前診断」も選択肢として考えられます。出生前診断を行う場合は、どのような検査を行うのか、どのような検査結果があるのか、その結果を受けてどのような選択肢が考えられるのかなどをていねいに伝え、共に考える機会（遺伝カウンセリング）を重要視することが大切です。

　遺伝カウンセリングには大きく分けて２つのパターンがあります。１つは前頁の図表2-4 のように出生前検査自体を受けるか受けないかを判断するための遺伝カウンセリング、もう１つは図表2-5 のように出生前検査の陽性の結果を受け、妊娠を継続するか否かを判断するための遺伝カウンセリングです。なお、出生前検査を受けるか受けないかを判断する遺伝カウンセリングも２つの段階があります。第１は出生前検査の意義や役割をていねいに説明する段階、第２として検査を受けることを決定した人に対して、最終的な意思決定を確認する段階です。検査は絶対に受けなければならないものではありませんので、少しでも不安があった場合は不安を取り除き、安心して妊娠・出産ができる環境をつくることが求められているのです。

　出生前診断は、“命の選択”の意味合いが強くあります。また、診断後の選択肢にはさまざまな要因が含まれます。また、家族など周囲の人々の心理的葛藤を伴います。保育者がアドバイスを求められることはあまりないかもしれません。しかし、もし相談を受けたときに、“相談してくれた保護者に応じた最適な回答ができるように”日ごろから子どもや保護者にかかわっておきましょう。そして、常にアンテナを高くするとともに、子どもの成長や子育て支援の専門家である保育者として、自身の考えを整理しておくことも大切です。

§2　出　生　時

　出産は、女性にとって人生の中でももっとも大きなイベントの一つにあげられるでしょう。現在のように合計特殊出生率が 2.0 を下まわっている状況においては、出産の経験は 2 度以下の人が多いということになります。

　出産の流れを少し説明すると、陣痛がはじまり子宮口が全開になるまでに（初産で）10 時間〜 12 時間かかります。その後次第に胎児が降りてくると頭が見えるようになります。その後胎児は体を回転させながら体全体を出してくると出産となります。このように文章にすると簡単ですが、陣痛が起こってから出産まで、個人差は大きいですが、11 時間から 16 時間かかります。まさに「生みの苦しみ」です。

　このように苦労をして生まれた子どもですが、出産したときの子どもの状態がその後の障がいに結びつくことがあります。このような子どもを「**ハイリスク新生児**」ともいいます。この原因としては、①長時間の分娩、②早期破水、③回旋異常、④胎盤早期剥離、などがあげられています。

　このようなハイリスクの新生児の状態は、図表 2-6 のようなものがあげられます。

　これまで述べたような胎児や新生児の異常は、一部、出産前にわかっているものもありますが、生まれてはじめてその事実を知るケースも少なくありません。10 か月前後お腹の中で温めてきたわが子にようやく出会えたとき、障がいを知った母親の気持ちはどのようなものでしょうか。

　胎児期や出生時に発生した障がいは、子どもの将来

 check　**低体重の子ども**

　従来日本では 1951（昭和 26）年以降、生まれたときに 2,500g 以下の子どもを「未熟児」としていましたが、1961（昭和 36）年の WHO の勧告に従い、「低出生体重児」と改名されました。

　一般的には 2,500 g 未満で生まれた子ども全般を指しますが、詳細な内訳では、体重が 2,500 g 未満を「低出生体重児」、1,500 g 未満を「極低出生体重児」、1,000 g 未満を「超低出生体重児」と呼びます。低体重で生まれてくる子どもは年々増加傾向にあり、1975（昭和 50）年には 4.6％でしたが、2019（令和元）年度には 8.1％となっています[4]。

状態	原因	生まれたときの状態	疾病	障がいの可能性
新生児仮死	胎児の異常、妊娠中毒症、胎盤・臍帯・分娩の問題	呼吸困難	低酸素性虚血性脳症	脳性麻痺、知的障害
黄疸	母子の血液型不適応など	血液中の赤血球の破壊（哺乳力低下・後弓反張）	核黄疸、高ビリルビン血症	脳性麻痺、聴力障害、歯の異常、筋肉の硬直
低出生体重児	出生時 2,500 g 未満の体重	呼吸困難	特発性呼吸窮迫症、未熟児網膜症	硬直性麻痺、視覚障害

図表 2-6　新生児において障がいが残る状態

出典）茂木俊彦編集代表『特別支援教育大事典』旬報社、2010[5] より作成

に多大な影響を及ぼすものが多いのです。子ども自身はもちろん、早期からの母親や家族に対する十分なケアが不可欠といえるでしょう。

乳幼児期

1．乳幼児期の疾病とそれに伴う障がい

（1）先天性（遺伝性）の疾患

乳児期には以下のようにさまざまな**先天性の疾患**が明らかになる場合があります。それらの疾患は、多くの場合で、"体の自由に不便さを伴う"、"体の動きに制限が加わる"などの「障がい」を伴うことになります。

① **消化器系**……胃の出口が狭くなっている先天性幽門狭窄症や、生まれつき食道が閉じている先天性食道閉鎖症など

② **心疾患**……心臓の壁に欠損が見られる心房中隔欠損症など

③ **四肢の異常の疾患**……手足の指がない・少ないなどの先天性四肢欠損症など

④ **脳・神経・筋・関節の疾患**……先天性股関節脱臼、先天性ミオパチー（筋肉の過緊張）、先天性筋ジストロフィーなど

（2）アレルギー疾患

乳幼児期に明らかになる疾患の中で比較的多く見られるものに、**アレルギー疾患**があります。特に**アトピー性皮膚炎、喘息、食物アレルギー**などは乳幼児がかかる割合が非常に高いものです。これらは早期に発見しないと**アナフィラキシー反応**を起こし、重篤な症状に陥ったり、生命をも脅かすものになりかねません。

check　アナフィラキシー反応

アレルギー反応の一つで、ハチ毒や食物・薬物などのアレルゲンが原因となり、毛細血管が拡張してショック症状を起こします。症状としては全身性の蕁麻疹と咽頭の浮腫や腹痛などです。この症状が起こったときはすぐに救急車を呼び、ショックを抑える注射を打つことが必要になります。

（3）脳にダメージを残す恐れがある疾病

乳児は、生後3か月くらいになると、母親からの免疫が弱まり感染症にかかりやすくなります。感染症とはウイルスや細菌によって引き起こされる病気です。乳児が罹りやすい感染症には、「突発性発疹」、「感染性胃腸炎」、「かぜやインフルエンザ」、「麻疹」、「水ぼうそう」、「手足口病」、「RSウイルス」などがあります。これらの病気は、適切な治療を受けることにより治癒することがほとんどです。しかし、乳児は抵抗力が低い

ことから高熱を引き起こすこともあります。高熱が続いたり、痙攣を起こすなどの症状が出た場合はすぐに病院に行き、治療を受けることが必要です。適切な治療を受けなかった場合は、以下のような炎症が起こることがあります。

① 髄膜炎

脳を包む髄膜に病原体が侵入し、発熱、痙攣、意識障害、頭痛、嘔吐などの症状が現れます。結果、脳にダメージが残り、学習障害、てんかん、難聴などの後遺症が残る場合があります。

② 脳症・脳炎

脳内にウイルスなどが直接侵入し、発熱、痙攣、意識障害に加えて脳波の異常、脳浮腫が見られます。知的障害、運動障害、ミオクローヌス（筋肉が、稲妻のように急に激しくぴくつく）などの後遺症が残り、場合によっては寝たきりになることもあります。

2．新生児マススクリーニング検査

新生児に対して、先天的な病気にかかっていないかを調べるために行われる検査です。日本では1977（昭和52）年から開始されました。通常生後4日〜7日に、新生児のかかとから少量の血液を採取し、検査を行います。検査は任意ですが、近年ではほぼ全新生児が受けています。実施主体は都道府県および政令指定都市で、費用は公費（無料）で行われます。たとえば東京都であれば、2018年（平成30）年からは、フェニルケトン尿症、メープルシロップ尿症、ホモシスチン尿症、シトルリン血症1型、アルギニノコハク酸尿症等、20疾患です[6]。

このような検査を国はなぜ公費（無料）で行うのでしょうか。もっとも大きな理由は、「**早期発見**」です。これらの病気の特徴は、①確立された診断・治療法があり、②早期に発見して治療することにより、死亡や障がいの発生を予防できる、また、③発生頻度がある程度高い（数万人に1人程度）ため、予防効率も高いというものです。逆をいえば、④発見・診断が遅れると、死亡したり障がいが残る可能性が高い、という病気でもあります。

近年では、「**予防医学**」がさかんに叫ばれるようになっています。これは、「病気を治す」という観点から一歩進み、「**病気にかからないような環境をつくる**」ことを目的としています。たとえば食生活の見直し、適度な運動の奨励、睡眠を十分にとる、ストレスを溜めない生活を送る、などです。病気にかかる人が少なければ、結果的に国は経済的な負担も少なくなります。

マススクリーニングとは、「ふるいにかける」という意味があります。新生児のマススクリーニング検査も、「病気にかかる可能性がある人を早期に発見する（ふるいにかける）」ことで、その発生を防いだり、重い症状が出ないようにすることを目的としています。もちろん、病気になる可能性がある人にとっても、早期発見は多くのメリットがあります。このように、国と新生児、相互のメリットがあるため、現在ではほぼ全員が

この検査を受けるようになっているのです。

3．乳幼児健康診査（健診）と早期発見

　母子保健法第12条では、市町村が乳幼児の健康診査（以下、健診）を行うことが義務づけられています。この法律に基づいて、多くの自治体では子どもが1歳6か月になったとき、および3歳になったときに健診を行っています。ではどうしてこの時期に健診を行うのでしょうか。その理由は、この2つの時期は、発達の大きな変化が見られる時期だからです。1歳6か月のころは、歩行の獲得、言葉を主とするコミュニケーションの芽生え、積み木などの微細運動の開始が見られます。また、片づけた玩具の場所を覚えているなどの記憶力も見られるようになります。また、3歳は、言葉を主とするコミュニケーションの獲得、自我の芽生え、社会性の発達（友達とかかわって遊ぶことができるなど）、排泄習慣の完了（オムツがとれる）などが見られる時期です。

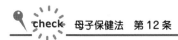

check　母子保健法　第12条

　市町村は、次に掲げる者に対し、厚生労働省の定めるところにより、健康診査を行わなければならない。
1．満1歳6か月を超え満2歳に達しない幼児
2．満3歳を超え、満4歳に達しない幼児

　なお、乳幼児健診を行う理由は、大きく2つがあげられてきました。第1に、疾患や障がいを早期に発見することにより、**早期からの治療や支援体制をつくることを可能にしていく**ことです。第2としては、**地域全体の傾向を把握する**ことです。しかし、最近ではこれに加え、児童虐待の発見、母親の育児不安を軽減するなどの目的も叫ばれるようになっています。よって、母子保健法での健診の実施義務は2回ですが、市町村によっては、新生児や3か月〜4か月の子どもの健診を行うところも多くなっています。

　また、小学校に就学する前には、健康診断を行うことが義務づけられています（学校保健安全法第11条）。正式には、「**就学時（の）健康診断**」といいます。実施を行うのは市町村の教育委員会で、就学する前年度の11月までに行われます（学校保健安全法施行令第1条）。この健康診断を行う理由は、学校の選別を行うためです。つまり、この健康診断で異常が見つからなかった場合は、地域の小学校の通常学級に就学します。しかし、何らかの疾病や障がいが発見された場合は、教育委員会は保健上必要な助言、就学義務の猶予・免除および就学指導などの適切な処置をとらなければ

check　学校保健安全法

　学校、生徒、児童および幼児並びに職員の健康増進を図るために定められた法律です。たとえば、健康診断を行うこと、学校医を置くこと、保健室を設置することなどが、学校（つまり設置者である国の）義務であることが明記されています。

なりません（学校保健安全法第12条）。よって、これらの結果を受けた教育委員会は保護者と話し合いを行います。結果、就学先を「特別支援学校（養護学校・ろう学校・盲学校）」や「地域の小学校の特別支援学級」、「地域の小学校などの通常学級」にしたり、「就学猶予」（小学校に通わず治療に専念する）などの措置をとることもあります。

　ここでは、1歳6か月健診、3歳児健診および就学前健診で発見されやすい疾患につ

いて考えてみます。

(1)　1歳6か月児健康診査

① 身長・体重の増加不良→神経疾患など（体重や身長の遅れが著しいとき）。

② 歩行の遅れ→筋ジストロフィーを含む筋疾患、脳性麻痺、先天性股関節脱臼など。

③ 言葉の遅れ→視聴覚の疾患、自閉スペクトラム症など。

④ 視聴覚の問題→先天性の疾患の有無（正常に見えているか、正常に聞こえているか、その他斜視など）。

⑤ コミュニケーションの問題→自閉スペクトラム症など（相手と視線が合わない、自分の要求を伝えられない、相手の表情を理解できないなど）。

⑥ 歯の問題→う歯（虫歯）の有無、歯や口腔の変形の有無。

⑦ アレルギーの問題→アトピー性皮膚炎、気管支ぜんそく、食物アレルギーの有無など。

⑧ その他：栄養状態、予防接種の実施状況、多動、指しゃぶり、貧血、心雑音など。

(2)　3歳児健康診査

① 低身長・過身長→成長ホルモンの異常（軟骨異栄養症、ターナー症候群、マルファン症候群など）、消化器疾患、代謝疾患など。

② 体重の大幅増加→浮腫（ネフローゼ症候群など）、肥満。

③ 単語が出ない・指示が通らない→吃音、視聴覚障害、知的障害、自閉スペクトラム症など。

④ 歩けない・歩き方がおかしい・よく転ぶなど→筋ジストロフィー、重症筋無力症、軽い脳性麻痺など。

⑤ 他児とかかわることができない→自閉スペクトラム症、知的障害、ADHD など。

⑥ 食行動の問題→偏食、食物アレルギーなど。

⑦ 視力の問題→遠視、近視、乱視など。

⑧ 聴力の問題→（中耳炎・髄膜炎・外傷などによる）後天性の難聴など。

⑨ 尿検査による発見→慢性腎炎、腎不全、Ⅱ型糖尿病など。

⑩ その他：児童虐待

(3)　就学時健康診断

① 栄養状態→貧血の有無、肥満。

② 脊柱の状態→側わん症などの形態異常の有無。

③ 胸郭の状態→結核などの他、形態異常の有無。

④ 視力の状態→遠視、近視、乱視など。

⑤ 聴力の状態→難聴など。

⑥ 眼の状態→伝染性疾患、眼位の異常、色弱など。

⑦ 皮膚の状態→伝染性疾患、アレルギー疾患など。

⑧ 耳鼻咽喉の状態→耳・鼻・口腔咽頭に関する疾患の有無。

⑨ 歯および口腔の状態→う歯、かみ合わせの問題など。

⑩ その他→知能・呼吸器・循環器・消化器・神経系などについての状態→心疾患、肝臓疾患、骨・関節の疾患、神経疾患、知的障害、言語障害、四肢の運動障害、発達障害、などの発見を行う。このため、多くの場合、知能検査が行われる。

（4）早期発見と診断

このような疾病や障がいは、早期に発見し、治療を行えば症状が軽減する場合も多くあります。しかし、保護者はこれらの疾病や障がいが発見された場合は、なかなか受け入れがむずかしい場合が多く見られます。保育者は常に子どもと保護者に寄り添い、その気持ちを理解しつつ、常に治療や療育の状態を把握しておくことが必要となります。

なお、近年では、発達障害に対する関心が高くなっています。発達障害の診断には**DSM**という診断の手引きが主に用いられます。DSMは、アメリカ精神医学会が出版した精神疾患の診断基準・診断分類です。正式名称は「精神疾患の診断・統計マニュアル（Diagnostic and Statistical Manual of Mental Disorders）」といい、その頭文字を略してDSMと呼んでいます。主な神経発達症は図表2-7のようになっています。なお、2022（令和4）年には改訂され「DSM-5-TR」が示されています（本書p.8「本書について」参照）。

1	知的能力障害群 1）知的能力障害（知的発達症） 2）全般的発達遅延 3）特定不能の知的能力障害（特定不能の知的発達症）	5	限局性学習症 1）特異的学習障害 　①読みの障害 　②書き表現の障害 　③算数の障害
2	コミュニケーション症群 1）言語症 2）語音症 3）小児期発症流暢症 4）社会的（語用論的）コミュニケーション症 5）特定不能のコミュニケーション症	6	運動症群 1）発達性協調運動症 2）常同運動症 3）チック症群 　①トゥレット症 　②持続性（慢性）運動または音声チック症 　③暫定的チック症 2）他の特定されるチック症 3）特定不能のチック症
3	自閉スペクトラム症		
4	注意欠如・多動症 1）注意欠如・多動症 　①混合発現型 　②不注意優勢型 　③多動性・衝動性優勢型 2）他で特定される注意欠陥多動性障害 3）特定できない注意欠陥多動性障害	7	他の神経発達症群 1）他の特定される神経発達症 2）特定不能の神経発達症

図表2-7　DSM－5による神経発達症群

出典）森則夫他編『臨床家のためのDSM-5虎の巻』日本評論社、2014、
日本精神神経学会「DSM-5病名・用語翻訳ガイドライン（初版）」2014を参照し、筆者作成。

4．発達の遅れと保育者の気づき

　発達障害の診断は非常にむずかしく、乳幼児期に診断が下されることが少ないのも実情です。しかし、日常の保育の中で保育者が子どもの行動に違和感を覚え、それが障がいの発見につながった例も多くあります。保育者は子どもの発達の状態をこまやかに観察し、理解していくことが必要となります。

（1）言葉の遅れや違和感

　初語が遅れる、言葉の数がなかなか増えない、一語文から二語文への発達が遅い、などが見られます。言葉の発達は個人差も大きいことから状態を見守ることも大切ですが、言葉の遅れの原因が、「聞こえにくい」という聴覚の障がいである場合もあります。また、発音や発語に問題がある場合は、口腔や鼻腔、顎などに何らかの疾患がある場合も考えられます。そして、咳払いや鼻すすりなどの行動が見られる場合は、音声チックなどが疑われる場合もあります。

　一方、会話のやりとりにずれが見られる、一方的な会話になる、単調な会話しかできない、などは自閉性スペクトラムの可能性が考えられます。

（2）知的な遅れ

　知的な遅れとは、「物事の理解ができない」ことです。よって、「保育者がいっていることがわからない」、「何をしていいのか判断できない」などの状況になります。具体的には、（保育者などの）働きかけに対して反応が遅い、集中できないなどです。このような場合は、まったくの無反応の場合もありますが、やる気はとてもある、少しは理解できている、途中からわからなくなった、などの場合は、キョロキョロとしたり、じっとしていることがむずかしくなります。たとえば、絵本を聞くときに話の内容がわからない、作品をつくるときに、何をしてよいのかわからなくなった状態です。結果、していることを途中で止めてしまい、立ち歩いたり寝そべったりなどの行動をとる場合があります。また、保育者や友達に自分の気持ちをうまく表現できず、叩くなどの行動に出てしまう場合もあります。

　知的な遅れがある場合は、「身体運動の巧緻性の発達」もゆっくりになります。そのため、「基本的生活習慣の獲得」に時間を要します。たとえばオムツがなかなか外れない、一人で上手に食べられない、などです。しかし、障がいがあってもゆっくりと発達していくので、焦らず、その子のペースに合わせてかかわっていくことが大切です。

（3）関係性の困難

　関係性の困難においては、2つの側面が見られます。第1に「他者（友達）とかかわろうとせず、自分だけの世界にいる場合」、第2としては、「他者（友達）とかかわりたいけれど、かかわり方がわからない、かかわるとすぐにけんかになってしまう場合」で

す。

　「他者（友達）とかかわろうとしない」場合は、耳が聞こえないことや自閉スペクトラム症などの場合に見られます。まだ社会性の発達が未成熟な場合もあるので、無理をせず、「友達と時と場を共有」することが大切です。

　一方、「他者（友達）とかかわりたい」場合は、自閉スペクトラム症の子どもにも見られます。このような子どもには、かかわり方が一方的なため、うまく自分の思いを伝えられない、他者の表情や思っていることが理解できない、自分の思いを他者に強要する、などコミュニケーション能力に問題を抱えています。保育者は積極的に代弁者となるなど、関係の調整が必要となります。

✎ column　障がいのある人と生活を共にすること

　あるダウン症の子どもをもつお母さん。そのダウン症の子どもには上に2人（兄と姉）のきょうだいがいる3人きょうだいでした。お母さんは、障がいのことをきょうだいにどう伝えようかを毎日悩んでいたそうです。あるとき、勇気を出して伝えました。「〇〇ちゃんはできないことがいっぱいあるかもしれないの……」。それを聞いた上の幼稚園の兄はしばらく考えたあと、こう答えたそうです。「こんなにかわいい〇〇ちゃんだもん、いてくれるだけでいいよ！」。

　やがて月日は流れ、姉も成長し、結婚して妊娠しました。そのときお母さんはたずねたそうです。「もし、障がいのある子どもが生まれたらどうする？」。姉はすぐに答えました。「いいねー。すごく楽しくなりそう！　きっといろんな発見がありそう！」。お母さんはこの2つの会話にとても驚き、そしてうれしかったそうです。

　家族に障がい児がいることはもちろん楽しいことだけではないでしょう。しかし、障がい児がいることで、家族をはじめ、まわりの人のいろいろな考えが変化していくことがあります。そして、障がい児や障がいがある人がいるからこそ豊かな人生が送れる可能性もあるのです。

5．事故・病気による障がい

　乳幼児期の死因で注意しなければならないものに「不慮の事故」があります（図表2-8）。特に注意しなければならないこととしては、0歳児は「窒息」と「誤嚥」（両方で

年齢／順位	1位		2位		3位		4位		5位		死亡総数
	死因	死亡数	死因	死亡数	死因	死亡数	死因	死亡数	死因	死亡数	
0歳	先天奇形等	490	呼吸障害等	211	乳幼児突然死症候群	68	不慮の事故	60	出血性障害等	54	0～4歳 1,883
1～4歳	先天奇形等	98	悪性新生物（腫瘍）	52	不慮の事故	50	心疾患	26	呼吸障害等	16	
5～9歳	悪性新生物（腫瘍）	88	不慮の事故	45	先天奇形等	44	その他の新生物（腫瘍）、心疾患	17	記載なし	—	330

図表2-8　乳幼児の死因と割合

出典）厚生労働省「令和3年（2021）度人口動態統計」2022より、筆者改変。

91.1％）、1〜4歳児は「転落・転倒・墜落」（23.1％）、「不慮の溺死・溺水」（16.7％）、「交通事故」（15.4％）、5〜9歳児は、「溺死・溺水・窒息」（48.3％）と「交通事故」（30.6％）です[7]。幼児は動きが活発になることから、「ちょっと目を離したすきに」このような事故が起こる確率は高くなります。このデータはあくまで「死亡の原因」ですが、もし死に至らない場合でも重い障がいが残る可能性があります。

　また、悪性新生物（いわゆるガン）や心疾患などは、長期の治療になる可能性が高い病気です。仮に登園ができても、行動に規制がある場合が多いと思われます。このような子どもをどのように園（クラス）に受け入れ、仲間関係を築いていくのか、保育者の十分な配慮が必要になります。

§4　学　童　期

1．障がいと就学

　障がいのある子どもにとって「就学」は、大きな過渡期でもあります。どのような学校に就学するかという「選択」が求められるからです。ただし、この選択は障がい児自身が決めることはほとんどなく、保護者が決めることが大半です。

　障がい児の就学は、①**特別支援学校（訪問教育を含む）**、②**地域内にある通常の学校の学級（特別支援学級）**、③**地域内にある通常の学校の通常の学級（通級による指導）**、④**地域内にある通常の学校の通常の学級**、という4つに大別できます。

　全義務教育を受ける子どものうち、2019（令和元）年度の就学率は、特別支援学校は0.8％、特別支援学級は3.1％、通級による指導は1.4％とされています[8]。在籍する子どもは、10年前（2010年）に比べると増加しています（特別支援学校：1.15倍、特別支援学級：1.95倍、通級による指導：2.21倍）。これらの学校や学級での支援は通常の学級よりも手厚い指導を受けることができます。学級の定員は、2021（令和3）年の義務教育標準法の改正で、小学校は1学級35人以下と定められています。これに対し、特別支援学校は1学級6人（小中学校：重複障害の場合は3人）、特別支援学級は1学級8人、通級による指導は児童生徒13人に1人の割合で教員が配置されています。また、1人当たりの学校教育費も予算が多いなど、個々に応じた手厚い指導が受けやすくなっています。しかし、特別支援学校は少数であり、自宅の近くにない場合もあります。特別支援学級も地域の中で、基幹学校にしかない場合があります。このため、「自宅近くで（小さいころからの）友達がいる学校に通わせたい」などの理由で、地域内にある通常の学校の通常の学級への就学を希望する保護者も多く存在します。

　文部科学省は2021（令和3）年6月に「障害のある子供の教育支援の手引」を発表しました。この中で、①視覚障害、②聴覚障害、③知的障害、④肢体不自由、⑤病弱・身体虚弱、⑥言語障害、⑦自閉症、⑧情緒障害、⑨学習障害、⑩注意欠陥多動性障害、の10の障がいにかかわる教育的ニーズの説明と具体的な支援を提示しています。また、就学先決定に際しての具体的支援（啓発資料の作成、説明会の実施、教育相談、学校見学など）を明示しています。このような機会を活用しながら、どのような形での就学が子どもの特性に応じた教育ができるのか、市区町村の教育委員会（教育支援委員会）が仲立ちし、本人、保護者、学校で話し合い、就学先を決定します。

　また、子どもは発達の過程にあります。就学時の状態がそのまま継続されるとは限りません。改善するときも変化が見られないときもあります。そこで、就学後の対象児の状態を把握するために、校内では特別支援教育に関する委員会（校内委員会）が開催されます（通常、月に1回程度実施）。委員には、校長をはじめ、担任、特別支援学級担当者、養護教諭などが入ります。外部委員としてスクールカウンセラーやスクールソーシャルワーカーなどに意見を求めることもあります。委員会では対象児の個別支援計画に基づいて、現在の状況報告やよりよい支援方法の検討を行います。なお、心身状況に変化があったときには在籍の変更なども検討されます。この検討のコーディネーターとしての役割を担うのが「**特別支援教育コーディネーター**」です。校長が指名し、校内に配置することが義務づけられています。

　2022（令和4）年、国連は日本政府に対して、障がいがある子どもを通常の学級から分離する教育について、"障がいがある子どもの権利を妨げていないか？"という勧告を出しています。国際的にはイタリアやスウェーデンなどは分離教育の廃止を行っています。日本も人権、ノーマライゼーション、多様化、などの思想の中、どのようなインクルーシブな教育をつくっていくのかについて、改めて考えるときが来ているといえるでしょう。

2. 発達障害

　発達障害とは、発達期に脳の何らかの要因により、発達が阻害された結果、**運動、行動、言語の遅れなど、さまざまな発達の不具合が生じている状態**をいいます。発達障害者支援法第2条においては、発達障害の定義を、「自閉症、アスペルガー症候群その他に広汎性発達障害、学習障害、注意欠陥多動障害その他これに類する脳機能の障害であってその症状が通常低年齢において発現するもの」としています。

　発達障害の特徴は、「発達（年齢）に伴って、症状が明らかになってくる」ことにあります。発達障害の中で学童期に明らかになる可能性が高いものは、「神経発達障害」です。神経発達障害の原因ははっきりとしていません。胎児期の脳に何らかの障がいが加わったことによって起こる「器質性の機能障害」と考えられています。一方で「90％以上の遺伝率もある」との報告もあり、遺伝性があるのではないかという疑いもありま

す。発生率は「1,000 人に対して 12 人〜 19 人（１％〜２％）」という報告が多くあり、男女比では「４：１で男児が多い」傾向にあります[9]。なお、文部科学省が 2022（令和４）年に行った調査では、「通常の学級に在籍する学習面、行動面に困難を持つ児童・生徒」の割合は 8.8％（学習面：6.5％、行動面：4.7％）と発表されています[10]。

　ここでは、学童期に多く見られる障がいとして発達障害の中から、**自閉スペクトラム症、限局性学習症（LD）、注意欠如・多動症（ADHD）**について見ていきます。原因は、すべて脳の機能障害です。これらの障がいは単独で発症する場合もありますが、多くの割合でいくつかの障がいが合併しています。

（1）自閉スペクトラム症

　自閉スペクトラム症の特徴を年齢に応じて整理すると、以下のようになります（図表2-9）。

期	一般的な発達	自閉スペクトラム症に見られる症状
乳児期	人の方を見る 呼ばれて反応する	あやしても笑わない、抱いても丸太のよう、抱かれることをいやがる、視線を合わさない、人見知りをしない。
幼児期	共同注視ができる ままごとをする	他人の表情が読み取れない、集団での遊びの意味を読み取れない、初語の遅れ、水遊びや砂遊び、物を並べるなど他児とは異なった遊び方をする、「ごっこ遊び」ができない、ほしいものがあると「クレーン現象」が出る、指さしをしない、共同注視（ジョイント・アテンション）の失敗をする、多動性がある。
学童期	高次の共同注視 他者との "勝負（かけひき）" ができる	心の理論（他者の考えを類推する能力）の遅れがある こだわりなど自閉症特有の症状が明確化する 友人関係をつくることが苦手で話はワンパターンである 多動に関しては次第に落ち着くことが多い

図 2-9　一般的な発達と自閉スペクトラム症に見られる症状

　自閉スペクトラム症は、以下の２つの症状が現れます。

①「社会的コミュニケーションおよび相互関係における持続的障害」→情緒的な交流がもてない、話し言葉の発達の遅れ、表情や身振りを用いての会話が苦手、会話を継続することが苦手、場に応じた態度を取りにくい、など。

②「限定された反復する様式の行動、興味、活動」→特定の、機能的でない習慣や儀式へのかたくななこだわり、反復的な行動、融通がきかない言葉、感覚の鈍感さや敏感さ、など。

　つまり、言葉や情緒的なコミュニケーションに問題があり、加えてこだわりの強さなどの症状があります。このような症状は、①発達早期の段階でかならず出現します（あとになって明らかになることもあります）。また、②社会生活を送る上で重要な要素であるため、学校や社会での生活に大きな阻害が生じます。

　このような自閉スペクトラム症の中には、従来の「アスペルガー症候群」といわれていた症状も含まれています。アスペルガー症候群は、自閉スペクトラム症の中でも知的な障がいを伴わない人を指していました。また、言葉の遅れはないものの、相手の立場

に立った会話ができないため、会話が一方通行になることが多く見られました。その他にも、以下のような症状があげられています。

① 人の失敗や気にしていることなどを平気で言葉にする
② 誰が考えてもおかしいと思うことをいい通す
③ 自分の考えていることが通らないとパニックを起こす
④ 授業中、求められていないのに発言する
⑤ 注意されると汚言を吐く
⑥ 休み時間と授業時間の切り替えができない、などです。

　これらの症状は、知的障害がなくとも社会生活を送る上で大きな阻害要素となります。これまでは「アスペルガー症候群は自閉症の中でも軽い症状である」という考えがありました。しかし今後は、知的な障がいが伴わなくても重いレベルとして診断されていく可能性があります。

(2) 限局性学習症（LD）

　限局性学習症とは、「基本的に全般的な知的発達に遅れはないが、聞く、話す、読む、書く、計算する、又は推論する能力のうち特定の習得と使用に著しい困難を示す様々な状態をさすものである（後略）」（文部科学省、1999）とされています。

　このように限局性学習症は多様な特徴を示します。また、知的な遅れはないため、周囲の理解が得られないこともあります。しかし、読み書きに問題があれば、黒板の字をノートに書き写すときにも問題が生じます。これを私たちに置き換えてみましょう。たとえば、まだ十分に知識を獲得していない外国の文字で書かれた黒板の字を、日本語でノートに書き写すとしましょう。相当な緊張と集中力を必要とします。書き写したあとはどっと疲れも出るでしょう。限局性学習症の子どもは常にこのような状態の中で授業を受けているのです。

　よって、限局性学習症の子どもとかかわるときには、その学習過程のどこに主な困難を有するのかを理解していくことが大事になります。そこで学習に際しては「ゆっくり」、「ていねいに」、「繰り返して」、「方法を工夫して」などの学習支援を行う必要があります。具体的には、タブレットや写真、紙媒体（プリントや九九表など）の活用などです。

(3) 注意欠如・多動症（ADHD）

　ADHD は Attention-Deficit（注意欠如）、Hyperactivity（多動性）、Disorder（障がい）の略です。不注意（そわそわして注意が集中できないなど）・多動性（じっと座っていられずに立ち歩いてしまうなど）、衝動性（まだ当てられる前に答えてしまうなど）、の３つの特徴をもつ症状の総称となります。

　ADHD の原因は、ワーキングメモリの障がいといわれています。入ってきた刺激を

一時的に蓄えておくことが苦手なため、すぐに反応として出てしまうのです。つまり、「じっくりと考えて」行動することが困難になります。また、怒りや悲しみなどの情動を抑えてがまんしたり、気持ちを立て直すこともできないことがあります。物事を計画的に実行することも苦手です。

　ADHD の子どもは失敗体験も多く、自己肯定感も低くなりがちです。そのため、消極的になったり、集団行動を回避するなどの行動をとることもあります。そのために、周囲から叱責を受け、暴力的な振る舞いを起こすなどの二次的な障がいが出るケースもあります。

　ADHD の子どもとかかわるときには、なるべく刺激を少なくすることが大切です。机の位置や掲示物、板書、光の調整などにも配慮が必要となります。そして、なるべく失敗体験を重ねないために事前の物的・人的配慮が重要となるのです。

---

column　障がいを扱った作品と障がい者理解

　障がい者を主人公にした映画や絵本などの作品は多く創作されています。特に 20 世紀末の作品は、現代も“名作”として鑑賞されています。

　映画では、見世物小屋で働かされる主人公を描く「エレファントマン」（1980、イギリス・アメリカ）、知的障害はあるが運動能力が高く、次第に有名になっていく主人公を描いた「フォレスト・ガンプ/一期一会」（1994、アメリカ）、特異的記憶能力をもつ自閉症の兄とのきょうだい愛を描いた「レインマン」（1988、アメリカ）、知的障害の父と娘の愛を描く「アイ・アム・サム」（2001、アメリカ）、日本でも肢体不自由である主人公とその妻の半生を描いた「ゲゲゲの女房」（2010、NHK）が放送されました。

　また、幼児用の絵本も多く出版されています。先天性四肢欠損『さっちゃんのまほうのて』（偕成社、1985）、ダウン症『わたしたちのトビアス』（偕成社、1978）、口唇裂『チーちゃんのくち』（口腔保健協会、2005）、また場面緘黙『なっちゃんの声』（学苑社、2011）など、多くの障がいが主題となっています。

　これらの作品は、多くの教育の場で「障がい児理解教育」の教材として用いられています。これらは、直接「視覚」に訴えることができることから、多くの有効な結果が期待できるのです。しかし、単に「見せるだけ」「読むだけ」の教育では十分な効果は得られません。かならず十分な事前および事後の指導が必要です。特に幼児に読む場合は、事前に一人ひとりの発達の状況や家庭の状況（家庭での障がい児者の有無や母親の妊娠の有無など）をしっかりと把握しておかなければなりません。また、読んだ後も「どのようなことを思ったのか」を把握し、友達関係などに影響はないかなど、状況を見守ることが必要です。

この章での学びの確認

　障がいは、人生のどの時期でその状態になるかによって、対応や支援も異なってきます。本章では、出生時、乳幼児期、そして学童期という発達に沿って確かめました。障がい児の保育は、対象となる子どもはもちろん、保護者へのかかわり（支援）も重要です。保育者は、子どもの発達を十分に把握すると共に、その発達を保障していくこと、そして保護者の心に寄り添い、その気持ちを受け止めていくことが大切です。

演習課題 assignment

1 出生前診断について、自分の考えをグループで発表してみましょう。

2 乳幼児の事故について、どのようにすれば防止できるか考えてみましょう。

3 発達障害のある子どもの特徴を調べてみましょう。

参考文献 reference

『妊娠したら読んでおきたい出生前診断の本』大竹明他、ライフサイエンス出版、2020
　　出生前診断の目的、方法、考え方、などについてわかりやすく解説されています。着床前診断は妊娠したすべての人が受けるものではありません。勧められたから、友達が受けたから、という安易な理由で受けるのではなく、きちんとした心構えをもって受診するための一助になるでしょう。

『胎児のはなし』増﨑英明他、ミシマ社、2019
　　これまであまり伝えられてこなかった"胎児"について、詳細に説明されています。卵子や精子について（どうやって妊娠すると考えられていたか）、どのように成長するのか？（表情は？ 尿は？ など）、妊娠について（つわりとは？ 分娩方法について、など）わかりやすく解説されています。

『「乳幼児」の心身発達と環境─大阪レポートと精神医学的視点』
　　　　　　　　　　　　　　　　　　　服部祥子他、名古屋大学出版会、1991
　　いわゆる「大阪レポート」といわれるものです。大阪府 A 市の約 2,000 人の子どもの 6 回の健診の記録（4 か月～就学時）の変化、母親の状態、環境との関係などを考察した大変貴重な報告書です。

第3章

障がい児の家族の心理

この章で学ぶこと

　　あなたの子どもが、社会でごく普通に生きることに対して何らかの障がいが
あったら……どうでしょう。わが子に障がいのあることを知った親やその家族
が、この事実を受け止め障がいのある子どもと共に生きるには、さまざまなス
トレスと向き合い、一つひとつ乗り越えていく卓越した精神力が必要です。

　　障がい児とかかわる人の大切な役割は、その子どもの発達を支え促すと共に、
子どもを取り巻く人たち（親・きょうだいなど家族）の心に寄り添い支えてい
くことです。

　　この章では、障がいのある子どもをもつ親やきょうだい、家族の気持ちと心
の動きを理解し、障がい児とその家族への対応・支援のあり方を考えてみましょ
う。

※この章では、子どもの養育の中心となる保護者を「親」、障がいのある子どもの兄弟姉
　妹を「きょうだい」と表記します。

§1 障がい児の親子の心理について

　一人として同じ状態の障がいのある子どもはいません。障がいが生じた時期や発生の経緯も障がいの状態も家族の状況も人それぞれです。さまざまな状況によって親の心理は異なりますが、障がいの種別によっても異なっています。

1．視覚障がい児の親子の心理

　見えないことは、予想以上に不安なことです。見える人にとっては何でもない場面でパニックになる子どももいます。視覚障がい児は音に敏感です。何でも叩いて確かめようとしたり、音を出す遊びを楽しんだりします。突然パニックになったり、あたりかまわず音を出したりするので、親としては周囲への迷惑にならないか気にすることも多いようです。弱視児は幼いうちから眼鏡をつけるので転んだりしたときの危険に親は気を使います。

　また視覚障害があるために目つきがおかしいと周囲から指摘を受け、子どもが傷つくのではないかと心配する親もいます。目が見えないことで子どもを不憫に思い将来への不安も募るので、子どもにかかわる人は、**安全な環境づくりに配慮しながら日常生活になれていくように心がける**ことが大切です。

2．聴覚障がい児の親子の心理

　聴覚は言語発達のみならず、知的発達や情緒の発達にも重要な役割を果たしています。また見えない場所の音が聞こえないので見えない世界を想像することがむずかしく抽象概念が育ちにくいといわれています。聴力に障がいがある不安だけでなく諸々の発達遅滞の不安が親の混乱を招くのです。子どもとコミュニケーションをとりにくいことも不安を増幅させます。最近は性能のよい補聴器が開発されてきているので、親が子どもとコミュニケーションをとれるように、最新の情報を提供することも欠かせません。早い時期から音声言語のかわりとなる手話・指文字などによってコミュニケーションを模索したり、身近な人たちとの交流を心がけたりすることで集団参加もスムーズになるでしょう。

3．言語障がい児の親子の心理

　聴力障がい児の他に構音障害・吃音・言語発達障害などの子どもも言語に障がいがあ

ります。言語の障がいは知的障害・自閉スペクトラム症などとの関連も指摘されているので、コミュニケーション言語を獲得する時期は特に親の不安が強くなります。そのころから言葉の教室や言語療法士による訓練などを受ける機会が多くなり、そこへ連れて行く親の時間的な負担が増えてきますが、一方、同じような障がいの子どもをもつ親との出会いもありピアカウンセリングの場にもなるようです。年齢が高くなるにしたがい、状態が改善されるケースもあるので、他の障がい児の親と同様、幼稚部や保育所などへの**集団参加、就学・進路選択、就労などの移行期に際し、長期的な視野に立ったアドバイスが大切**です。

> **check　ピアカウンセリング**
>
> ピアカウンセリングは、障がい者同士が集まり、お互いの苦しさ、辛さを話し合うことにより、辛さをわかち合い、助言し助け合っていく自立生活運動の中からスタートしたものです。身体障がい者たちから生まれましたが、精神障がい者や思春期の悩みなどにも適応されつつあります。「ピア」とは「仲間」という意味です。

4．肢体不自由児の親子の心理

肢体不自由の起因疾患は、脳性疾患（脳性麻痺、脳外傷性後遺症など）、脊椎・脊髄疾患（二分脊椎症、脊柱側弯症など）、神経・筋疾患（進行性筋ジストロフィー症、重症筋無力症など）、骨疾患（ペルテス病など）、関節疾患（先天性股関節脱臼、関節リウマチなど）、外傷性後遺症などいろいろありますが、上肢や下肢、体幹などの機能に障がいがあり、運動や動作が不自由です。

姿勢を変えることや維持をすること、移動などが困難で、クラッチなど補装具を使っての歩行、車椅子での移動、バギーや座位保持椅子、ストレッチャーなどを介助者に押してもらうなど、いろいろな補助具を使い移動しています。また運動機能の障がいにより、手指や腕の使い方が不自由であったり、口唇や舌が滑らかに動かなかったりすることによって摂食や発語などが困難な子どももいます。

親は、子どもの食事、排泄、衣服の着脱、移動等の介助をするので体力的に負担が大きく、長期間もしくは永続的に介助をする生活を余儀なくされるのではないかとの不安もあります。運動機能改善を目的として言語療法・作業療法・理学療法等による訓練や移動補助用具の調整、定期的な診察を受けに、頻繁に子どもを医療機関・療育機関に連れていく親も多いです。姿勢保持・移動がむずかしいので、親は安全に敏感で怪我などした場合、被害意識が強い傾向があり、つい不自由な子どもに手を貸すことが増えて過保護になりがちになります。子どもも依存的かつ消極的になりやすく、そ

> **check　進行性筋ジストロフィー症**
>
> 遺伝性の骨格筋の障がいで、進行性の筋脱力と筋組織の壊死・再生により、筋力低下と筋萎縮が主な症状の総称です。代表的なものは、①デュシェンヌ型（重症型）、②ベッカー型（良性型）などがあります。

> **check　重症筋無力症**
>
> 筋無力症とも呼ばれます。筋肉の神経障害により筋力が脱力状態となる病気です。脱力は主に顔の筋肉からはじまり全身に見られるようになります。

> **check　ペルテス病**
>
> 大腿骨の上端の骨頭（大腿骨骨頭）の血行が悪くなり、壊死を起こし扁平していく病気です。男児に多く見られます。ドイツの整形外科医ペルテス（G.C.Perthes）にちなんで名づけられました。

の悪循環に陥る事態も出てきます。また進行性筋ジストロフィー症などの症状は年齢を
重ねると共に悪化するので、できていたことができなくなる状況は子どもにとっても親
にとっても辛いことです。

事例 3-1　🍃　わかりやすい障がいとわかりにくい障がい

● 遊園地で、クラッチ使用の足が不自由な子どもは列に並ぶことなくすぐ誘導され、遊具に乗
ることができました。仲良しの知的に障がいのある子どもは外観は普通の子どもと変わらな
かったため、列にずっと並んでいたようです。なんだか申し訳なかったです。

● 公共の交通機関をあまり利用したくありません。最近は車椅子の移動がしやすいようにバリ
アフリーになってきましたし、車掌さんが誘導もしてくれます。しかし、見知らない人が「大
変ですね、お母さん……」など声をかけ手を貸してくれますが、私は「いいえ、ちっとも大
変でありません」といいます。子どもに対して失礼な言葉だと思いませんか？　あるとき子
どもが「僕、大変な子どもなの？」と聞いてきました。

　肢体不自由児は、障がいの程度が見てわかりやすいので、周囲の理解ある人たちから
は支援や心温まる対応を受けることが多いようです。そのことで心が和む親もいます
が、逆に負担に思う親もいます。親の気持ちはとても複雑なものです。しかし、いろい
ろな障がいがある子どもが共に生活している社会で、ときには辛い思いをしながらも、
親はそれぞれの障がいを理解し、互いに思いやりをもつことの大切さを学んでいること
も事実です。

5．重症心身障がい児の親子の心理

　近年、医療が進歩し、多くの尊い命が助かるようになりました。低出生体重児（出生
体重 2,500g 未満の新生児）やリスクの高い妊産婦や新生児が増加し、NICU（新生児集中
治療管理室）は常に満床状態です。そして重い障がいのある子どもも増えています。退
院後、家族が中心となって医療的ケアを行い生活していますが、常に入院と背中合わせ
です。重症心身障がい児の入院は親のつき添い・時間的な束縛を強いられることが多い
ようです。導尿・チューブによる経管栄養・胃ろう・気管切開・吸引吸入などをしてい
るため、医療と切り離せない生活を送っている重症心身障がい児の親は、いつも子ども
の生死と向き合いながら過酷な子育てをしており、精神的にも肉体的にも大変辛い日々
を過ごしています。

　乳幼児期は親も子もほとんど外出できず孤立感を抱きがちですし、重症心身障がい児
の多くは表情や反応が乏しくコミュニケーションがとりにくいので、孤独感もありま
す。子どもといる年月は限られているかもしれないと感じ、どんなに障がいが重くとも
普通の生活をさせてやりたいと願い、子どもの状態が安定しているとき、どんどん地域
に出て子どもと一緒に過ごそうとする親もいます。医療面で危険なことが多く不安も大

きい反面、医療的ケアを家庭で自分がこなしている親は、先生や周囲の大人でも医療的
ケアができるだろうとの思いもあります。最近では、学校現場で医療的ケアへの対応が
進んできましたが、**医療的ケアの問題は十分親と話し合いながら、慎重に進めていくこ
とが大切**です。

6．知的障がい児の親子の心理

　知的障害がある人は、明らかに平均以下の知的機能であり、知能指数（IQ）がおおよ
そ70以下などで、適応行動に著しい遅れがあるといわれていますが、乳幼児期の子ど
もは知能検査などを受ける機会は少ないので断定的なことはいえません。発達の個人差
も大きいので「知的に障がいがある」ととらえるのはむずかしく、親は子どもを知的障
がい児として受容するのに時間がかかります。

事例3-2　気持ちをうまく表せない子どもの親の話

● 子どもは、体をさわられることが苦手です。ある人が子どもと仲良くなろうと思ったのか手をつなごうとしました。いやなのにさわられた子どもは、瞬時にその人に平手打ちをしてしまいました。子どもは叱られると思ったのかさっといなくなりました。すぐに私が謝りましたが、相手の人は機嫌悪そうにしていました。どう子どもに伝えたらよいか、いつもこのようなことの繰り返しで、情けなくなります。

● 息子は機嫌が悪くなると、壁をけったり叩いたりするので、家の壁や柱は傷だらけです。きょうだいも友達を家に連れて来たくないと思っているらしく、「引っ越ししようよ」とよくいいます。

　じっとしていない、強いこだわりなどの特性がある子どもを連れて診察・治療・予防
接種などを受けるときは、人一倍手がかかるので、医療機関先の選択に苦慮する親も多
くいます。子どもにとっては脈絡があることでも、唐突な行動としか思われないような
事態が頻繁に起こり、親は子どもといるときは気が抜けません。しかし、いつも一緒に
いる親は、誰よりも子どもの不安や嫌いなことなどを知っており最悪の状態をできるだ
け避ける配慮をしたり、言葉で表現しないことで生じる誤解を理解したりするので、子
どもを取り巻く人たちに対して「しっかりこの子と向き合い、思いをきちんと受け止め
てほしい」との思いも強くもっています。どの親もそうですが特に知的障がい児の親
は、障がいがあっても将来は親から自立して社会に溶け込んでほしいと願っています。

7．発達障がい児の親子の心理

　近年、保育所・幼稚園・認定こども園などで「**気になる子ども**」という言葉がよく使われます。「気になる子ども」は日常用語で、しっかりした定義はありませんが、

　① 認知や行動・運動・感情などの発達に関すること

　② 集団生活を送る上で周囲に迷惑をかける（たとえば、衝動的な行動をとる）など同年齢児より注意力や抑制力が少ないことに関すること

　③ 緊張が強くて友達と遊べないなど対人関係・社会性に関すること

　④ 親の子どもへのかかわり方や養育への関心の薄さなど家庭環境に関すること

　などで、**保育者が気になっていて、かならずしもはっきりした発達障害を示していないが家庭環境上の問題がある子どもや軽度の発達障害の特性を示している子ども**などが「気になる子ども」と呼ばれているようです。

　乳幼児期は一見、まわりの子どもとかわらない発達をしていて家庭生活では支障がなかった子どもの親にとっては、集団生活で他人との相互的なやりとりが困難、興奮しやすい、固執性、多動性などの問題が生じて指摘されるので、困惑してしまいます。集団の中での状況を説明されても家庭では対応できていることだと納得しがたいものです。家庭でも困っている事態であればあまり抵抗を感じませんが、場面によって異なる子どもの姿を受け入れるには時間を必要とします。

　保育所・幼稚園・認定こども園などは保育の場であると共に、障がいなどの発見の場でもあります。早期発見・早期対策の取り組みは、決して子どもに障がいのレッテルを貼るためのものではありません。いち早く障がいの特性を理解し、その特性に合わせた援助を考えていくことができるよう、親に子どもの姿を伝え理解してもらうことは大切です。特に子どもの姿を受け入れがたい親に伝える際には、十分な配慮が必要です。

　家庭でもこだわりなどが強くて育てにくいと感じている親は、子どもの特性に振り回されて多くの時間を割くこともあったり、そのためにきょうだいにも影響し、ストレスをためたりもします。自閉スペクトラム症などの子どもの親は、子どもとのコミュニケーションにとても心を砕いているのです。また、問題行動の原因は家庭環境にあるのではないかと悩む親もいます。

　これらの発達障害については近年ようやく一般に知られるようになりましたが、まだ十分に理解されていません。知的障がい児の親と同様、時間をかけてその子の障がいの特性を受け入れてきた親は、取り巻く人たちに対して、「しっかりこの子と向き合い、障がいの特性と子どもの思いをきちんと受け止めてほしい」との思いが強いようです。子どもの特性を十分理解して適切な対応をすることによって、「障がい」といわれる行動も「**個性の一つ**」ととらえることができる可能性を秘めているので、障がい児とかかわる**保育者は特性のプラス面を肯定する姿勢をもつことが大切**です。

§2 障がい児の家族の心理について

1．障がい児のきょうだいの心理

　家族が障がいのある子どもを慈しみ大切にしている生活の中で育っているきょうだいは、家族と同じように障がいのある子どもを自然といたわるようになっていきます。障がいのあるきょうだいが、自分とは大きく異なる人間であることを少しずつ意識し、親の子育てに協力していくことができます。

　しかし、障がいのある子どもの子育てには時間や労力など多くのエネルギーを必要としているので、障がいのある子どものきょうだいに何らかの影響が出てきます。特に幼いころ、まわりの大人の目が障がいのある子どもに注がれ自分のほうを見ていないように思え、親や家族の愛情がほしい、手をかけてほしいとさみしく思い、もっと甘えたいと感じるきょうだいもいます。親が障がいのある子どものことで精神的にも時間的にも余裕がなく心身共に疲れていると、このさみしい気持ちやきょうだいが抱えている個々の悩み、発している SOS に気づかず、さらにきょうだいの辛さが助長される事態も起こります。障がいのあるきょうだいをもっていることで抱える悩み・ストレスや成長の過程で生じるさまざまな問題を、親に打ち明けることもできず、自分一人で解決しようとしたり、別の形で発散・解消しようとするきょうだいもいます。また、親が望む「良い子」でありたいとがんばる気持ちがかえって事態を悪くする場合もあります。

　これらの葛藤や辛さがさまざまな問題行動として現れる状況は、きょうだいが児童期・思春期のころに多いようです。

> **事例 3-3　　障がいのある子どもときょうだいをもつ親の気持ち**
>
> ● 障がい児の弟が小学校4年のころ、気がつくと兄は家に友達を連れてこなくなりました。家の中では、今まで通り弟をかわいがり生活は変わっているようには思えないのですが、学校や友達のことを話さなくなり、何を考えているのかわからないときがありました。
>
> ● 5歳の兄は、弟が生まれてくるのを楽しみにしていました。しかし、生まれた弟の障がいが重く、入退院を繰り返す生活が続き、兄のことを気にはなっていましたが、あまりかまってやれなくなりました。小学校6年から中学1～2年まで、反抗期でとても苦労をしました。
>
> ● 障がいのある娘は6年間一人っ子でした。育児に手がかかり、第2子を産む余裕がなく、次に生まれてくる子にまた障がいがあったら……という不安もありました。しかし、障がいがある子どもが一人取り残されることを危惧し、勇気をもってきょうだいをつくりました。障がいのある娘にきょうだいがいることは、今、私の心の支えであり、きっと娘にとっても幸せなことだと思っています。けれども、きょうだいにとってはどうなのか悩み続けています。

　親は、障がいの子どもに多くの時間を費やさざるを得なく、きょうだいとの時間は少なくなりますが、どの子もわが子であり愛情をもっています。それどころか、気持ちの上ではきょうだいに、より深い愛情と期待を注いでいることが多いのです。きょうだいにはその期待がかえって負担に感じるかもしれません。親は、障がいがある子どもはいとおしく、その子の将来が心配であると同時に、障がいのある子どもがいることがきょうだいの将来にも影響しないかと心配もしています。

　障がい児とかかわる人は、親から障がいのある子どもの子育てや障がいの相談を受けたり悩みを聴いたりしている中で、障がいのある子どものきょうだいの子育てや悩みを聴くことも多いはずです。**きょうだいへの支援を親と共に考えることも大きな役割です。**障がいのあるきょうだいの年齢や家庭の環境によって悩みや不安も異なりますが、親にきょうだいにかかわれる時間と気持ちの余裕がもてるように、障がいのある子どもの子育てを軽減する支援を模索することや、障がいのある子どもの家族へ親睦を深める交流会・きょうだい会への参加を勧めたり、障がいのある子どもが集う場にきょうだいも来て一緒に楽しめるような配慮をしたりすることもよいことです。このような機会を通して、きょうだいは自分と同じような境遇のきょうだいたちがいることを知るでしょう。

　親や家族が悩みながらも障がいのある子どもに愛情を注いで、多くの困難を一つひとつ乗り越えている姿を見て、きょうだいは多くを学んでいきます。大きくなったとき、障がいのある子どもとそのきょうだいは、きっと強い絆で結ばれているに違いありません。

事例 3-4　障がいのある兄の生活をサポートしている弟の話

　両親は、障がいのある兄の生活をいつも中心に考えて過ごしていました。そして自分たち親が亡くなったあとを心配しながら、死ぬまでずっと兄の在宅介護を続けていたのです。その両親の姿を見て私は育ちました。幼かったときは幼いなりにいろいろな思いを抱きましたが、今、施設に入所している兄のところへときどき出かけることが心の安らぎになっています。一方、介護での日常的な過労とストレス、睡眠不足が両親の健康を損ねていったのではないかとの思いもあります。

> **column** 障がいのある児・人とその家族を支えるさまざまな親の会
>
> 　全国的な規模で、以下のような障がいのある子ども（人）とその家族を支える親の会が、各地に支部をおき活動しています。
>
> 　「日本自閉症協会」　幅広い自閉スペクトラム症の特性をもつ人とその家族が、地域の中で安心しておだやかに暮らしていけることを願って、さまざまな活動をしています。
>
> 　「全国手をつなぐ育成会連合会」　障がいのある人・その家族や支援者が全員で、機関誌の発行、チャリティーやレクリエーション・イベント、研修会の開催などの活動や障がい者の雇用・差別禁止などに関する法令化に向けた運動なども行っています。
>
> 　「全国肢体不自由児者父母の会連合会（全肢連）」　機関誌、情報誌、指導誌などを発行したり交流研修レクリエーションなどイベントを開催したりして肢体不自由児者の福祉の増進と自立する社会参加を目的として事業を推進しています。
>
> 　「全国重症心身障害児（者）を守る会」　「最も弱いものをひとりももれなく守る」という基本理念に基づき施設対策と在宅対策の運動を進めています。
>
> 　「全国 LD 親の会（JPALD）」　LD（限局性学習症）などの発達障害のある人の人権が守られ、いきいきと暮らすことができる社会の実現をめざして活動しています。
>
> 　「全国ろう児をもつ親の会」　親たちが広い視野に立って子育てができるように、またろう教育の現状を多くの人に知ってもらうためにさまざまな情報を提供しています。
>
> 　「全国難聴児を持つ親の会」　聴覚に障がいのある子どもに、よりよい環境をもたらすために親たちが情報を交換し、互いに助け合いながら教育関係者や行政に働きかけています。
>
> 　「全国視覚障害児（者）親の会」　盲学校 PTA を中心につくられた会で、子どもの卒業後の進路保障や教育福祉施策拡充などを中心に活動しています。
>
> 　この他、各地で障がいのある子どもをもつ親たちが立ち上げた多くの会があり、それぞれに、学校の先生・学生・地域の人たちと共に、子どものよりよい生活環境づくりをめざして、一緒に楽しむ場や研修の場を設けたり機関誌などを発行したりして活動しています。

2．家族としての育ち合い

　近年、核家族化・都市集中化・個人化などにより、家族の親密感や集団性が薄れてきています。そのような家族関係の中で、子どもが障がいのある事態が起こったとき、家族は否応なしに協力と団結をせまられ、試練の日々が続きます。

　「わが子に障がいがある」という現実を受け入れがたく混乱しているのは母親だけではありません。父親も祖父母もそれぞれに「どうしてこうなったのだろうか？」と自問自答し、事態の責任はどこだろうかと悩み苦しんでいるので、子育てをしている母親の辛さに目を向けにくい状態になりがちです。そしてこの予期せぬ事態に混乱して、家族の関係が大きく変わることもしばしばです。母親や父親は時間的な余裕がないことに加え、経済的な負担が増えて悲観的になり、ときには、親としての役割を放棄したり逃避したりして家庭が崩壊することもあります。お互いを思いやる気持ちが薄れることなどが原因で離婚する夫婦もいます。世間の目が気になり、家族間の関係が悪化して孤立してしまう親もいます。このような状態で障がいのある子どもを育てることは、大変なことです。障がいのある子どもをもち、次々と生じるさまざまなことで悩み、ときには自

分の人生を投げ出したくなるような辛い子育てを理解し、寄り添い、そばで共に歩んでくれる人がいることは、気持ちがどんなに楽になることでしょう。**家族みんなが子どもの障がいを受け入れ、お互いを理解し合い、この事態を共に乗り越えていくよう力を合わせて子どもを育てていくことが大事です。**

　障がいのある子どもに愛情を注ぎ、家族で心を一つにして育てている家庭では、障がいのある子どもは、世話を受ける存在・支えてもらう存在としてのみ愛情を注がれているのではありません。自分の障がいを嘆くことなくあきらめることなく投げ出すことなく真摯に生きている子どもの姿を見て、家族は「子どももがんばっているに違いない。私たちもこの子のためにがんばろう……」と思い、元気が出ているに違いありません。他の人からみると小さな幸せでも、この子のおかげで大きな喜びになっていることも多いと思います。家族は、障がいのある子どもから、人としての大切なことを学んでいます。

事例 3-5　🌿　障がいのある子どもの親の話

● 障がいのある娘は、どんなに辛くとも障がいの愚痴をこぼしたことはありません。自分の思いが相手に伝わり、わかってもらえたときの笑顔は最高。気持ちが折れそうなとき、娘を見ていると、悩んでいることがとてもちっぽけなものに思え、不思議と元気が出る答えが見つかるのです。何も語らない子どもですが、とても大切なことを私たちに教えてくれています。

● 息子のおかげで、新たな出会いがたくさんあり、息子が多くの人に支えられている以上に私が多くの人に支えられていることを知りました。長い入院を経験して知る家族団らんのありがたさ、世話をする苦労はあってもその何倍もの喜びを息子は教えてくれています。私たちを親として選んでくれた今8歳の息子の人生も、そして私たち家族の人生も悔いのない楽しいものにしたいと思います。

　家族は力を合わせて多くの困難を一つひとつ乗り越え、障がいのある子どもを育てていますが、同時に障がいのある子どもが家族を育てているのです。障がいのある子どもは家族の大事な要であり、立派に家族の一員として役割を果たしています。障がい児とかかわる人は、子どもの長所や成長に目を向け、子どものがんばっていることや秀でていることをたくさん見つけ、家族に伝えると共に、**障がいのある子どもはすばらしい家族の一員であること**、支援され世話されてばかりいる人間では決してないことも伝えていくことが大切です。

> **事例 3-6**　　🌿　**先輩お母さんの話**
>
> 　障がいのある長男は 11 歳の夏休みに突然心不全で亡くなりました。私は子どもが亡くなったあと、障がい者の通所施設や生活介護事業所にかかわりながら、障がい者やその家族に寄り添い支援しています。障がいのある人は、自分の辛さにくじけることなく、またあきらめることなくいつも前を見て歩んでいます。私は障がいのある人たちから元気をいっぱいもらっています。そして今、障がいのある息子がいたことに感謝しています。

　子どもに障がいがあることを受容し、共に生きることは、親自身の生き方や家族一人ひとりの生き方を変えていきます。そして、障がいのある子どもの子育てを通して、障がいに対する自分自身の価値観が変わり、「障がいがあること」が決してその人の人間的価値を低下させるものでないことを認識し、今までより視野の広い考え方をし、相手の気持ちを深く理解しようとするようになります。障がいのある子どもの家族が育ち合って変わっていくように、障がいのある人にかかわる人たちも、その輪の中で共に育ち、自分自身を高めていくことが重要です。

🖊 column　　**親の憲章（親の心得）**

　全国重症心身障害児（者）を守る会は国際障害者年（1981 年）の全国大会において親の責任を回避する姿勢を自ら戒めるための、親の会として初めて "親の憲章" を採択しました。

（生き方）
　一、重症児をはじめ、弱い人びとをみんなで守りましょう
　一、限りなき愛をもちつづけ、ともに生きましょう
　一、障がいのある子どもをかくすことなく、わずかな成長をもよろこび、親自身の心をみがき、健康
　　　で豊かな明るい人生をおくりましょう

（親のつとめ）
　一、親が健康で若いときは、子どもとともに障がいを克服し、親子の愛のきずなを深めましょう
　一、わが子の心配だけでなく、病弱や老齢になった親には暖かい思いやりをもち、励まし合う親とな
　　　りましょう
　一、この子の兄弟姉妹には、親がこの子のいのちを尊しとして育てた生き方を誇りとして生きるよう
　　　にしましょう

（施設や地域社会とのつながり）
　一、施設は子どもの人生を豊かにするために存在するものです。施設の職員や地域社会の人々とは、
　　　互いに立場を尊重し手をとり合って子どもを守りましょう
　一、もの言えぬ子どもに代わって、正しい意見の言える親になりましょう
　　　　　　　　　　　　　　　　　　　（全国重症心身障害児（者）を守る会の「親の憲章（親の心得）」抜粋）

　障がいのある子どもを受け入れ、共に強く生きようとする決心が伝わってきます。

§3 障がい児の親を支えていくために

1．子どもに障がいがあることがわかったとき

　「障がいがある子ども」になるケースはさまざまです。妊娠・出産は、多くの家族にとって期待と喜びに満ち幸せを実感する大きな出来事ですが、妊娠中や出産前後に、思いもよらない「子どもに障がいがある」ことを告げられたとしたら……。また、健康な状態で生まれていながらも出産直後から乳幼児期にかけて発症した疾病や不慮の事故などにより障がいを負うこともありますし、発達の過程で障がいがわかることもあります。「障がいがあります」「障がいが残るかもしれません」と医療機関の診断ですぐ知らされる場合もあれば、「どこか、他の子どもと違う。おかしい」と気づき、医療機関・専門機関や療育施設などに行って知る場合もありますが、そう聞かされた親は、どんな思いでしょう。

> **事例 3-7　　子どもに障がいがあると知らされた親**
>
> ● 障がいを診断された日、「なぜうちの子が、どうして私の子が」と心の中で叫び続け、ついさっきまでの見なれた街並みが色も音も別世界のように感じ、気がつくと家に戻っていました……。
>
> ● 私の息子は、生後4か月のときに発作を起こし、入院して染色体異常と診断されました。あのとき、私の頭の中は真っ白。医師の声は聞こえてきますが、話していることがすうーっと頭から消えて何をいっているのかわかりませんでした。私にはわが子が他の赤ちゃんと違うようには思えなかったのです。ですが、日が経つにつれ、首のすわらない息子をみると障がいということを受け入れざるを得なくなりました。「なぜ私だけがこんな思いをしなきゃいけないの？　死んでしまいたい」と毎日考えました……。

　「生まれてきたわが子に障がいがある」そう告げられた親は、わが子との幸せな生活やこれからの成長を楽しみ夢見ていた未来が一瞬にして消えて、大きな悲しみといいようのない喪失感をもち、混乱した心理状態となります。

2．障がいのあることを親が受け入れていく過程

　特別支援学校に子どもを通わせているお母さんは、とても明るく笑顔が素敵な人が多いように思います。この明るいお母さんから「この子と一緒に死のうと思ったことは、

1度や2度ではないですよ……」と、笑顔から想像もつかない話や「私も同じ思いでした……子どもと寝ているとき、気がついたら子どもの顔に布団をおいていた自分にはっとしました」などの話を聞くこともあります。このお母さんは笑顔になるまでに、どれだけ多くの辛くてどうしようもない日々を過ごしたことでしょう。**「わが子に障がいがあることを受け容（入）れる＝受容」**には、

　「わが子に障がいがある事実を受け入れる」

　「障がいのあるわが子の親になった自分自身の状況を受け入れる」

　「（わが子のもっている）障がいの特性を受け入れる」などの過程があります。

(1) 絶望感を支えてもらう

　言葉ではいい尽くせない辛さを、時間をかけて乗り越え、事実を受け入れてきたお母さんたちの笑顔は輝いて見えます。「わが子に障がいがあることを受け容（入）れていく＝受容」の道程やかかる時間は人それぞれです。絶望から抜け出せないように思える人もいます。この重く辛い気持ちは理屈で解決できるものではなく、あるとき突然に明るいひとすじの道が開けたり、もしくは少しずつ前に進むことができたりします。そのきっかけは、黙々と子育てを手伝う家族であったり、一緒に泣いてくれる先輩のお母さんであったり、きちんと話を聞いてくれる先生であるかもしれません。

(2) 原因探しと後悔

　生死をさまよい何度も最悪の事態を宣告されたにもかかわらず、鼻や口にチューブをつけ必死で生きようとしているいとおしいわが子がそばにいる。「本当に子どもに障がいが残るだろうか？」「少し育ちが遅れているかもしれないけど、個人差では？」「幼いときはこんなものなのかもしれない」「もう少ししたら、普通の子どもと同じになるかもしれない」と障がいがあると思いたくないけれども、「障がいがあるかもしれない……」とだんだん鮮明に実感されてくるにつれ、親はこの現実を受け止めなければならなくなります。そして受け入れがたい現実にどう対応してよいかわからず、混乱しつつ「どうしてこうなったのだろうか？」と自問自答し、ほとんどの親は、いろいろな形で原因の追求をしたり、事態の責任をどこかに求め、自分なりの納得を探すのです。あるお母さんはその行為を「犯人捜し」と称しましたが、まさに、親にとっては、わが子を障がい児にした犯人を捜し出したい心境かもしれません。

(3) 現実を受け入れる

　しかし、障がいの原因がわかるケースもあれば、原因を特定できないケースもあります。

　「早くに診断され対処や治療をしていれば、こうはならなかったかもしれないのに」「あのとき、○○が〜していたら……」「私がもっと早く気がついていたなら……」と、ときには自分を責め、後悔で悶々とする親もいます。配偶者や家族、医療などへの対応

に不満を抱くこともあります。なかなかわが子に障がいがあることを受け入れられず、納得できるまで、いろいろなところに足を運ぶこともしばしばです。わが子の障がいを肯定しなければならないと思う気持ちをあと押しするために、「神さまは、私たち夫婦がこの子を愛し、きちんと育ててくれる親になると信じ、選んだのだろう」と思い、気持ちを奮い立たす親もいます。自分なりに時間をかけて、「わが子が障がいのある子どもである」事実を受容し、**「自分自身が、障がいのある子どもの親になる」**ことを受容していきます。

（4）自分自身の状況を受け入れる

　この時期の親は、子どもに障がいがあることを否定したい気持ちと肯定しなければならないと思う気持ちの両方を抱え揺れ動き、とても不安定な気持ちで生活しています。

　「自分は世間からどう見られるのだろうか？」と、恥ずかしいという意識が強く、自分がみじめに感じることもあります。障がいのある子どもを連れて外出するには勇気が必要です。できることなら「わが子が障がい児であることを知られたくない」と思うこともあります。

> **事例 3-8　障がいのある子どもの親の心理**
>
> ● 子どもが幼稚園に行くころやっと一緒に近くのマーケットに行けるようになりました。はじめは車でとなりの県の遠くのデパートに行きました。知っている人に会わずにすんだからです。それから少しずつ行く場所が家の近くになってきて……やっと近所のマーケットに連れて行き、子どもと一緒に買い物ができるようになりました。
>
> ● 育ちに違和感を感じて医者めぐりをしました。専門医に「骨髄小脳変性症」と診断され、病名がついてほっとした反面、動揺もしました。父親は拒否や怒りを経て、育児を手伝うようになりました。
>
> ● 子どもは、興味のあるものを見つけるとそこへ全速力で行こうとするので、道を歩いているときは予測できない危険性が怖くて、ついつい子どもに大きな声で注意します。私を見ているまわりの人の視線が辛くて、逃げ出したくなりました。

（5）障がいの特性を受け入れる

　「障がい」といっても身体障害・知的障害・発達障害など、さまざまな障がいがあります。今までその「障がい児（者）」や「障がいの特性」に対して理解していたことも、他人事であったことで受け入れられていた感情や認識であって、自分の子どもや家族がその障がいであることとなるとまた別のもので、わが子や家族に障がいがある現実を受け止め、それに向き合い逃避せず、共に歩んでいくことは大変なことです。「障がいがあることを受容する」ことは決して容易なことではありません。しかし、障がいのある子どもを育てていくには、決して避けて通ることのできない重要な課題です。「障がい

があることを受容する」ことはあきらめることでもなく、また居直ることでもありません。「障がいがあることを受容する」ことは、恥の意識、怒り、悲しみや劣等感などマイナスの心情を克服しながら、障がいに対する自分自身の価値観を見直し、生活態度を変えていく過程そのものなのです。子どもが大きくなって自分が他者と異なるところがあることに気づき、自分の障がいを受容していかなければならないとき、親自身が障がいのあるわが子を受容し懸命に生きてきた姿は、何よりも子どもに自信と勇気を与えるはずです。

3．障がい児を育てる親をどう支援していくか

（1）親が現実を受け入れるストレスを知る

　はじめから何の戸惑いもなく障がいのある子どもを受け入れられる親は少ないでしょう。障がいのあるわが子がいとおしい気持ち、障がいがある事実を否定したい気持ち、肯定しなければならない自分への気持ちなど、さまざまな気持ちが交錯します。障がいのあるわが子を受け入れられない場合には、わが子を否定してしまいます。「この子を産まなければよかった。生まれてこなければ……」という思いを抱いたり、「子どもがかわいそう、愛さなくてはいけない。けれどもできない自分は悪い親だ」と自分の気持ちに負荷をかけたりして、結果として虐待や親子心中につながる危険性もあります。「子どもに障がいがある」「自分は障がい児の親である」**現実を受け入れていかなければならないストレスはとても大きい**と思います。

（2）子育ての大変さのストレスを知る

　四六時中子どもと向き合い育児をし、自分の時間がもてない母親のストレスは近年注目されています。発達の遅滞が見られる障がいのある子どもの育児は、概して健常な子どもより過酷な育児を強いられ、ストレスも一段と大きくなります。睡眠時間が不規則である・熟睡しない・寝ない・昼と夜が逆転する・食事にとても時間がかかる・目が離せない・通常子どもは成長に伴い育児の負担が少なくなるのに、手がかかる日々がずっと続く・病院や施設などに通うための時間を割かなければならない状況になり、きょうだいの世話が十分できない・親が十分な睡眠をとれないなど、障がいのある子どもの子育てはストレスの原因となる要素をたくさんもっています。**一般的な子育てでは生じないストレスや先が見通せないストレス**、それぞれの**障がい特有の生活状況のストレス**などで、精神的にも肉体的にも疲れ、時間的にも追いつめられていく生活が続きます。そして、この状況を他の人になかなか理解してもらえないことからくるストレスや孤立感もあり、子育ての辛さがどんどん自分を追いつめていきます。しかし、障がいのある子どもを慈しみ、強く生きることを期待する家族や社会に対し、このストレスや自分の内面の姿を見せず、たんたんと生活しています。

（3）身近な人々の理解と協力を得ていく

　この辛い時期にもっとも大切なのは、気持ちに寄り添う配偶者や祖父母、同じ障がいのある子どもの親仲間、そして障がいについて専門的な知識をもち、**障がい児の将来への見通しをもっている保育者や専門機関の人たちの存在**です。配偶者など家族や周囲の人たちが、さまざまなストレスや子育ての辛さ、やるせない思い、表面に見せない苦悩を少しでも理解したり、話を聴き一緒に悩んだり相談にのったりしてくれて将来の見通しが少しでももてたなら、また疲れをいやす時間・場所を提供して子育ての手助けをしてくれれば、元気が出て、気持ちを前向きに切り替えて生活していけるはずです。多くの人たちに支えられて、時間をかけて少しずつわが子に障がいがあることを受容し、障がいのある子どもの親になった自分の現実を受け入れていくのです。

（4）悩みを共感的に聴く

> 事例
> 3-9　　🍃　「かわいそうにね」「大変ね」は共感の言葉？
>
> 　息子は車椅子に乗っています。「かわいそうにね」「障がいがあって大変ね」と声をかけられることがありますが、情けなくて涙が出そうなったことが何度もあります。

　多くの悩みを抱えているはずだからと「子育ての悩み」「相談事」を聞き出して力になろうと思いますが、かえって逆効果のときもあります。話したい・聞いてほしいという気持ちと現実に目を向けることへの不安からふれられたくない気持ちで揺れ動いている親には、直接的な話は避け、雑談や日常のたわいのない話などを聴くことからはじめ、まずお互いの**信頼関係が培われるよう心がけること**が大切です。徐々に子どもの障がいのことや子育ての辛さが語られたら、保育者は親身になって耳を傾けて聴き、目線を合わせ、**気持ちに寄り添う言葉かけ**をします。親は、自分が抱えている辛さや悩みをわかってほしいと思っていますが、同情はされたくない、この辛さは障がいのある子どもをもっていない人にはわからないだろうとも思っています。親の思いやあり方を否定したり、教え、指導しようと思い**主導的になったりしないことが重要**です。「辛いですね。どんなふうに辛いのですか？　もう少しお話ししていただけますか？」など、もっと話を聴きたいと思っている気持ちを伝え、**自ら話し出せる雰囲気を配慮すること**もよいでしょう。誰かに自分の辛さや思いを語る中で、人は自分自身のすべきことやどうしたいのかを見出すことができると思います。

　先輩の親の体験談を聞く機会を設けたり、一緒に参加したりすることもよいことです。体験談を聞きながら、同じように悩み歩んでいる人の存在を知り、安心でき、その人の生き方に憧れ、元気が出たりします。このようにして、いつしか親は自分のおかれている状況を受け入れていくのでしょう。

┌───┐
　事例
　3-10　　🌿　同じ悩みを共有できる関係

　　同じ悩みをもち、一緒に悩んでくれるお母さん方がいることは、どんなに心強いでしょう。
　わが子がお世話になっているドクター、幼稚園・訓練の先生方、そしてこの子のおかげで巡り
　会えた大切な友達、みんなかけがえのない人たちばかりです。
└───┘

　このように親同士で語り合う機会は、親近感をもつことができ、落ち着いた気持ちになります。そして、子どもの将来に見通しをもつことができ、一緒にがんばる仲間をつくる場になります。

(5) 子どもの成長を共に喜ぶ

　保育者として、障がいのある子どもの特性にあったきめ細やかな対応をし、育ちを助ける直接的な指導、援助をすることはもちろんですが、子どもの様子を注視し小さな変化を見逃さないようにしましょう。そして、できるようになったことなどの変化を喜びほめると同時に、**子どもが成長・発達している姿を親にわかりやすく表現して伝え、親と一緒に喜ぶ**ことも大切です。わが子の成長を共に喜ぶ人の存在は心強く、成長を実感することは子育ての励みになります。また周囲の大人が喜ぶ姿を見て、子どもも潜在している力を発揮しやすくなり、やる気や自発性をもつなど、よい相乗効果が期待されて子どもが育つ環境が整っていきます。

　よりよい子育ての環境をつくるために、親と協力・信頼関係をつくっていくと共に、親子の関係を支えていくことや親と医療福祉関係、園・学校などとの関係を協力し合いながら信頼できる関係に構築していくことも大切です。**子ども・親と障がいにかかわる諸機関とをつなげるコーディネーター的役割**を果たし、子どもの将来にも目を向ける配慮をしたいものです。また先に述べたように、子どもをもつ先輩の親や年齢の近い子どもをもつ親との交流の場がもてるよう支援することも大切です。

(6) 温かなまなざしで支援する

　障がいのある子どもの親への対応と支援は、親の心理状態によって受け止め方が異なるので誤解が生じる場合もあります。特に一番落ち込んでいる時期（状況を受容しがたい時期）、過剰な期待をしてしまう時期、まわりの子どもとの差が目立ち不安が現実となっていく時期、就学少し前の学童期への不安と焦りの時期などでは、親は周囲の人の言葉に敏感になっています。また、家庭の都合、医療的な状況などによって幼い時期から施設、病院等に入所入院をして親子が一緒に暮らせない環境の中で子育てをしている人もおり、そのような環境で子育てをしている親にも十分な配慮が必要です。

　さまざまな心理状態の中で、さまざまな環境の中で、親は障がいのある子どもと障がいに向き合い日々生活しています。その機微に、**保育者として、温かい気持ちをもち、寄り添い、思いやり、もっとも必要な支援は何かを考えていくことが大切です。**

この章での学びの確認

　「障がい」は、魔力と魅力の両方を合わせもっています。障がいを嘆きたくなり、生き方を狭くして暗澹とさせてしまう「魔力」と今までの自分の生き方を少しずつ見つめなおして、新しい考え方を学ぶことの「魅力」です。

金沢大学名誉教授　木村正彦先生　の執筆冊子　より

　子どもの成長・発達を支え育てることは、親や家族はもちろん障がいのある子どもにかかわる保育士・幼稚園教諭・保育教諭・医療関係者・福祉に携わっている人たちなどが互いに連携し合い協力し合う関係をつくりながら、自分自身の生き方を学ぶことなのかもしれません。

演習課題　　assignment

1　親はどんなことで困っていたり悩んだりしているか考えてみましょう。

2　障がいのある子どもを想定して、グループで具体的な援助の内容を話し合いましょう。

3　興味のある親の会について、調べてみましょう。

参考文献　　reference

『特別支援教育 —— 一人ひとりの教育的ニーズに応じて』

柳本雄次・河合康編、福村出版、2019

　特別支援教育を取り巻く環境の変化に焦点を合わせ、関係領域との連携を紹介しています。

『＜幼稚園・認定こども園 キャリアアップ研修テキスト＞ 特別支援教育』

一般財団法人 全日本私立幼稚園幼児教育研究機構監修、中央法規出版、2022

　インクルーシブ教育として、障がいのある子どもも、そうでない子どもも、共に幼稚園や認定こども園という生活の場で育ち合えるよう、「配慮を必要とする子ども」について考えます。

第4章

障がい児の通う療育・
保育機関とかかわる人々

 この章で学ぶこと

　この章では乳幼児期の障がい児にかかわる人々について学びます。また、障がい児の療育・発達支援の場として、どのような場があり、それぞれがどのような支援をしているのかについて理解しましょう。

　この本で学ぶ多くのみなさんは、保育所や幼稚園、認定こども園に勤めることと思います。保育所や幼稚園、認定こども園は、障がい児とクラスの子どもたちが一緒に生活をしながら育ち合う保育の場です。現在、多くの障がいのある子どもが保育所や幼稚園、認定こども園で保育を受けています。保育所や幼稚園、認定こども園に通っている障がい児には、保育者が地域の障がい児のための療育機関と連携をとりながら、保育していく場合もあります。また、最近は集団において障がいの特性が明確に現れてくる発達障害の子どもが増えてきました。こうした子どもは、保育者のほうが先に気づく場合もあります。その後どのようにその子どもを育てるのかを考えるにあたっても、地域にどのような施設・機関があり、そこにはどのような職種の人がいて、どのような支援を受けられるのか理解しておくことは大切なことです。

§1 障がい児にかかわる人々は何をめざせばよいか

1．子どもと保護者が地域で生き生きと生活するために

ここでは、障がい児にかかわる人々について学びます。障がい児にかかわる人は何をめざしてかかわり、共に歩めばよいのでしょうか。一つは、障がいのある子どもたちが生まれた地域で育ち、学び、そして人生をいきいきと豊かに生きていけることです。その人らしく人生をいきいきと豊かに生きていくことは、近年大切にされている QOL（人生の質）やウェルビーイングなどの考え方でもあり、一人ひとりが幸福感を保ちながら自分の人生を生きていくことでもありましょう。一人ひとりの幸福感が何かという問いは他書にゆずりますが、みなさん一人ひとりにも考えてもらいたいと思います。このことは障がい児だけではなく、障がい児の家族にも同じように生き生きと豊かに生きていくためにかかわることになります。障がい児は家族の一員であり家族の機能を考えれば当然のことですが、とかく子どもにのみ目が行きがちになることもあります。なお、障がい児の家族については第3章（本書 p.41〜58参照）を参考にしてください。また近年の障がい福祉の施策は、生まれた地域でサービスを受けられることをめざしています。したがって、障がい児にかかわる人々は、障がい児とその家族が生まれた地域で育ち、学び、生き生きと暮らせるためにという視点をもつことが求められます。

もう一つは、子どもの生活をつくるということです。たとえば、自閉スペクトラム症のわが子との生活では、「偏食が激しくて白いご飯は絶対に食べずに困った」「興味があるものを見つけるとそこから動かなくなり、無理に連れて行こうとすると大泣きをして。まわりの目もあるし本当に困った」など、苦労もよく聞きます。しかし大変なことばかりではありません。子どものちょっとした姿に成長を感じてうれしく思ったり、園での子どもの姿に「こんなことができるんだ」とうれしく思ったり、「ママ」と甘えてくるようになったことをかわいく思ったり……。このように日々の生活の中にはまた喜びもあります。障がいのある子どもとの生活は少しコツがいるかもしれませんが、保護者が最初に障がい児といわれたショックや絶望から子育ての楽しさを感じられるようになり、障がい児であるわが子との喜びや楽しみのある生活が送れるようにかかわっていくことが大切でしょう。

子どもの発達の側面を伸ばすことだけに注力したり、また小学校に上がるパスポートとして文字や数をとらえて注目されることも多く見かけます。これらも大事なことですが、子ども一人ひとりの生活をつくっていくこと、そして子どもに障がいがあることを知り大きな戸惑いに直面し、心が揺れ動く保護者や家族が、子育てを楽しいと思い、そのような障がいがある子どもとの生活をどうつくっていくかにかかわり支援していくこ

とが望まれます。乳幼児期が人生の基礎をつくるという保育の基本を忘れずにかかわりたいものです。

２．フォーマルにかかわる人々と インフォーマルにかかわる人々

　障がい児にかかわる人々には、フォーマルにかかわる人々とインフォーマルにかかわる人々がいます（図表4-1）。フォーマルにかかわる人々は、制度化された支援を行う場において、フォーマルな支援を通してかかわる人々です。病院などの医療機関、学校、保育所や幼稚園、認定こども園等、療育センターなどの場で専門性を生かしてかかわります。一方、インフォーマルな支援とは、制度化されていない支援であり、インフォーマルにかかわる人々は園の友達、園の保護者の友達、子どものサークルの友達、保護者のサークルの友達、近所の人等です。インフォーマルにかかわる人々は支援しようとしてかかわるのではなく、結果として支援となっていることが大きな特徴です。インフォーマルな支援も重要とされ、フォーマルにかかわる人々もインフォーマルにかかわる人々も、どちらも障がい児の育ちにとって大切な人になります。

フォーマルにかかわる人々	フォーマルな支援	制度化された支援 （公的支援、民間による支援等）	療育・発達センター、 相談機関など
インフォーマルにかかわる人々	インフォーマルな支援	制度化されていない支援	友人、近所の人、 ボランティアなど

図表 4-1　障がい児にフォーマルにかかわる人々、インフォーマルにかかわる人々

§2 障がい児にかかわる人々

　ここでは、障がい児にかかわる人々に視点をおき、どのような人々がいるのか見ていきます。

１．多様な場で活躍する保育の専門家としての保育者

　保育者の専門性とは、どのような子どもに対してもその子を保護し、適切な環境や援助を与えることにより成長や発達を促すことです。専門家による専門的な育児のあり方

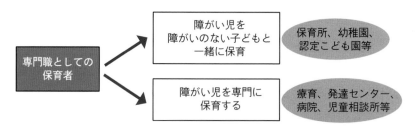

※）障がい児を専門に保育する施設で福祉制度に位置づけられる施設は「保育士」、
教育制度に位置づけられる施設は「幼稚園教諭」の資格が必要です。

図表 4-2　専門職としての保育者が障がい児にかかわる場

を保育と呼ぶことができます[1]。このように保育者（保育士、幼稚園教諭、保育教諭）は
保育の専門家であり、専門職です。

　保育者が障がい児を保育する場は2つあります（図表 4-2）1つは、障がいのない子
どもと一緒に保育する場での保育であり、保育所、幼稚園、認定こども園等がこれにあ
たります。保育者は子どもの主体的な活動として遊びや生活を大切にし、障がい児と障
がいのない子どもを一緒に保育し、子どもとの生活をつくることを通して子どもを育て
ています。

　もう1つは、障がい児を専門に保育する場にも保育者がいます。たとえば、療育セン
ターや発達センターで障がい児を日々保育、療育したり、病院等の医療機関の小児科で
の病児保育、乳幼児の保育、発達相談などがあげられます。なお療育センターや発達セ
ンターで障がい児を日々保育する場合は「保育士」の資格が必要となります。このよう
に、保育者は子どもを育てる専門家として、多くの場で障がい児にかかわっています。
本章では後者を中心に述べていきます。

2．医療・療育関係者

　医療関係者として**医師、看護師、保健師、歯科医師、歯科衛生士**などがあげられます。
医師は、障がいの診断や治療にあたります。保健師とは、保健指導を行う者であり、乳
幼児期には保健所の保健師と多くかかわることになります。歯科関係では、歯科医師、
歯科衛生士がいます。障がい児の歯科治療は一般の歯科ではむずかしい場合もあり、
「障害児歯科」など専門外来のある病院もあります。また歯の治療のみではなく、病院
によっては「摂食外来」があり「摂食指導」をしてくれるところもあります。摂食指導
とは上手に食べることができない子どもに、しっかり噛み、飲み込むなど上手に食事が
できるように指導することです。脳性麻痺や重度心身障がい児には特に必要とされてい
ます。

　PT、OT、ST は病院や児童発達支援センター等でリハビリテーションを行って
います。**PT** とは**理学療法士**（Physical Therapist）、**OT** とは**作業療法士**（Occupational
Therapist）、**ST** とは**言語聴覚士**（Speech Language Hearing Therapist）のことです。理学

療法とは「身体に障害のある者に対し、主としてその基本的動作能力の回復を図るため、治療体操その他の運動を行なわせ、及び電気刺激、マッサージ、温熱その他の物理的手段を加えること」をいいます（理学療法士及び作業療法士法）。作業療法とは、「身体又は精神に障害のある者に対し、主としてその応用的動作能力又は社会的適応能力の回復を図るため、手芸、工作その他の作業を行なわせること」をいいます（理学療法士及び作業療法士法）。障がい児であればハイハイ、立位、歩行といった基本的運動動作については理学療法士が、手先のことや身辺自立のための動作などについては作業療法士がみてくれます。特に脳性麻痺などの運動障害がある子どもには必要なリハビリテーションです。

　言語聴覚士は、「音声機能、言語機能又は聴覚に障害がある者についてその機能の維持向上を図るため、言語指導その他の指導、これに必要な検査及び助言、指導その他の援助を行うこと」とされています（言語聴覚士法）。聴覚障害による聞こえの障がい、発音がはっきりしないおかしいといった構音障害や音声障害に対する指導、知的障害や自閉スペクトラム症による言葉の遅れや、言語発達遅滞などに対する言葉の指導などを行います。また、食べる機能の障がいにも対応してくれます。この他にも、両眼視機能の回復のための訓練などをする **ORT** と呼ばれる**視能訓練士**（Orthoptist）もいます。

3．福祉関係者

　社会福祉士（SW：ソーシャルワーカー）、**児童指導員**などがあげられます。社会福祉士とは「身体上若しくは精神上の障害があること又は環境上の理由により日常生活を営むのに支障がある者の福祉に関する相談に応じ、助言、指導、福祉サービスを提供する」者または「福祉サービス関係者等との連絡及び調整その他の援助を行うこと（相談援助）」としています（社会福祉士及び介護福祉士法）。たとえば、その子どもや家族について、問題やニーズを把握し、そのニーズに応じてどのような社会資源を用いればよいかといった相談にのってくれます。また、児童福祉施設では他のスタッフと一緒に子どもの生活の指導をしています。

　児童指導員とは、社会福祉士、精神保健福祉士の資格を有する者、大学において社会福祉学、心理学、教育学、社会学を修めた者、教員免許をもっている者などとなっています。児童福祉施設等において、児童の生活指導などを行っています。たとえば児童発達支援センターなどで子どもの指導や親の相談にのっています。

4．相談関係者

　児童相談所は児童に関する相談を専門に受ける機関ですが、ここには**相談員、児童福祉司、心理士**等がおり、子どもの発達相談や心理的な相談を中心に行っています。相談に関しては、病院、保健所、児童発達支援センター等、保育所や幼稚園などほとんどの

機関で相談を受けています。したがって、それぞれの機関でさまざまな職種の人（たとえば医師、保健師、保育士、幼稚園教諭、保育教諭、社会福祉士など）が専門性を生かしながら相談にのっています。

　フォーマルな場で障がい児を支援する主な人々について述べました。これらの職種は、さまざまな機関に配置されています（図表4-3）。たとえば、「保育士」も保育所のみではなく、児童発達支援センター等や児童相談所など、さまざまな機関に配置され、専門性を生かして活躍しています。また、同じ「相談」であっても、さまざまな機関で行っています。たとえば「摂食外来」にしても、病院のみではなく地域の療育センターで行っている場合もあります。近年は障がい児が生まれた地域で必要な支援を受け育っていけるような支援がめざされています。したがって一つの機関でもさまざまな支援をしていますから、身近な機関でどのような支援がなされているか、調べておくことが大切です。

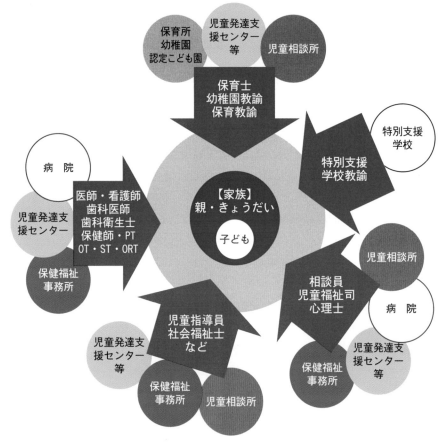

※）このように多くの人が障がい児とその家族のニーズに合わせて支援をし、かかわっています。

図表4-3　地域において障がい児を支援する人たち

　保育所や幼稚園、認定こども園に通っている子どもであれば**保育者がキーパーソンとなって、よい保育をするために、障がい児にかかわるさまざまな人と連携をとっていく**ことが求められます。

５．障がい児にインフォーマルにかかわる人々

　障がい児にインフォーマルにかかわる人々とは、制度化されていない場でかかわる人々になります。子どもについては園や学校の友達、地域のダンスサークルの友達などがあります。中には大人になっても友達という長いつきあいもあるでしょう。保護者にインフォーマルにかかわる人々としては、園や学校での保護者仲間、子どものサークルを通した保護者友達、保護者自身のサークルの友達、近所の人等があげられます。家族で一緒にバーベキューを楽しむというつきあいもありますし、毎朝あいさつをする隣のおばさん、マンションの管理人や、毎日乗るバスの運転手など、顔見知りまで含めると多くの人々がいます。インフォーマルな関係の中で今つらい気持ちを聞いてもらってほっとした、どうしても帰宅が遅い日に近所の人が子どもを預かってくれた、マンションの管理人が子どもがさっき帰ってきたよと教えてくれたなど、いろいろなことがあります。インフォーマルにかかわる人々は障がい児とその家族にとっては生活を潤す人々であり、結果として相談や支援となっているサポーターでもあります。

　インフォーマルな支援の代表的なものとして障がい児の親の会があります。障がい児の親たちで組織する会で、身近な地域で活動しています。こうした地域の親の会では同じ障がい児を育てる親として子育ての悩みを互いに話せたり、先輩ママからアドバイスをもらうことができ、いわゆるピアサポートの機能をもっています。また、就学等の情報共有や勉強会を開く、地域への障がい理解を発信する活動など、さまざまな取り組みをしています。親の会の例は後に述べたいと思います（本書 p.76 〜 77 参照）。

check　ピアサポート

　障がい者やがんなどの重い疾患を抱える人、アルコール等の依存症の人など、同じ苦しみや生きづらさを抱える当事者や経験者同士が互いを支え合う活動をピアサポートといいます。障がいや病気など同じ生きづらさを当事者同士で体験を語り合ったり、情報交換したりすることは、医師などの専門家からは得られないサポートにもなります。

§3 障がい児は どのような場にかかわり育つのか

　乳幼児期の障がい児はどのような場にかかわって育っていくのでしょうか。また、保護者が子どものことを心配したときにどこに相談すればよいでしょうか。まず、地域にどのような障がい児を支援する場があるか見ていきましょう。図表 4-4 に地域の主な機関とそこで提供している主な支援をまとめました。

　病院などの医療機関では主に障がいの診断や治療などの医療が受けられます。保健所は 1 歳 6 か月児健康診査（健診）、3 歳児健康診査（健診）など障がいの発見や健康管理などにかかわります。健診後のフォローアップを行ったり相談にものっています。障がい児を専門に受け入れ、療育する機関として児童発達支援センター等があげられます。

各地域にあり、就学前の障がい児を専門に教育・療育するもっとも身近で中心的な役割を果たす施設となります。また、広域にはなりますが、特別支援学校幼稚部でも障がい児を専門に受け入れて教育しています。病院などの医療機関、保健所、児童相談所などでも障がい児に対する療育グループをもっているところもあります。

　これらに対して保育所、幼稚園、こども園は障がい児とクラスの子どもを一緒に保育する**インクルーシブな保育**を行っています。地域の子どもたちと一緒に育つこと

check　インクルーシブな保育

　障がいのある子どもが障がいのない子どもを含む多様性のある子どもたちと一緒に育ち合い、保育することです。保育所や幼稚園、認定こども園で行われているインクルーシブ保育は、障がいのない子どもの集団の中に、1 名から数名の障がいのある子どもを受け入れて一緒に保育しています。

	診断・医療の提供	障がいの発見	障がい児を専門に教育・療育	クラスの子どもと一緒の保育（統合保育）	相談	その他
病院	◎	△	△		○	
保健福祉事務所（保健所）		◎	△		○	保健師による保健指導
児童発達支援センター等			◎		○	
保育所・幼稚園・こども園				◎	○	
特別支援学校			◎		○	
児童相談所			△		◎	

◎　もっとも中心的な機能　　○　行っている　　△　行っている場合もある機能

図表 4-4　乳幼児期の障がい児にかかわる地域の主な機関と主な機能

は意味があることです。各種相談については児童相談所、児童家庭支援センターが専門に行っています。しかしこの他にも病院、保健所、保育所、幼稚園、認定こども園、特別支援学校など多くの場で相談を受けています。

　こうした機関は一人の子どもにどのようにかかわっているのでしょうか。たとえば次のようになります。

事例 4-1　🌿 **乳幼児期の地域の諸施設・機関とのかかわり ①**

　C子ちゃんは1歳代では元気に歩いたり走ったりしており、単語をいくつか話していたので、1歳6か月児健診は特に問題ありませんでした。しかし、その後2歳を過ぎても2語文が出てこず、興味があるものを見つけるとすぐに走っていって確かめようとするなど動きが多くなりました。保護者は心配になりどこかに相談したいと考え、保健福祉事務所に相談しました。保健福祉事務所で月1回行っている療育グループを紹介され通うようになりました。2歳8か月のとき病院を受診し、そこで「自閉症」と診断されました。その後、紹介された児童発達支援センターに3歳までは親子で通い療育を受けました。4歳からは幼稚園に入園して2年間統合保育を受けました。同時に、月に2回、療育センターに通い、個別と小集団での療育支援を受けています。

事例 4-2　🌿 **乳幼児期の地域の諸施設・機関とのかかわり ②**

　H男くんは0歳のときにハイハイで右側しか使わなかったので、保護者が心配になり病院の整形外科を受診しました。その後、脳性麻痺と診断され、病院でPT（理学療法士）から歩行のための訓練を受けはじめました。2歳から地域にある「児童発達支援センター」に親子で通い、療育を受けはじめました。3歳では「児童発達支援センター」に毎日単独通園（子どものみで通園）し、日中の療育を受け、4歳からは地域の保育所に入所し統合保育を受けました。歩行の際は補装具をつけて行っていますが、急ぐときはハイハイで移動し、友達と楽しく過ごしています。週に1回PTの指導を継続し、OT（作業療法士）の指導も受けています。

> **事例 4-3** 🌿 乳幼児期の地域の諸施設・機関とのかかわり ③
>
>　D菜ちゃんは、元気がいい子どもです。言葉の遅れは見られませんでしたが、3歳で入園すると、朝の会のときに最後まで座っていられなかったり、クラスで母の日のカードをつくるときに途中であきて席を立ってしまい完成することができなかったりする様子がありました。体を動かして遊ぶことは大好きですが、折り紙などには不器用さが見られました。保育者から「落ち着きがないこと」を心配された保護者は、地域の発達支援センターに相談することにしました。発達支援センターでの相談では、保護者の話を聞いてくれ、育児をする上でのアドバイスをもらい安心しました。また、園が終わったあとに週1回、発達支援センターの支援グループに通うことにしました。D菜ちゃんは障がいの診断はありませんが、支援グループは5名の子どもが参加しており、子どもの発達支援と保護者の育児の悩みへの支援が受けられています。

　このように、いつ障がいに気づいたか、障がいの種類などそれぞれの子どものニーズに応じてさまざまな機関で支援を受けています。

　保育者は、現在、保育所、幼稚園等で保育している障がい児がどの機関を利用しどんな支援を受けているのかを把握することが望まれます。さらにこれらの機関とさまざまな形で連携をとりながら（たとえば親を通して医療や療育の内容について情報を得る、直接諸機関と連絡をとり情報を得る、巡回相談を通して情報を得るなど）、**役割を分担し合って障がい児を育てていく**ことになります。また一方で、保育者のほうが保護者より先に子どもの障がいに気づくこともあります。そうした際には必要に応じて適切な機関を適切なタイミングで保護者に紹介していくことが望まれます。次節では、いくつかの支援の場を取り上げて具体的に見ていきます。

§4 障がい児の療育・発達支援とその場

　就学前の障がい児への療育や発達支援は、障がい児と家族にもっとも多く利用される場です。近年十分とはいえないまでも支援のメニューも充実し、そのための保育や療育・発達支援の施設や制度が整備されてきています。

　保護者が障がい児への療育や発達支援、教育を受けさせたくてもそうした場がなかった時代に最初に療育、発達支援の必要性を説き、実践したのは高木憲次でした。高木は医師として肢体不自由児を診療する中でその必要性を感じ、「療育」という言葉をはじめて用いました。「療育」とは「医学的側面」（療）と「社会的側面」（育）の意味で、障がい児には両面からのアプローチが必要ということです。またその理念の中で「児童を

一人格として尊重しながら、先ず不自由な箇所の克服につとめ、その個性と能力に応じて育成し、以て彼らが将来自主的な社会の一員として責任を果たすことができるように……」[2]としています。子どもの発達の支援に留まらず、「児童を一人の人格として尊重すること」が大切であり、将来、社会の中で一人ひとりの個性を生かしながら、自立的に生きていく人を育てるとことを目標にしようとしています。これらは今日に通じる視点であり、障がい児の療育や発達支援にかかわる人々は、こうした視点をもちながら子どもと向き合うことが大切です。

　ここでは保育所、幼稚園、認定こども園等とも連携することが多い児童発達支援（児童発達支援センター・児童発達支援事業所）について解説し、児童発達支援センターの実際について紹介していきます。

1. 児童発達支援（児童発達支援センター・児童発達支援事業所）とは

　「児童発達支援」とは、障がい児の発達支援やその家族に対する支援を身近な地域で、通所により行うサービスです。「児童発達支援」は「児童発達支援センター」と児童発達支援センター以外で児童発達支援を行う「児童発達支援事業所」で提供されています。ここでは、障がいのある子どもや何らかの支援を必要としている子どもに対して専門的な指導を行っており、多くの乳幼児期の障がい児は入園前に、または入園後も支援を受けています。地域では「もみじ子ども発達センター」「○○市なのはな療育センター」など、地域名や法人名のついた名称となっていることが多くあります。障がい児が日中通い（通所すること）、個々の障がいに応じた支援や発達の促進をねらいとした個別の療育や小集団での療育など、さまざまな支援を受けることができます。また、発達障害などの子どもには、日中は保育所、幼稚園、認定こども園に通い、午後週に数日通い支援を受けるなど多様な形態で支援を行っています。

　障がい児の保護者に対する支援も行っており、一人ひとりの子どもに合わせた食事や排泄などの援助の仕方、遊びや生活の中で子どもにどのようにかかわればよいかを知ることができ、育児の悩みなどの相談にものってくれます。家族がいきいきと生活できるような家族支援の視点から支援が行われています。

　ここでは、児童発達支援センターと児童発達支援センター以外で児童発達支援を行う児童発達支援事業所について解説していきます。

　児童発達支援センターは規模が大きく、障がい児の療育や発達支援の他、医師による診療や心理士による判定等多様な機能をもち、多様な障がいに対応するなど地域のセンターとしての機能を果たすことが求められています。「地域の障害児の健全な発達において中核的な役割を担う機関として、障害児を日々保護者の下から通わせて、高度の専門的な知識及び技術を必要とする児童発達支援を提供し、あわせて障害児の家族、指定障害児通所支援事業者その他の関係者に対し、相談、専門的な助言その他の必要な援助を行う」（児童福祉法第43条）とされています。地域のセンターとして中核的な機能を

70

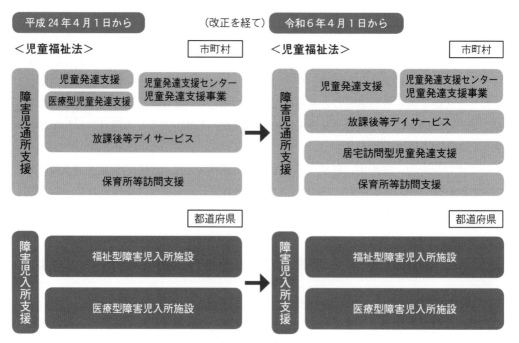

図表 4-5　障がい児を対象としたサービス

出典）厚生労働省「障害者自立支援法のサービス利用について」（2012年4月版）より一部改変

担っています。2020（令和2）年には児童発達支援センターは642か所あります。

　児童発達支援センター以外で児童発達支援を行う児童発達支援事業所は、小規模で開設できます。通所利用障がい児への療育やその家族への支援を行います。児童発達支援事業所は少ない人員配置で設置できるため設置数も多く、より身近な地域にあります。2020（令和2）年には児童発達支援事業所数は全国に8,848か所あります。

　法律上の位置づけについて述べます。2012（平成24）年に改正された児童福祉法では、障がいがあっても身近な地域で支援が受けられる体制の整備をめざして、また、障がい児に対する支援は「障害児通所支援」と「障害児入所支援」に大きくまとめられました（図表4-5）。「障害児通所支援」（日々児童が通う施設）では、それまで聴覚障害、知的障害など障がい別でしたが「児童発達支援」に一元化し、設置主体を市町村にするなどしています。「医療型児童発達支援」は障がい児やその家族に対する支援に加えて医療の提供を行い、医療の提供を必要とする重症児や肢体不自由児が対象となります。さらに2024（令和6）年の児童福祉法の一部改定では、児童発達支援と医療型児童発達支援が一元化されて「児童発達支援」となりました。また、児童発達支援センターは、多様な障がいがある子どもや家庭環境に困難を抱えた子ども等に対し、適切な発達支援の提供と地域全体の障がい児支援の質の底上げを図るため、地域における中核的役割を担うことが明確され、幅広い高度な専門性に基づく発達支援や家族支援、地域へのスーパーバイス、地域にインクルージョンの推進などが期待されています。

　図表4-5にある「保育所等訪問支援」とは、訪問により保育所等における集団活動の適応のための専門的な支援の提供などが目的となっています。「居宅訪問型児童発達支援」とは、外出することが困難な障がい児の居宅を訪問し、日常生活における基本的な動作の指導等、生活能力向上のために必要な訓練を行います。「放課後等デイサービス」とは、就学中の障がい児を対象としたサービスであり、放課後や夏休み等の居場所や生活能力向上のための訓練等を行うもので、これについてはNPOや企業でも行うことができます。

2．児童発達支援センターの実際

　では、児童発達支援センターで実際にどのような支援が行われているのが、「A子ども発達センター」と「B療育センター」を例に具体的に見ていきましょう。それぞれスタッフや設けているクラス、内容が異なり個性があります。

（1）A子ども発達センター

　「A子ども発達センター」は、2階建ての建物で、1階は各クラスが、2階にはホールや相談室があります。ここには**通園部門**と**相談部門**の2つがありますが、多くの施設では、通園部門と相談部門をもっています。通園部門は子どもが日中通い療育を受ける場です。障がいに合わせて、小集団での指導や個別の指導を行っています。小集団のグループは子どもの障がいや年齢、ニーズに合わせていくつか設けられています。「A子ども発達センター」では週1回親子で通う0から2歳児を対象とした「ひよこグループ」、3から5歳児を対象とした毎日子どもだけ（日中は母子分離）で通う「ぱんだグループ」、保育所や幼稚園、認定こども園に通っている子どもを対象として週に1回程度通う「いるかグループ」の3つを設けています。

　「ひよこグループ」の子どもは年齢が低く、子どもはまだ毎日通う体力もありません。保護者は「子どもに障がいある」

児童発達支援センター　保育室内の一例

児童発達支援センター　ホールの一例
（ボールプールなどさまざまな遊具が設置できるようになっている）

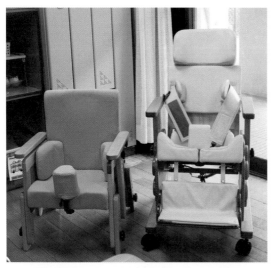

脳性麻痺の子どもの姿勢がとりやすい椅子

といわれ強いショックを受けているために心理的サポートが必要であったり、「障がいがあるかどうかはわからないが、とにかくかんしゃくが強く育児に疲れた、育児方法がわからない（発達障害が疑われる子ども）」といった親の悩みへの支援が必要であったりします。これらに対して、親子で通園して療育に参加してもらいます。親の心理的支援や親が子どもへのかかわり方を学べるようにしています。

　3歳以降は、子どもが一人で毎日通い、個別での指導や集団での療育を受けますが、これが「ぱんだグループ」です。くわしい様子は後述します。その一方で地域の保育所や幼稚園、認定こども園に通う子どもも多くいます。こうした子どもたちには、並行通園という方法をとります。これは、保育所や幼稚園、認定こども園とこうした障がいを専門に受け入れる施設の両方に同時に通うことです。ここでは「いるかグループ」として、保育所や幼稚園、認定こども園に通う子どもを対象に週1回通ってもらい、小集団での指導や言語・認知の個別の学習指導など障がいに合わせた指導を行っています。このように子どものニーズに合わせた多様な形で支援を行っています。

　さて、3歳から5歳児を対象とした「ぱんだグループ」（毎日子どもが通うグループ）の一日を紹介しましょう。

　9時30分から登園開始、午後2時過ぎに降園します。午前中は自由遊びの時間と集団療育として運動療育、造形活動、音楽療法、感覚統合遊びなど設定した活動を行います。たとえば運動療育では、走る、歩く、飛ぶ、四つん這い、体操などの身体運動、大型遊具、巧技台、トンネルなどの運動遊び、感覚統合遊びを行います。一人ひとりに合わせて運動発達を促すというねらいをもっています。ホールには運動療育ができるような楽しそうな遊具がそろっています。午後は戸外遊び、集団での集まりなどを行います。一人ひとりの子どもの課題に合わせた個別の指導も毎日行っています。また、トイレ、食事、片づけなど生活する力の指導にも重点がおかれています。

　1クラスの子どもの数は8名で、担任は3〜4名います。クラスの環境も一人ひとりの障がいに合わせたものとなっています。たとえば椅子も、一人ひとり合わせた形となっています。

　こうした子どもへの療育と同時に親の悩みを聞いたり、親へ子どもへのかかわり方を教えるなどしています。また親と共に障がい児を育てていくため、家庭との連絡ノートのやりとり、個別面接、保護者会、養育参加、家庭訪問を実施し、普段療育にこられない親や祖父母のために日曜療育参加などさまざまなことを行っています。こうしたきめ細や

かな支援の中で、親子共に育ち、またいきいきと地域で暮らせる支援をしていきます。

　相談部門では、「言葉が遅い」「落ち着きがない」「かんしゃくもちでどうしたらよいかわからない」「育てにくい」などさまざまな相談を受けています。親が直接相談を申し込む場合も、保健師や保育所などの紹介で訪れる場合もあります。相談部門では子どもの発達評価や個別の発達支援プログラムの作成、定期的な個別指導なども行っています。個別指導の内容は心理発達指導、言語療法、理学療法、作業療法など子どものニーズに応じて行っています。

　職員は、**嘱託医、児童指導員、保育士や機能訓練担当職員として作業療法士、理学療法士、言語療法士、その他に心理士、社会福祉士、また看護師がいる場合もあります。**療育に携わる職員には、障がいに対する知識や指導技術をもつべく専門性を高めるための研修が行われています。

　近年の傾向として、集団の中で課題を示したり、人とのかかわりを苦手とする発達障害または発達障害を疑われる子どもが増加傾向にあります。

（2）B療育センター

　児童発達支援センターは区市町村など設置地域により異なった内容となっていますが、B療育センターは、いくつかの障がいに対応して医療と療育・発達支援等を用意しています。

　「療育相談部」として、保護者からの相談申し込み内容により、医師による医療相談や診察、心理士による発達診断、検査を受けることができます。アセスメントのあと、必要に応じて日中の療育、あるいは個別の支援（理学療法、作業療法、言語療法士による言語支援等）につなげていきます。日中の療育は、毎日通所するグループ（主に聴覚障害、知的障害、肢体不自由の子どもを対象としている）から、午後に1日から数日通うグループ（主に発達障害や発達障害を疑う子どもを対象としている）まで子どものニーズに応じて療育ができるようにしています。

　B療育センターは、知的障害や発達障害を疑う子どもの他にも、聴覚障害の子ども、肢体不自由の子どもにも応じた医療相談や診察、心理他の評価、療育を提供しています。B療育センターでは多様な障がいに包括的に対応しており、子どものことで心配がある保護者はB療育センターに相談するとワンストップでの相談、支援が可能となっています。なお制度上は、肢体不自由の子どもに対応した療育は「医療児童発達支援センター」にあたり、他は「児童発達支援」にあたります。

　また、B療育センターでは保護者の求めに応じて子どもが通う保育所等への訪問支援も行っています。

　職員は、医師（児童精神科、整形外科、耳鼻科等）、保育士、児童指導員、理学療法士、作業療法士、言語療法士、心理士、社会福祉士、看護師等です。

　このように同じ「発達支援センター」でも地域によりその内容が異なっていますから、地域の児童発達支援センターの内容を知っておくことは大切です。

74

（3）児童発達支援事業所

　「児童発達支援」を行う事業所で小規模で開設しており、より身近な地域でのサービスを提供しています。「児童発達支援事業所」は設置主体が民間であることも多く、また、障がいがある幼児を対象とした「児童発達支援」と、小学校以上の障がい児を対象とした放課後等デイサービスを併設した児童発達支援事業所も多く見られます。児童発達支援事業所は、療育の形態や開設日、送迎の有無等々サービス内容、費用も支援費で収まるものからそうでないものまで、非常に多様な形態での展開となっています。地域でのサービスを提供したいという目的から児童発達支援事業所の数も多くなっています。

　身近な地域にどのような児童発達支援事業所があり、それぞれがどのようなサービスメニューをもっているのかを保育者は知っておくことが大切です。また、子どもの発達支援のニーズ等により適切に場を選んでいくことが求められます。

§5　その他の障がい児にかかわる 相談機関・療育・発達支援の機関

1．医療機関や保健所

　医療機関は障がいの診断および医療を提供しています。小児科、小児精神科、整形外科、耳鼻科、眼科など、子どもの状況に応じて受診することになります。耳鼻科を受診し、難聴がわかれば補聴器のフィッティング、個別の言語指導などリハビリテーションなどを行ってくれる医療機関もあります。

　保健所は、疾病の予防、健康増進、環境衛生など、公衆衛生活動の中心的機関として、地域住民の生活と健康に重要な役割をもっています[3]。2023（令和5）年度には全国の保健所は468か所あります。

　保健所は母性、乳幼児に関する事項についての指導やこれに必要な事業を行っています。たとえば「子どもの発達相談」や「未熟児・慢性疾患児の相談」などの相談が行われています。また、赤ちゃんが生まれた家庭への訪問指導などです。1歳6か月児健康診査、3歳児健康診査も行っており、療育指導を行っている場合もあります。

2．児童相談所

　児童相談所とは、児童福祉法第12条に基づいて設置された**児童の福祉のための専門**

機関です。全国に 232 か所あり（2023（令和 5）年 4 月 1 日現在）、子どもに関するさまざまな相談を受けています。児童相談所は児童福祉法において、児童（18 歳未満）を対象に、児童に関する家庭その他からの相談のうち、①専門的な知識およびその技術を必要とするものに応じる、②必要な調査並びに医学的、心理学的、教育学的、社会学的および精神保健上の判定を行う、③児童およびその保護者につき、判定に基づいて必要な指導を行う、④児童の一時保護を行うこととされています。児童相談所の職員は、医師、児童福祉司、相談員、精神科医、児童心理司、心理療法担当職員、保健師、理学療法士、作業療法士、臨床検査技師、児童指導員、保育士、看護師、栄養士、調理員などです。

　東京都の児童相談所での相談内容は、養護相談、保健相談、身体障害相談、知的障害相談、発達障害相談、非行相談、育成相談、その他の相談となっています[4]。子どもに関する相談であれば、わがまま、落ち着きがない、知的発達の遅れ、肢体不自由や自閉傾向、言葉の遅れ、虐待、子どもの人権にかかわる問題、保護者の病気などどのような相談でも受けています。また、定期的に通所して専門スタッフから支援を受けるなどの継続的な支援も行っています。障がい児に対する療育手帳（東京都は愛の手帳）の交付や施設入所の手続きなども児童相談所で行っています。

3．特別支援学校幼稚部

　特別支援学校とは障がいのある子どもを教育するための学校であり、学校教育法に定められています。特別支援学校には幼稚部を設けている学校があり、2020（令和 2）年度には 160 校あります。特に視覚障害や聴覚障害を対象とした学校で多く設けられていますが、これは早期からの教育、支援の重要性、ニーズがあることによります。たとえば、聴覚障がい児では聴覚からの言語刺激が入らないと言語獲得に困難を示すことになります。そのため早期から親子のかかわり方や言語獲得を含めた障がいに合わせた教育を行っています。また幼稚部においては、幼稚園入園前の子どもの相談を「教育相談」として受けています

　特別支援学校の幼稚部では、1 クラスの人数は 5 名で複数担任であり、小集団や個別での指導を中心に障がいに合わせた教育を行っています。また、幼稚部の児童を連れて近隣の保育所などに定期的に行き、園児と遊んだり給食を食べるなど一緒に過ごす、行事に参加するなど、学校によって工夫をした形で交流および共同の学習が行われています。今日、特別支援学校も、地域において障がいに対する知識や指導方法が蓄積された機関として、地域のセンター的機能を果たすことが求められています。

4．教育相談

　教育相談とは教育委員会が実施している教育に関する相談です。自治体によっては「教

育センター」を設置しているところもあり、幼児の相談も受けています。たとえば東京都教育相談センターでは、幼児から高校生年齢相当までの子どもの性格や行動、しつけ、発達、いじめ、不登校、体罰、高校への進級・進路に関する相談を子どもたちや保護者、学校関係者から受けています。相談も電話、来所、メールなど多様な形があります。

5．ことばの教室

　ことばの教室とは市区町村が設けている言葉の発達を支援する教室です。聴覚および言語に問題をもつ子どもに、聴覚訓練・言語指導を行っています。指導は言語聴覚士や心理士等、教員などで、個別に相談や指導を行っています。言葉の教室では言葉に問題がある子どもを対象にしていますが、たとえば言葉が遅い子どもの中には知的障害、自閉スペクトラム症により言葉が遅い子どもなど、さまざまな子どもがおり、地域によってさまざまな子どもの指導を行っています。

6．親の会（インフォーマルな場）

　親の会の一つとして、ダウン症の親の会（JDS）を紹介します。正式名称は「公益財団法人 日本ダウン症協会」といいます。ダウン症の子どもが生まれても相談する場も療育、支援してくれる場もほとんどなかった時代に、ダウン症の保護者たちが親の会をつくりました。そうした親の会である「こやぎの会」（1963（昭和38）年に発足）、「小鳩会」（1964（昭和39）年に発足）が中心となり、全国各地の親の会に参加を呼びかけて1995（平成7）年に発足し、2013（平成25）年からは公益財団法人として活動しています。日本ダウン症協会（JDS）は全国組織ですが、地域の支部も多くありますので、地域のダウン症親の会に連絡することで、ダウン症の子育ての経験をもつ先輩とつながることができたり、親の会に入ることもできます。

　日本ダウン症協会（JDS）の活動内容は、相談活動（ダウン症の子どもを育てる悩みなどを、先輩の保護者たちが聞く）、会報の発行（JDSニュースとして毎月発行。元気に活躍するダウン症児（者）やさまざまな情報が掲載されている）、学習の機会としてセミナーの開催、ダウン症児（者）の芸術創作活動の支援等や、ダウン症を正しく理解してもらうための啓発活動などを行っています。その一つとして3月21日の「世界ダウン症の日」のイベント支援などもあります。その他、さまざまな活動をしていますし、元気に活動するダウン症の子どもの動画などもありますので、日本ダウン症協会（JDS）のホームページにアクセスしてみてください。

　現在は、多様な支援内容や支援機関が設けられ、サービスが提供されていますし、保護者もインターネットで多くの情報に簡単にアクセスすることもできるなど、当初親の会が設立された時代とは違ってきており、親の会の活動も時代のニーズに合わせて多様な内容となっています。たとえば世界のダウン症の会ともつながった活動などをしてい

ます。その一方で身近な地域で実際に障がい児を育てた先輩から直に聞くことで、ほっとし、励まされ、子育ての知恵をもらえます。こうした手の届く距離で、寄り添ってもらった実感を伴った励まし等々は、こうした時代だからこそ必要とされていることでしょう。

§6 障がい児と家族が生き生きと生活し地域で豊かに暮らすために

　私たちは、一人では生きていくことはできません。どんなに「一人でがんばっている」という人も、どこかで誰かに支えられているところがあります。私たちはいろいろな人とのかかわりの中で生きているのです。誰かを支えることを「支援」というなら、「支援」は決して「支援する」だけの一方的なものではなく、「支援し」その一方で「支援されて」生活していることに気づくでしょう。障がい児とかかわる人々も、保育者を含めて専門職として障がい児を支援しているという側面がありますが、支援は互恵的でもありますから、一方で支えられてもいます。それは同じ学校の保護者同士、○○の仲間など自分が地域で生活する人となったとき、相互に支えられていることをより実感できるでしょう。

　現在、求められているインクルーシブな園や学校、社会とは、多様な人々を含み込む園や学校、社会です。それは、互いに互いを認めながら一緒に生活していこうとする園や学校、社会です。障がい児にかかわる専門家だからこそ、こうした共に生きる共生社会の実現を描きながら支援することが求められます。また、専門家として、同僚として、地域の一員として、共生社会を共に創る人として障がい児とその家族にかかわっていくことこそ望まれるのではないでしょうか。

この章での学びの確認

　障がい児の通う療育・保育機関として、病院、保健福祉事務所、児童発達支援センター等や保育所、幼稚園、認定こども園、児童相談所、児童家庭支援センターなどさまざまな機関があり、それぞれ役割を分担しながら地域で障がい児を育てています。近年、相談については、どの機関でも行っており、何か心配があれば近くの機関に行けば相談を受けられます。地域で必要な支援を受けながら安心して障がい児を育て、そして親も楽しく子育てができるよう、さらなる充実が求められます。なおこうした諸機関は地域によって名称や行っている事業が異なっていますから、自分の地域でどのような機関が、どのような機能をもっているか調べておくとよいでしょう。

　障がい児にかかわる専門家もさまざまな専門家がいます。もちろん保育者もその一人であり、保育の専門家です。それぞれの専門性を理解し、専門家同士で相互に連携をとりながら障がい児を育てていきましょう。

演習課題　assignment

1 地域にある、障がい児のための施設・機関として、どのような施設・機関があるか調べてみましょう。また、それぞれの施設・機関で、どのような療育や支援が受けられるか調べてみましょう。

2 保育所、幼稚園、認定こども園と児童発達センターのもつ機能の違いを明らかにして、どのように連携をとったらよいか考えてみましょう。

参考文献　reference

『幼児教育へのいざない──円熟した保育者になるために』
佐伯胖、東京大学出版会、2001

　　子どもの学びは社会文化的な学びであり、障がいのない子どもも障がいのある子どもも活動に参加していくところにより学びがあります。能力とは個の内側にあるものではなく状況に埋め込まれ、関係の中にあります。障がい児を専門にかかわる人々は障がい児の育ちを支援する人々です。子どもの育ちや育ちを支援するとはどういうことかを考え、学ぶことができます。

『ひとがひとをわかるということ』鯨岡峻、ミネルヴァ書房、2006

　　障がい児を支援する、障がい児の発達支援など「支援」という言葉がよく使われます。支援は「支援する人」と「支援される人」という関係でとらえられるのではなく、「支援」とは何かを提供することのみではありません。本書では子どもの育ちは大人側が「主体として受け止め、主体として育てる」姿勢が必要と説いています。障がい児を専門に支援する人は、どのような姿勢で子どもにかかわるべきかを本書から学べます。

第5章

障がい児保育の内容

この章で学ぶこと

　障がいがあり、特別な支援を必要とする子どもが、安心して園生活を展開できるようになり、友達の中に入って遊ぶようになるには、保育者がその子に適した環境を構成することや、その子が求めている援助をしていくことが求められてきます。そこで本章では、園生活の展開に沿いながら、どのような保育の内容が求められてくるのかについて考えていくことにします。

　具体的には第6章～第8章で学びますが、障がいのある子どもたちが、園になじんで基本的な生活習慣を身につけていく過程と、友達との関係を形成しながらクラス集団の中に参加していく過程などをくわしくたどりながら、小学校に接続するまでの具体的な保育の内容について、考えていきます。

§1 生活習慣の形成

　障がいがあることにより、日常生活の行動がうまくできなかったり、思うようにものを操作できない場面が多くあります。この節では日常生活を通した生活習慣の獲得過程とその困難について具体的に理解し、園生活の中でどのような援助が必要かを考えていきます。

1．移動・歩行の獲得過程

　生活習慣の基本は、座ったり立ったり歩行するなどの移動する行動です。これがうまくできないと、食事や排泄、着替えなどに困難が生じることになります。しかし移動できたとしても、無目的に行動していたのでは、生活を営んでいくことができません。その両面が獲得されていくことにより、家族との円滑な生活が展開できることになります。まずはその両面の獲得過程について、理解していくことにします。

(1) 首のすわりと身近な環境への関心

　2〜3か月を過ぎると赤ちゃんは首がすわるようになります。それは、大人に抱かれても首が維持できるので、垂直方向の姿勢を保てるようになることを意味します。それは横たわっているだけの世界とは、見え方もふれ方もまったく異なる世界に生きられるようになることを意味します。

　首がすわることは、何よりも自分のまわりの身近な環境を見ることができるようになりますし、手を伸ばしてそれにふれることができるようになります。日々の家族の人々の日常的な生活ぶりを見られるようになることで、生活の仕方を理解していけるようになりますし、ときには自分もその一員として参加するようになります。それだけに首のすわりが遅れることは、生活習慣の獲得に大きな影響を及ぼしていきます。

(2) 座位の獲得と身近な環境を操作することのはじまり

　寝返りや這うことができるようになると、腰の筋力が安定し身体の重心をうまくコントロールして座っていられるようになります。いわゆる**座位の獲得**です。7か月を過ぎるころにこの姿勢が可能になると、椅子に座って過ごすことができるようになります。

　食事や遊具で遊ぶ行為がはじまるのも、こうした座位の姿勢で過ごすことが可能になってからです。また離乳食への取り組みや排泄行為も座位の姿勢が基本になるので、この座位という姿勢はとても大事な発達であるといえるでしょう。したがってなかなか座位のとれない乳児は、生活習慣の獲得に、さまざまな困難が生じますし、それに対応

する工夫や配慮が必要になるといえます。

（3）歩行のはじまりと環境の探索

　座位から**何かにつかまって立つのが1歳前後**です。立つことが可能になると、勇気を出して第一歩を歩みはじめます。しかし重心の移動がうまくできないと、バランスを失って転んだり座り込んだりします。これをうまく乗り越えて、全身のバランスをとりながら歩みはじめます。いわゆる歩行のはじまりです。

　歩けるようになると、探索できる世界は一気に広がっていきます。これまでは這ってしか行けなかった世界も、歩くことで行けるようになります。こうして身近な世界は広がり、探索したい対象も一気に増えていきます。それに伴って危険性も増大し、保護者は関係性によって手をつないだり、言葉によって危険を知らせるなど、安全を確保するために多大な配慮や注意が求められるようになります。そのために、大人との関係性の形成が十分に形成できていない子どもや、言葉の理解が十分にできていない子どもなどでは、生活の安全な展開や危険からの保護などを保障するために、たえず傍らで支援することが必要な子どもも出てきます。

check　探索行動

　人間は生まれながらに周囲の環境を探索し、その意味を理解し日々の生活に取り入れていく力があります。乳幼児期から周囲の環境を探索していくための基礎になっている力が、この探索行動です。探索行動は、何か危険に出会ったときにはすぐに守ってもらえるという安心感を基盤にして発揮されていきます。園生活では、担任が見守ってくれるという安心感や信頼感が、この探索行動の基礎となります。

（4）手指の協応性と生活習慣の成立

　こうして自由に移動ができるようになり、**身体のコントロール力が発達していくのと同時に、手指の機能も発達**していきます。具体的には生活の中で身につけるものの操作や、大好きな遊具の操作などが上達していきます。これは、着替えをすることやボタンをはめること、靴や靴下を履くことや脱ぐこと、食事をすることやうがいをすることなどが可能になることを意味しています。

　こうした手指機能の発達がうまくいかないと、補助をしてあげることや、配慮や工夫をしてあげることなどが必要となります。また、自由に行動できるのに関係性が成立していないと、みんなと一緒の行動ができないことや、他に関心のあることが存在すると、そちらに関心が向いてしまうなどの困難が生じてきます。

check　手指の協応性

　スプーンや箸の操作が苦手、遊具の操作が苦手という子どもたちの多くは、自分の手や指の動きを見ながら、それを自覚的に操作することができにくいのです。その背景には、手や指の動きを見て知覚する機能と、指や手を上手に動かして操作するという運動機能とが、円滑に統合される感覚統合の問題があります。そのため操作の下手さを叱るのでなく、その子が手指を自由に操作できるような遊びをたくさんしていくことが求められます。

2．食事の獲得過程

　基本的生活習慣としての**食事の発達**は、空腹を感じて食べようとする食欲をもてることと、食べたい食べ物を手にもつかスプーンにのせて口に運ぶこと、さらに口に入れた

食べ物を噛んで細かくして味わい、飲み込むことが上達していくことで見ていくことができます。では食欲はどのように湧いてくるのでしょうか。また食事の場にいたがらない子どもたちは、なぜなのでしょうか。

（1）手づかみの獲得と咀嚼力の高まり

好きな食べ物をこぼさないように口元に運ぶには、手でつかんだまま運ぶのがもっとも確実です。そこで0歳児や1歳児は、**食べ物を手づかみしてそのまま食べる**ことが多いのです。またこぼさずに安心して口に入れられることは、食べる意欲を高めることにもなります。それが咀嚼する力を生み出すことにもつながります。また咀嚼することは、モノを噛む力ともいえます。そのために野菜のスティックのように噛みやすいものを出すことや、スルメのような噛み切ることがむずかしいものをおやつに出して、噛むことや噛み切ることなどの食べ物体験をしていくことが大事になってきます。

check 手づかみ食べ

協応性の発達が遅い子は、2～3歳を過ぎてもスプーンなどをうまく使えないので食事場面でイライラすることになります。そうした場合に、自分の力で早く食べたいために手づかみで食べたがる子もいます。マナーよりも食欲を大切にする場合には、この手づかみ食べは有効になります。でも協応性が発達してきたら、スプーンを使えるように援助していくことが求められてきます。

（2）哺乳瓶やカップの保持

飲み物をこぼさずに飲むには、哺乳瓶やカップに飲み物を入れたままこぼさないで口元までもっていくことが基本となります。そのために0歳児では哺乳瓶でいろいろな飲み物を飲み、1歳児になると両手でカップをもってバランスをとりながら口元までもっていけるようになります。このように2歳児ころまでは、まだコップで飲むことやスプーンで食べ物をこぼさないように口元に運ぶことはむずかしいのです。また、手指の機能に遅れのある子はまだよくこぼします。でもその経験を通して次第に上手に保持できるようになっていくのです。床にビニールを敷いたりして、こぼしても処理しやすくしておくことや、こぼれにくい深さや形状のカップなどを探すことも大事になってきます。

（3）スプーンや食器の操作と手指の協応性

食事が上達することは、スプーンやフォーク、そして箸や皿などを上手に操作できるようになることを意味しています。操作というと、もつ手での扱い方と思うかもしれ

ませんが、空いているほうの手でその食器を支えたり、操作しやすいように補助したりすることも大事になります。こうした**両手の協応性が食べ物を操作するときには必要**になります。そのために両手の協応性に困難があるときには、保育者が支えたり補助してあげることで調整をすることで操作がしやすくなります。

3．排泄の獲得過程

　トイレでの排泄がなかなかうまくできなくて困っている。これは多くの子どもたちの保護者から寄せられる悩みでもあります。では排泄がうまくできるとは、どのような発達がもとになっていくのでしょうか。またうまくいかないときには、どのような援助が必要になるのでしょうか。

（1）排便リズムの獲得

　おしっこやウンチは、飲み物を飲んだり、食物を食べたりした場合に、それが**消化されて排出されるまでの身体リズムが形成されていくこと**と、そのリズムを感知して**身体調整する**ことによって対応していけるようになります。そのために０歳児や１歳児の場合には、保育者がこうしたその子の排便の身体リズムを理解し、予測できるようになることで対応していけるようになります。２歳を過ぎるころからは、子ども自身が身体感覚の変化を感知して、自分でトイレに行くことで対応するようになっていきます。

　家庭などでの飲食が不規則だったり、子ども自身にそうした規則正しい飲食を受け入れる気持ちが低い場合には、こうした身体リズムが形成されないまま入園してくることになり、保育者は排泄への取り組みがむずかしいと感じることになります。そうした場合には、ある一定期間、園での**規則正しい飲食**によって、**身体リズムを形成する**ことが必要になるといえます。その後に次第に子ども自身がその変化を感知できるように励ましながら、身体調整がうまくいったらほめて自信をもたせていくことが基本になります。

（2）排泄行動の理解と恥ずかしさの理解

　近年は紙おむつや紙パンツが主流になってきました。家庭だけでなく、園でも使用しています。紙おむつや紙パンツは吸収性が高い上に、匂いなどの脱臭効果もあるので、家庭や園ではその便利さを活用しています。でもその簡便性に頼り過ぎると、おしっこやウンチの気持ち悪さや臭さを自覚して、出たことを伝えることやトイレに行って処理したい気持ちなどが育ちにくくなります。

　そのため紙おむつをしたままで、トイレですます気持ちを育てることは、そう簡単なことではありません。出たことを伝えられるようになる２歳児前後の寒くない時期などを利用して、布製のパンツに変えて、**濡れたり匂いがすることで出たことを自覚化して**伝えたり、**トイレに行ってそこに出したいという気持ち**を育てていきます。こうして臭いとまわりからいやがられるという恥ずかしさの感覚を育てながら、自分から処理していく気持ちと行動力を形成していくことが大事になります。

（3）失敗は成功のはじまり

　園でのトイレで排泄することに取り組むためには、まずは**トイレでどう排泄するのか**を、**他の子の仕方を見て学んでいく**ことです。それにはその子が飲食した時間とその子

の生活リズムを理解し、そろそろ出たくなるころにトイレに行きたいかどうか声かけをしていきます。行きたければ、トイレに行って座って出るまで任せてみます。それでも出なけれは、部屋に戻って過ごしながら、ときどきトイレに行きたいかどうか声かけしていきます。こうしてだんだんと自分でトイレに行きたくなる感覚を自覚化させていきます。

　次に、自分でしたくなったときに身体調整が間に合わなくて漏らすこともよくあります。こうして失敗しても、行こうとした行為をほめて、さりげなく後始末をしていきます。このように**失敗しても責めずに、少しでも排泄への取り組みが成長したと感じられたら、ほめていくこと**です。自分からトイレに行けて、成功したら大いにほめてあげて、共に喜びを共有することが大事になります。このように**失敗と成功を繰り返しながら、次第に身体調整が上手になっていく**のです。

 **§2　身近な保育者との
　　　関係性を形成する**

　すでに第1節で子どもたちの発達と生活習慣の獲得との関連性を理解してきましたが、こうした獲得の過程には、保育者との信頼を基盤とした関係が成立していることが前提となっています。そのためにこの節では、担任や支援員などの身近な保育者が、障がいのある子どもとの間に、こうした信頼関係をどう形成していくかについて考えてみたいと思います。

1.　園生活への信頼感の獲得

　まずは**子どもたちが毎日喜んで登園してくれるようになることが基盤**となります。ではどのように園生活になれていけば、楽しみに登園してくれるようになるのでしょうか。また登園をしぶる子や、登園しても自分のクラスに行きたがらない子には、どのような配慮や工夫が大事になるのでしょうか。

(1) 一日入園体験の意義

　入園するときに、障がいのある乳幼児の場合には、視覚障害や運動障害があると段差などに対応しにくいので、通常の園環境ではうまく生活ができない場合が生じてきます。そのため、入園前に保護者と子どもに一日体験として園に来てもらい、園環境を見てもらうことで、困ることがあるかないかを具体的に話してもらう機会をもつことが必要になります。

　もし**生活しにくいことがある場合には、それが改善できることなのかを園内で話し合う**必要性があります。すぐに改善し対応できることならば、入園までに改善しておくことが望ましいでしょう。でも改善や工夫が困難な場合や時間がかかるような場合には、そのことを障がい児の保護者に伝えて、それをわかった上で入園してもらうことになります。それが入園後に保護者が園環境や園生活に不満を抱くことを少なくすることになります。

（2）入園してからの園生活の理解

　入園してからは、障がいのある子どもは具体的な保育環境にふれながら生活になじんでいきます。それを見ながら、生活するしにくさや困難感がある場合には、みんなで工夫して改善をしていきます。特にトイレや水道などは毎日使う場なので、障がいのために生ずる困難さを軽減していくことが求められてきます。

　その一方で、子どもは障がいがあるけれども自分の力で行ける場や、障がいがあると危険な場などを、保育者と共に具体的に理解していくことが大事になってきます。こうした体験を通して、次第に全体としての園環境を理解していき、自分の生活の場として使いこなせるようになっていきます。

　さらに毎日の園生活を通して、登園から降園までの園の一日の流れも理解していくことになります。それは単に生活行動の順序を覚えていくことだけではありません。**それぞれの活動の意味と仕方を理解していくこと**が大事になります。こうした時間的な流れや順序性がわかりにくい子がいる場合には、その流れを絵や写真にして見えるような工夫をしていくことも有効になります。

（3）安心して過ごせる居場所の獲得

　一日の生活の流れが理解できることと、そこに自分から積極的に参加していくことは、意味が違います。流れが理解できても、園生活や活動内容などに困難や不安が伴っている場合には、なかなかそうした活動の場に参加してきません。

　多くの場合には、別の安心できる場所で過ごすか、そうした活動をやや離れたところから見ていることになります。そうした場は**居場所**と呼ばれますが、その子を無理にその活動に入れることができないけれども、その子からは安心して活動が見えるような場が選ばれます。障がい児が活動に参加できにくい場合には、こうした場所を**保育者側が意図的、積極的につくっていくこと**も意味をもってきます。

　安心を保障して、活動を見て参加してもらいたいという保育者の気持ちが、保育者に対する信頼感や親近感につながることが多いからです。

check　居場所の獲得

　乳幼児期は、まだ自分の力では危険や不安に対応できない場合も多いので、担任の保育者との信頼関係を基盤に、安心して過ごせるようになります。こうした信頼関係が築けていない場合には不安感が強いので、子どもは安心して過ごせる場を探します。園長室や職員室、絵本コーナーやままごとコーナーなどの閉じた場、砂場やブランコなど感覚的な遊びを楽しめる場などが選ばれることが多いようですが、子どもによって異なってきます。

(4) クラスへの信頼感の獲得

　保育者が障がい児をクラスの一員として大切に思いながらも、無理に活動に参加させ
ず、**見て楽しむことから次第に参加する気持ちを育んでいこうとする姿勢**を、まわりの
子どもたちも学んでいきます。そして、障がい児がクラスの仲間が自分を温かな目で見
てくれているという、こうした姿勢への信頼感がもてるようになることは、保育者も含
めてクラス全体を信頼することにつながっていきます。そのため、当番活動やクラス活
動のような集団活動の場面では、その子の障がいの状態や、友達との関係性などに応じ
て、居場所を設定することも必要になります。そうした場を保障することで、クラスの
他の子どもたちがその子を見て参加している仲間として認めるようになり、いずれは一
緒に参加してほしいと期待していけるようになります。

２．身近な保育者との信頼関係の形成過程

　障がいのある子どもたちや、その可能性のある子どもたちが、自分の生活する保育室
に安心していられるようになるもう一つの条件は、担任や支援員などの身近な保育者と
信頼し合い安心して園生活を過ごせるようになっていくことです。
　毎日の園生活において、身近な保育者のどのようなかかわりが障がいのある子どもに
信頼感を育んでいくのかを、具体的に見ていくことにします。

(1) 日々の出会いの気持ちよさを基盤に

　朝登園してきたときに、その日の状態にかかわりなく、「おはよう」と明るく親しみ
を込めて声をかけてもらえることは、今日もいつものように楽しく過ごそうねという担
任のメッセージが伝わっていくことになります。
　また「昨日の続きを楽しみにしているよ」、「今日も砂遊びを楽しみにしていたんだ」、
さらには「Ａくんたちが園庭で待っていたよ」というように具体的な言葉かけをしても
らえると、自分のことを保育者が細やかに理解して見守っていてくれるという安心感に
もつながります。
　このように障がいの有無に関係なく、日々の出会いのときに**温かく気持ちのこもった
あいさつ**を交わしてもらえることは、どの子も一日が安心してはじまり、楽しみを期待
して着替えて、友達やクラスの輪の中に一員として参加していくための基盤になります。

(2) 困ったときには適切な援助を

　しかし、いざ生活をしていくと、次々と困難に直面していくことになります。カバン
をしまう場がわからない、着替えがうまくできない、自分の大好きな遊具を使われてい
る、したい活動の場を他児たちがすでに占有しているなど、障がいのある子にとって
は、対応に困難を感じる出来事が生じてきます。

　そんなときに保育者がその都度来てくれて、**一緒に考えながらできないことは手伝ってもらえることは、親しい保育者がいれば何とかなるという安心感**につながります。そのために、保育者がどこにいるかが気になる子や、いつも保育者の傍らから離れない子、さらには他児が自分の親しい保育者にやさしくされると嫉妬する子などは、さまざまな二次的なむずかしさを伴う状況が生じる場合も起こってきます。

（3）共に楽しめる遊び探し

　保育者を信頼することは、このように適切な援助をしてもらえることだけではありません。むしろ**自分が好きなことや得意なことを一緒に楽しんでもらえる**ことが大きな意味をもっています。まるで友達のような存在として担任が意味づいていくときに、頼る存在から対等に自分を表現できる存在へと信頼感の意味が変わっていきます。

　障がいのある子の多くは、なかなか友達ができにくいことが多いので、こうした友達感覚や友達とのやりとりの楽しさを、保育者と疑似体験できるようになることは大事な意味をもっています。このような楽しい状況の中に、クラスの仲間を呼び込むことができると、担任も含めて友達と楽しく過ごす時間を生み出していくことができます。

（4）意思の疎通を大切に

　障がいのある子どもたちは、自分の意思を伝えることにさまざまな困難を有しています。特に自分の思いや意思を言葉にできない子や、表現したとしてもそれがうまく伝わらない子もたくさんいます。

　でも毎日共に生活することにより、その子が何を思い、どのようなことを伝えたいのかが、担任には次第に理解できるようになります。そこでその子の通訳としての役割が果たせるようになります。**まわりの子どもたちに、その子の思いやどうしたいかを代弁していきます。**同時に、その子なりにうなずきや指さしなどにより、意思表示をしてもらい、それをクラスの仲間にも理解できるようにし、意思の疎通が図れるように心がけていきます。

（5）できることは任せて認めていく

　最初は親しい保育者がいないと意思の疎通に不安を感じていた障がいのある子も、こうして次第に自分の思いを理解してくれる仲間が増えていくことにより、保育者から離れて仲間と一緒に過ごすことができるようになっていきます。**保育者はときどき様子を見守りながら、大丈夫そうであれば任せ**ていきます。そして困っているようなときには、さりげなくそばに行き「どうしたの？」と声をかけ様子をたずねます。

　また共に楽しめる遊びが他の子どもたちと共有できるようになると、遊び友達として認められるようになっていきます。楽しく遊んでいる傍らを通りながら、「楽しそうね。友達ができてよかったね」と言葉かけをして、**他の子どもたちにも友達としてかかわってねというメッセージを伝えていく**とよいでしょう。こうして次第に保育者から離れていき、友達と安心して過ごせるように配慮していきます。

§3 友達関係の形成

　障がいのある子どもたちにとって、友達関係を形成していくことは容易なことではありません。友達として認められていくためには、**意思の疎通を基盤**として、さまざまな行為や楽しさを円滑に共有していけるかどうかという課題に直面するからです。この節では、遊びの中でこうした**共有性**について具体的に考えていきたいと思います。

1．クラスの仲間として認められるために

　障がいのある子どもも、どこかのクラスに在籍します。ときには在籍しているクラスと、生活するクラスが異なることもありますが、その場合には生活を共にしているクラスを基盤に考えていきます。そこでのクラスの仲間とどのような関係になることで、仲間の一員として認められていくのでしょうか。

(1) 毎朝の気持ちよい出会い

　基本は担任も含めた、毎朝の気持ちのよい出会いから一日がはじまることです。担任が障がい児に明るく気持ちのよいあいさつをすることはもちろんですが、子どもたち同士も温かな気持ちを感じさせるあいさつを交わせるようになっていくことが求められます。障がいがあるため、言葉を用いてあいさつができないからとか、あいさつしても反応が乏しいからということではなく、クラスの一員として出会いの喜びを伝えていくという気持ちをもてるようになることが大事になります。

　また、障がいの治療や指導などの専門機関に通っていると、毎週定期的に休む子もいます。その場合にも、欠席している理由を知らせていき、次の日には登園できることや、そこでどのような生活をしているのか簡単に伝えてあげることが大事になります。障がいがあるのでときどき休むという理解でなく、**仲間としてどのように過ごしているかという理解に変えていく**ことが望まれます。

(2) 楽しいリズムを共に楽しむ

　障がいのある子も、身体リズムを楽しむことは十分にできます。そのためにみんなの大好きな曲に合わせて、体をリズミカルに動かす楽しさは、クラスの全員で楽しめる活動になるのです。

　特に４月の時期には、お互いに知らない子がいるために、遠慮したり不安になる子もいます。障がいのある子どもがいるというだけで、その子に対して不安感や違和感を抱く子どももいるでしょう。

　そんなときに、子どもたちの大好きな曲を流して、自由にリズムをとりながら**ふれ合ったり、みんなで動物などになりきってリズミカルにおどるなどの体験を積み重ねていく**ことは、そうした不安感や違和感を払拭していく機会にもなります。また障がいを感じさせない仲間としての親しさを感じられるきっかけともなります。

(3) 手つなぎゲームを全員で楽しむ

　この楽しいリズムの延長線上に、手つなぎゲームがあります。障がい児というだけで警戒や不安を感じてそばに近づかなかった子どもたちも、手つなぎ鬼などを楽しむことで、その子のぬくもりや楽しさを肌を通して感じられるようになり、自分と同じ子どもなんだということが体験的に理解できるようになります。

　こうした**ふれ合いゲームを積み重ねていくことで、障がいのある子がクラスの全員から仲間の一員として受け止められていく**ようになります。クラスで人気のあるふれ合いゲームや踊りを運動会や生活発表会で披露すれば、クラスの全員にとって負担感のない発表ができることにもなるでしょう。

(4) みんなでうたえるクラスの歌探し

　こうしたふれ合い効果は、歌にもあります。そのためには、歌の楽しさは上手にうたうことという価値観ではなく、みんなで気持ちを込めて楽しめることという価値観に変えておく必要があります。上手にうたうのは、小学校に入ってからでいいのです。幼児期には、うたうことが楽しくて大好きという気持ちを育てていくという価値観がないと、うまくうたえない障がい児は歌に参加できなくなります。

　そこでクラスの全員が大好きで、**障がいのある子どもも楽しくうたえる歌**を探していきます。そうした歌を何曲か探し出して、クラスの歌としてときどきはみんなでうたっていくのです。このことによって障がいのある子も歌を楽しめることが理解されますし、発表会のときにはクラスの歌の中で、もっとも気持ちのこもった上手な曲を選んでうたえばいいわけです。

(5) その子の長所を生かした役割づくり

　障がいがあっても、**その子なりに好きなことや得意なこと**があります。見方によっては固執行動ともとらえられてしまう、ページをめくることや、何でも回転させること、さらにはブロックなどで左右対称形をつくることなど、得意技を発表をすれば拍手喝さ

いの出番にもなります。

　またルールにこだわる子や場所にこだわる子がいる場合には、審判員やその場の監督などの役割をしてもらうこともできるでしょう。こうして**どの子にも何らかの役割ができる**ということをクラスの子どもたちに伝えて実現していくことが大事になります。

2．遊びに参加する楽しさ

　障がいのある子がクラスの一員として認められるようになるにつれ、クラスの仲間からの働きかけが増えていきます。それはそうした仲間と楽しさを共有して親近感を形成していくことにつながっていきます。でも障がいから派生するさまざまな要因により、そこでも困難に直面していくことになります。それをどう支えていくかについても考えていきます。

（1）ものを構成する楽しさ

　発達障害の子どもたちは、積み木やブロックなどを使って、ある特定のパターンのある形をつくることが大好きです。特に対称形を好む子どもがたくさんいます。そのために、登園すると積み木やブロック、パズルなどのコーナーに行き、そこを居場所にして長い時間、並べたり、形をつくったり、立体を構成したりして楽しみます。

　このときにまわりに他の子がいて、その子が自分の使いたい遊具を使っているときには、他児の意思や思いを無視して取り上げることも生じます。そこからトラブルが起こります。そんなときには、**それぞれが使える遊具をあらかじめ保育者が区分しておくことや取り上げる前に借りたい旨を相手に伝えて許可を得ることが必要なことなどを伝えていきます。**相手の子が貸してくれたら、「ありがとう」と感謝を伝えることや、ダメなときには相手が使いおわるまで待つことが必要なことも伝えていきます。

（2）ものを操作する楽しさ

　この構成遊びよりも一段発展した遊びがミニカーやプラレール、人形などを自分の思い通りに動かして操作する遊びです。これも同じ遊びをしたがる子どもたちが多いために、しばしば遊具の取り合いが生じます。そんなときには**順番で使うことや交代で使うことが必要なこと、相手に貸してもらうことを伝えていくことです。**

　ものの操作の中で保育者が困るのは、扇風機や洗濯機、自転車のタイヤなどのように回転をする機械や道具を操作したがることです。その操作の楽しみとは多くの場合は、スイッチをつけたり消したりすることや回転数を変化させることを楽しみます。この延長線上には、電気のスイッチをつけたり消したりする操作遊びもあります。

　こうした操作は機械の故障や危険を伴うことでもあるので、限定した機会や時間の中で、保育者の立会いのもとで楽しむようにしていきます。こだわりとしてとらえるのでなく、機器の操作遊びの一種としてとらえる機会を保障することも大事になります。ま

た夏などで部屋の扇風機のスイッチをつける係のような役割を与えていくと、楽しみにできるようになります。

(3) 見立てたり、なりきる楽しさ

　乳幼児期の遊びの中心は、自分の憧れている人になりきることや、その人が身につけている衣装や道具、武器等に似せた小道具をつくって見立てていくことです。1歳児でも人形を負ぶって、お母さんごっこをすることがあります。男の子たちは最初は積み木やブロックを自動車や電車などの乗り物に見立てたり、高く積んでスカイツリーやビルなどに見立てることをします。こうした場はイメージが明確なので、障がいのある子にもやはり人気がある場となります。

　しかし何人かで同じ衣装や武器をつくってヒーローなどになりきって楽しんでいるそばで、同じ思いを抱きながらもどうしても入れてもらえない障がい児がただ見ていることもよく起こります。そうした場合には、**なりきる仲間になりたければ、同じような小道具を身につける必要がある**ので、保育者が一緒になってつくってあげることが必要になります。

(4) ごっこ遊びの楽しさ

　ごっこ遊びは、規模によりさまざまに展開されていきます。2歳児くらいになるとカップやままごと道具を用いて、おうちごっこが展開されます。3歳児ころになると、レストランやお店ごっこが多くなります。4歳児を過ぎると、パン屋さんごっこ、ラーメン屋さんごっこ、お寿司屋さんごっこなど、素材にこだわるお店屋さんごっこになります。5歳児になると病院ごっこやホテルごっこのように、さまざまな立場の人がいる大きなグループでのごっこ遊びを楽しむようになります。

　障がいのある子たちは、なかなかこうしたごっこ遊びには入れないのが現実です。一つには発達障がい児の中には、イメージを他児と共有していくことが苦手な子もいますし、与えられた役割を演じて楽しむことが苦手な子も多いからです。その場合には、そばで一緒に見ながら、友達が何を楽しんでいるのか、どのような見立てやなりきりを楽しんでいるのか、誰がどんな役割を果たしているのかなどを対話して伝え、その子が**入りたくなったときにその子がしたい役割を他の子にも伝えて、楽しめるように援助して**いきます。

(5) チームゲームの楽しさ

　4〜5歳になると、さまざまなゲームをチームに分かれて展開していきます。障がいのある子もこうしたチームゲームをしたいのですが、なかなか入れないのも事実です。その理由は、ゲームの複雑なルールを理解できにくいことや、競争心が低くて楽しくないことです。しかし傍らで見ているだけではなかなか入れないし、ルールの理解もできません。

　そこで**その子の好きな簡単なゲームをクラスで楽しむ機会をつくる**ことからはじめていきます。4、5歳児にとっては簡単過ぎてつまらないかもしれませんが、障がいのある子がみんなと一緒にルールを守りながら活動する姿を見せていくことにより、その子も含めてクラス全員で楽しむことの大切さを伝えていきます。

3．気の合う仲間として認められる

　遊びに参加できるようになっても、仲間から認められなければ参加できたことにはなりません。では認められるとはどのような状況が成立することを意味しているのでしょうか。ここでは、そうした仲間として認められていく過程について具体的に考えていきます。

(1) 周辺で見ている

　やってみたい活動に出会ったときに、子どもたちはその活動の場にくぎづけになり、納得するまで傍らで見ています。その見るという行為には、仕方を理解することや、各々の役割の在り様を理解すること、さらにはこの活動にはこのような決まりがあることなど、自分が参加することが可能かどうかを吟味する時間であるともいえるのです。このようにして保育者たちは自分も学びたい活動の周辺に参加しながら、その活動について理解し、それから実際に参加してその活動を自分のものにしていくのです。こうした学び方を発達心理学では**正統的周辺参加理論**ともいいます（本書 p.112 参照）。

　そこで、障がいのある子が自分もやりたそうなのにすぐに入らずに見ている場合、その子と並んで一緒に見ながら、何を見ているのかを理解していきます。上手な誰かに注目して仕方を見ているのか、役割を見ているのか、決まりがわからないのか、そばでその子の気持ちを推し量り、そうした不安感や困った感を軽減する言葉かけをしていくことが、自分も入れそうという積極的な気持ちを生み出していきます。

(2) 場を共有する

　そのためには、まずは保育者側の発想を変える必要性があります。その活動に入れることだけが、参加しているわけではありません。スポーツの観戦や応援のように、好きな選手を見ることも一緒に参加しているといえます。選手と観客が一体となったときに、そのスポーツの楽しさが生まれてきます。

　それと同じように、好きな活動を傍らで見ていることも、立派な参加だといえるのです。こうした参加の仕方を私は「**場の共有**」と呼んでいます。この意味は見ることで、気持ちはその活動に一緒に参加しているという意味です。

(3) ものを共有する

　4歳児くらいになると、ごっこ遊びも自分たちで小物をつくって、本物らしくしてい

きます。忍者ごっこをしていた 4 歳児たちは、それぞれに手裏剣を折って楽しそうに投げ合っていました。それを発達に遅れのある子が、近くで楽しそうな表情で見ていました。そして忍者が小屋に見立てたジャングルジムに走っていくと、自分もそのあとをついていきます。一緒にしたい気持ちがあふれています。そこで保育者が上手な子に頼んで手裏剣を折ってもらい、その子に手渡しました。それをもちながらジャングルジムに近づいていくと、4 歳児たちはその子を小屋に入れてくれました。仲間の折った手裏剣をもっているのは、忍者仲間であると認めてくれた証です。

　このように、この子はまだ自分では手裏剣を折ることはできません。でも仲間の一人が折ってくれた手裏剣をもつことによって仲間として認めてもらえたのです。このように仲間であると認めてもらうには、その**仲間で共有するもの**をもっていないとダメな場合があります。制服や校章は同じ学校の一員であることを示していますし、スポーツやコンサートでの同じ色のタオルやペンライトなどは、まさにそのチームやアイドルを応援する仲間であることを示しているのです。

（4）ルールを共有する

　友達と遊ぶためには，その遊びに参加している子どもたちが暗黙のうちに了解し合っているルールがあります。ゲームやスポーツのように、見ていれば基本的なルールは理解しやすい遊びもありますが、ごっこ遊びのようにその子たちだけでつくっている約束事などのルールは、なかなか理解しにくい場合もあります。そのために障がいや発達の遅れのためにそうしたルールが理解しにくい子は、なかなかそうした遊びに入れないこともあります。

　たとえばレストランごっこでは、料理人はする子が決まっているのでウェイトレスなら大丈夫そうというように、具体的にできそうな役割を伝えていきます。またウェイトレスはエプロンをすることや、いらっしゃいませとあいさつをしてメニュー表を出すことも理解しているかどうか確認していきます。このようにして、その子たちがしている**遊びでの基本的な約束事を、その子に伝えていく**ことが大事になります。

（5）イメージを共有する

　ある園でサッカーをしているクラスの子どもたちの傍らで、発達障害のある子が自分のボールを決めて、同じように走りまわっていました。もちろんサッカーごっこのチームには入っていませんが、そのチームの動きをよく見ていて、どちらかのチームがシュートをすると自分も同じようにシュートをします。

　このように傍らにいるとき、あるいはあとで一人になったときなどに、同じような行為を再現して楽しめるようになっている場合には、その子は友達がしている**遊びのイメージを共有している**といえます。そのときには、実際にその遊びに入るきっかけづくりを心がけていくことが求められています。

クラス活動や園行事への参加

障がいがある子がクラスの活動に参加したがらないこと、特に発達障害の子がクラス活動に参加することに困難を示すことはよくあります。子どもの人数が多いと刺激が強いことや、まわりに合わせて行動しなければならないことなど、苦手なことがたくさんあるからだと思います。すでに考えたように、見て参加することからはじめて、その子がいやがる刺激をできるだけ軽減する工夫や配慮をした上で、できることややりたいことをしている場面で参加していきます。そうした参加できる機会を増やしていくことが基本となります。

1．クラス活動への参加

（1）ゲームに参加する

クラス活動としてわかりやすいのは、しっぽ取りやドンジャンケンのような、ルールが簡単で静と動のリズムのあるゲームです。「はじめ」でゲームを開始して「ストップ」や「ジャンケンポン」のかけ声でおわります。そしてどちらが残ったのか、どちらのチームが勝ったのか、人数を確認して判断します。

こうした簡単なゲームからはじめて、次第に鬼ごっこや椅子取りのようなルールの複雑なゲームを導入していきます。発達障害のある子も、見ていて参加したくなったら自分の出番をつくってもらい、**その子のペースに合わせて全員で楽しめるように配慮**していきます。

（2）運動活動に参加する

リレーごっこやサッカーごっこも、発達障害のある子どもたちが好きな活動です。そこで運動会などが近づいてきたときには、年長児たちのリレーごっこをクラス全員で見て、したくなった仲間と一緒にそのリレーのまねをして楽しみます。

3〜4歳児ではコーンなどをおいて往復のコースをつくり、そのコースを往復するとバトンを次の子に渡すだけでもいいと思います。まだ勝ち負けよりも、バトンを渡す楽しさを大事にします。同じくサッカーごっこも、3〜4歳児では四角のフィールドを描いておき、その中でボールを自由にけって走りまわるだけでもいいのです。ゴールをおいておくと、けって入れる楽しさがあるでしょう。チームに分かれて試合をするのは、発達障がい児にもルールや勝敗がわかるようになる5歳児になってからでもいいと思います。

（3）音楽に参加する

　音楽の楽しみは、曲に合わせて自由におどることからはじめます。障がいのある子ど
もたちも、こうした踊りは大好きです。子どもたちの好きな曲を流して、自由におどる
ことからはじめます。ただ音量や、靴の響きなどの刺激には、十分に配慮しておどるこ
とが大事になります。

　その次は曲に合わせて打楽器を楽しむことです。よく竹の棒をリズムに合わせて叩く
ことや、タンバリンや太鼓を叩くことなどが行われていますが、音の大きさに配慮する
ことが必要な場合もあります。それになれたら、カスタネットや鈴、トライアングルや
シンバルなどの打楽器を中心にして演奏会ごっこを楽しみます。

（4）製作に参加する

　製作も発達障がい児の好きな活動です。2〜3歳児のころからブロックやパズルに凝
る子もいます。そうした子どもたちの多くは製作の中でも左右対称の形にこだわって構
成する遊びが得意です。そのまま構成遊びだけで過ごすと、一人遊びになってしまうの
で、車や電車など、他児と交流できるものをつくるように配慮していきます。

　またブロックでなく、空き箱や空き容器などを用いると、自分専用の遊具がつくれま
す。そこでハサミなどを上手に使えるようになる4歳児ころからは、空き箱や空き容器
などを用いた製作ができるような環境を用意していきます。そしてクラスの仲間と一緒
になってつくり、つくった遊具を用いてみんなで遊べるように援助していきます。

（5）絵本読みに参加する

　お話や絵本を聞くことは、図鑑のような視覚的な理解を得意とする発達障害の子に
とっては苦手な活動になります。静かに集中して聞いていることは、かなりの緊張と負
担を強いることになります。また話をイメージ化することが苦手な子の場合には、内容
が次第にわからなくなり、不安とイライラを生み出すことにもなります。

　そこで3歳児のころには、短くおもしろくわかりやすい物語を繰り返し読んであげる
ことが求められています。5分くらいで読める絵本で、同じ行為を繰り返しながら少し
ずつ変化していく物語が喜ばれます。そうした絵本を大好きになってから、同様のス
トーリーを繰り返しながら展開していく少し長めの楽しい物語を紹介していきます。

２．園行事への参加

　入園式や発表会などで、緊張感を維持することに適応できなくて、動いたり声を出したりする発達障がい児もよく見かけられます。こうした緊張感を伴う園行事をどう企画し保育環境をどのように構成し、内容をどう展開していけば、クラス全員で気持ちよくおえられる行事になるのでしょうか。

（1）式典に参加する

　発達障害の子どもたちが参加する場合には、その子たちのがまんできる時間を理解することからはじめます。もし５～６分というように短い場合には、そのクラスの出番を最初のほうにして、がまんできなくなったらその子だけそっと退出するように配慮するか、その子の出番をあとのほうにして、出番の少し前に入るかというような配慮が必要です。

　全部に参加させようとすると、式そのものがうまくいかなくなり、その子の責任になってしまいます。でも**少しの部分でもちゃんと参加できるようになり、その時間が延びていく姿を保護者も見ていくと、成長として肯定的に理解されていきます。**

（2）見たり応援して参加する

　園行事は、見せることと見ることの両方によって成立しています。障がいのある子どもたちは、最初は**見せる側よりも見る側として参加する**ことがしやすいといえます。そこで２～３歳児のときには、基本的には見る参加を大事にしていきます。その中で、できる活動に参加していくと無理がありません。毎年行事に参加して繰り返し見る体験を積み重ねていくことで、仕方が理解されて見通せるようになり、自分も参加できる場面が増えていくと思います。また、自分のクラスの仲間が出ているのを応援するのもよいでしょう。それによって保護者も、わが子が気持ちではクラスの活動に参加していることが実感として理解できると思います。

　最初に無理やり見せる側にすると、できないで失敗したり、みんなに迷惑をかけているという目で見られるようになります。親もわが子を否定的なまなざしで見るようになり、その子自身も自尊感情を失います。そうした体験は、できるだけ避けたいものです。

（3）できる活動に参加する

　運動会や発表会の練習を傍らで見て参加していると、発達障がい児の中には、その仕方や展開を覚えてしまう子もいます。その場合には、その子がしたいと思っている場面で、「〇〇ちゃんたちと一緒にしてみる？」と誘ってみると、案外すっと自分から参加していく場合があります。

　無理にできそうな役割を与えるよりも、**その子がしたい役割を見つけて入っていくほ**うが、無理なく展開できますし、その子も自信がつくといえます。こうして自発性を大事にしながら、入って楽しめたらみんなで喜ぶことや、その子の成長を認めて参加できるという自信をもてるようにしていくことが大事になります。

（4）発表会に参加する

　発達障害のある子どもたちは、自分の世界を状況に合わせて柔軟に対応していくことが苦手です。そのために劇のような活動では役割を演じることに困難を示す子も多いのです。でも**絵本を通して理解している話や、みんなで同じ動きをして楽しむこと**などは、好きな子も多いので、こうした内容を劇にして楽しむことからはじめていくとうまくいくことがあります。

　また音楽会のような発表会では、日常の保育の中でクラスのみんなでうたっている曲や、楽しくおどっている曲、楽しく演奏している曲などをそのまま活用するとよいでしょう。演奏する場合に、鍵盤楽器を担当する子どもたちは家庭で習っていて演奏できる子が分担するように配慮すれば、無理なく楽しめます。

🎵 column　園で行う行事について

　園で行う行事にはいろいろなものがあります。入園式や修了式、母の日や父の日、敬老の日のように、みんなで祝う社会的な行事や、お正月、節分、雛祭り、端午の節句、七夕などのように季節の変化を祝う伝承行事、そして運動会や生活発表会のように子どもたちが成長を披露しみんなでそれを喜ぶ行事もあります。このように園行事にはいくつかの種類がありますが、園生活を営んでいく上でそれぞれ大事な役割を担っているのです。

　もっとも大事な役割は、園生活に区切りをつけていくことです。入園や卒園は子どもたちにとっても、生活が大きく変化することを意味しています。そのための決意のようなものも求められてきます。卒園を間近にした子どもたちは、小学生になるのだと自分を鼓舞して過ごすようになります。

　次に大事な役割は、生活に変化や楽しみを生み出し、それをめざして生活する目的感を生み出すことです。それが収穫祭や運動会、発表会などとして実施される行事です。普段取り組んでいる活動を披露して、他の学年や保護者や地域の人たちに見てもらい、自分たちの成長ぶりを認めてもらえます。それがまた喜びと自信になっていきます。

　また、こうした楽しい行事は毎年同じ時期に実施するので、小さいころから見ていると、何歳になると自分が何をすることになるのかがわかり、成長の目安にもなります。

成長の記録と小学校への接続

　園生活を通して、障がい児も成長していきます。その成長をどう見て、どう記録に残していくかが、とても大事な課題になります。どのような成長をしてきたのか、その子の好きなことや得意なことは何かなどを、小学校に伝えていくことが求められています。またその子が安心して小学校や特別支援学校に就学していけるように、学校見学をすることや小学校関係者に園訪問をしていただき、その子や必要な環境を理解してもらう機会をつくることも大事になります。

１．成長の記録を残していく

　障がいのある子どもたちも、園生活を通して確実に成長していきます。その成長に気づいたときに、その様子を記録に残していきます。その記録とはその子の作品であったり、その場面の写真であったり、具体的な事実としてのエピソード記録です。その子の成長のファイルをつくっておき、その都度それらの記録を入れていきます。そして学期ごとに、それらを整理していきます。そのときに保護者と一緒に成長を振り返りながら、整理していくこともよいでしょう。大事なのは、こうした**成長の記録を細やかに、しかも映像などわかりやすい形で残していく**ことです。

２．自己肯定感を大事にしていく

　そうした記録の中で、どのような内容や場面を残していくかが問われています。保護者の多くや保育者の中にも、障がいのある子が成長することを、みんなと同じことができるようになることと思う価値観が強くあります。それではその子らしい人生になっていきません。むろん、みんなと調和した生活を送れるようになってほしいという願いは大切です。でもそれは結果的にそうなるのであり、それを目的にしていくと、その子らしさを発揮できなくなっていきます。だからこそ、その子らしさを大切にすることが求められるのです。

　こうして自己を発揮して、自分らしく成長し自己肯定感を獲得していきます。順番や左右対称にこだわる自閉的な子が、クリーニング屋でワイシャツをたたむ仕事をしている事例もありますし、いつも土をいじっていた子が陶芸を仕事にしている事例もあります。こうして**自己を十分に発揮しながら自己肯定感をもち、自分らしく生きていけるような記録の選択と伝え方**が大事になるのです。

3．就学指導とのかかわり

　小学校にその子の成長の記録を整理して、**要録**を送ることが義務づけられています。その要録に、成長をどのように記録するのかは、大きな意味をもちます。成長の記録の中から、ぜひとも小学校へ伝えていきたいことを関係者で確認して、それを具体的に記入することが求められます。

4．小学校訪問と園訪問

　小学校がどのような環境でどのような学びをしているかを理解できると、子どもたちも安心感がもてます。そこで多くの園では入学前に小学校訪問をします。そのときに障がいのある子も一緒に訪問します。はじめての訪問では緊張して不安感が生じるかもしれないので、別の機会に就学先の学校を親子でじっくり訪問する機会をつくるのもよい経験になると思います。

　また小学校の関係者に園を訪問していただき、要録では伝えきれないその子の姿を見てもらうことも必要でしょう。そのときにその子の成長について伝え合うことができます。また関係者が知りたいことを聞いてもらうのもよいでしょう（本書 p.119 参照）。

🐾 column　　要録について

　小学校への就学に際して、個々の卒園生の保育所や幼稚園、認定こども園での生活や成長の過程を、園から小学校へと伝える公文書があります。それが、保育所では保育所保育要録、幼稚園では幼稚園幼児指導要録、幼保連携型認定こども園では幼保連携型認定こども園園児指導要録、その他の認定こども園では認定こども園こども要録とよばれているものです。この書類は、その子の入園時から3月の卒園時までの生活や成長の過程を、決められた様式の要録に記入して作成するものです。就学までに園長が各児童の就学先の小学校長に送付し、小学校ではその内容をその子の授業や生徒指導に参考にすることになっています。

　しかし、これは公文書なので、書けないこともたくさんあります。特に、離婚などの保護者や家庭の秘密事項や、どんなことで担任が困っているかという園側の否定的な評価などを具体的に記入することはむずかしくなります。もし情報を公開することになれば、こうしたその子に不利な情報が伝えられていたことが保護者にわかります。

　そこで就学に際しては、こうした文書だけでなく、もっと話し合ったり小学校の関係者が園を訪問して理解するなど、相互理解のできる機会をつくっていくことが求められてきます。特に、保護者と園と学校の三者が面談することによって、情報を交換し本音の話し合いを実施することが大事になります。

　こうした就学指導を、関係者が細やかに実施することにより、保護者も子どもも小学校に就学してからも継続的な成長が可能になっていきます。

この章での学びの確認

　本章では、障がいのある子が保育所や幼稚園、認定こども園における保育実践を通して、どのように成長していくのか、そのために保育者はどんな援助をしていくのかを、具体的に説明してきました。

　生活習慣の獲得では、身体発育との関連性が大事になっていました。保育者との信頼関係を基盤にして、仲間と楽しく遊ぶ中で、ものやルールそしてイメージの共有ができるようになると友達関係が形成されていきます。またクラス活動や園行事への参加では、無理せずに傍らで参観することからはじめていき、次第に先を見通せるようになることで、自分から参加することを大事にしていました。さらに、こうした集団生活への参加を通してさまざまな活動に出会うことにより、小学校生活への基盤を獲得していきました。

　このように成長過程を見ていくと、障がいがあるために特別な支援が必要なことはもちろんですが、基本的にはまわりの子どもたちと同じプロセスを歩んでいきます。

演習課題　assignment

1 障がいのある乳幼児が生活習慣を獲得するときに、どのような困難が予想されるでしょうか。まとめてみましょう。

2 友達関係が形成されていくためには、どのような支援が必要となるでしょうか。まとめてみましょう。

3 クラスでの集団活動に参加するためには、どのような支援が大事になってくるでしょうか。まとめてみましょう。

参考文献　reference

『物語を生きる子どもたち―自閉症児の心理療法』山上雅子、創元社、1997

　4人の自閉症児の乳児期から思春期までの成長を、ケース別にこまやかに描いている症例報告の本です。基本はカウンセラーである著者と各々の自閉症児の家族とのかかわりを通して、成長していく過程が書かれていますが、その子たちが通った保健機関や療育機関、さらには保育所や幼稚園、小学校や特別支援学校などでの保育者や教師、そしてクラスメイトなどとの具体的なかかわりが描かれており、とても学ぶものが多い本です。

『＜共に生きる場の＞発達臨床』鯨岡峻、ミネルヴァ書房、2002

　さまざまな障がいがある子どもたちの、乳児期、幼児期、学童期における成長と、それを支えていく保育者や教師、児童指導員、家族などの事例を12例取り上げています。それを読むと、障がい児の成長は、たくさんの人々によって支えられていることがよくわかります。またその子たちが通っている各機関や施設において、その成長を保護者と連携しながらどう支えていくかも、詳しく紹介されています。いろいろな障がい児の成長と、それをいろいろな機関や施設でどう支えているかが理解できる本です。

第6章

障がい児保育の方法

この章で学ぶこと

　この章では、保育所や幼稚園、こども園の中で、障がいがある子どももいる
保育を営むときに、どのようなことを大切にし、どのような方法で援助にあた
ることがのぞまれるのか、その基本的な考え方を学ぶこととします。

　仲間と生活を共にし、かかわり合い、遊び、育ち合う保育の中では、障がい
のある子どもの障がい特性を理解することはもちろんのこと、一人の人として
の育ちを大切にし、その子どもに合った援助のあり方を模索することが求めら
れます。

　よって、ここでは、援助の方法を How to のようなもの、また、Q&A のよう
なものという発想でとらえるのではなく、生活の中で環境や状況、ものや人、
文化とのかかわりの中で、その場その場でどうつくっていくのかという視点に
立って、一人ひとりの子どもとその保育者にとってのオーダーメイドの援助の
方法を確立する基礎を学んでみたいと思います。

§1 関係形成
——担任保育者と支援員との信頼関係の形成

　園生活において子どもが安心して生活し、さまざまな経験を重ねていくためには、安心できる大人の存在が必要です。『幼稚園教育要領解説』[1] には、「幼児期は、自分の存在が周囲の大人に認められ、守られているという安心感から生じる安定した情緒が支えとなって、次第に自分の世界を拡大し、自立した生活へと向かっていく」と、また、『保育所保育指針解説』[2] にも、「子どもはありのままの自分を受け止めてもらえることの心地よさを味わい、保育士等への信頼を拠りどころとして、心の土台となる個性豊かな自我を形成していく」と記されており、障がいのあるなしにかかわらず、**保育者との関係づくりは子どもの育ちにとって大切なこと**が明記されています。まず、保育者と子どもとの出会いにおいて大切にしたい関係づくりのことを考えましょう。

1.「安心」を保障する出会いと関係づくり

　新しい生活がはじまるときには、誰もが期待と不安な気持ちをもってその場に臨んでいます。子どもにとっても同じことがいえますが、大人との大きな違いはそのような気持ちを言葉でコントロールすることがむずかしいということなのではないでしょうか。子どもたちの様子を観察していると、安心できる大人（保育者や保護者）のそばにいたい、大好きなものをもっている、いつもうたっている歌を口ずさむという姿が見られ、そのようなことで健気に自分を支えている姿が生活の中でよく見られます。

事例 6-1　🍃 4月の4歳児の子どもたち

● 入園式から数日が過ぎた4月中旬の朝。Y美ちゃんは身支度をすませ、保育室の片隅で大好きなアニメのキャラクターのハンカチを握りしめたままそれを眺めて涙ぐんでいます。保育者がその姿を見てY美ちゃんの近くにいき、「すてきなハンカチね。先生も同じものもっているよ」と声をかけ、エプロンのポケットからハンカチを差し出しました。Y美ちゃんはほっとした表情を見せてほほえみ返して、好きな遊びをしに動きました。

● 自閉的な傾向のあるK太くんが保護者と共に登園をしてきました。K太くんは、登園するやいなや、すべり台の下にある砂場に座り込み、乾いた砂を握ってはさらさらと落とす遊びを繰り返していました。保育者は保護者から家庭での様子の連絡を受け、フリーの保育者に声をかけてクラス全体のことを任せ、砂場で遊ぶK太くんのところに向かいました。「K太くん、おはよう」と保育者が声をかけるが遊ぶのに夢中で顔も向けることはありませんでした。また、保育者は、K太くんの近くに座り、顔をのぞき込むようにして「楽しそうね」と声をかけますが、まったく関心を示しません。保育者はK太くんの様子を観察し、K太くんと同じタイミング

> で砂を握り、掌から砂を落とすことを繰り返すことにしました。しばらくするとK太くんが、保育者が自分と同じことをしていることに気づき、保育者が落とす砂の動きを眺めています。K太くんも保育者と同じタイミングを計りながら砂を握り落とすことを繰り返すようになりました。途中からK太くんは保育者がさらさらさせる砂をさわり、自ら体を寄せてきました。

　事例6-1では、Y美ちゃんは近くにいる保育者から「先生も同じものもっているよ」などと声をかけられ、受け止め、見守られている実感がもてると少しずつ安心感が得られた様子がうかがわれます。また、K太くんは、保育者とのかかわりにおいて言葉は少ないですが、保育者がK太くんのいる場所に一緒にいてくれること、同じ動きをすることで、他者に関心を示すことができました。子どもにとっては、**大切な「場所」や「もの」を認めてもらうこと**、同じようなことに関心をもっているというメッセージは、つながりを感じることになるようです。こうした出会いは、障がいのあるなしに関係なく、子どもたちにとっては大切な関係づくりの第一歩になります。また、言葉や気持ちでのつながりを感じとることがむずかしいK太くんのような子どもには、同じ場所にいること、動きをしていること、受け止め、**共振的に動いていく存在があることが、安心と生活世界を広げるものになる**と考えられています。

　このような関係性の築き方は子どもの世界によく見られ、その根拠を、子どもの遊びを社会性の発達からとらえた**パーテン**（Parten, M., 1932）の遊びの分類などを参考にしてみることも大切かもしれません。さらに、この事例とは離れますが、他児のF也くんは、毎朝、登園後に自分の保育室までに行く間に、いくつかの場所に順番にある一定時間を計ったように決めて立ち寄る姿がありました。いつからか担当の保育者も一緒に動くようになると、立ち寄る場所や時間が少なくなり、園環境の中で自分をつくりながら生活をはじめた例もありました。

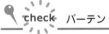
check　パーテン

　心理学者のパーテンは、子どもの遊びを社会性の発達との関係で次の6つに分類をしました。
　①何の遊びにも従事しない
　②ひとり遊び
　③傍観遊び
　④平行遊び
　⑤連合遊び
　⑥協同遊び
へ発達すると理論づけています。
　この遊びの分類は、就学前の教育・保育の場で子どもの遊びや社会性の発達過程を確認するための根拠として使用されることがあります。

　大人は関係形成を求めるとき、状況の中での理解や言葉での意思疎通をすることを第一に考えがちですが、子どもの安心はそれぞれが実感をもてるように模索することが大切です。子どもとの関係性を形成するには、障がい特性の理解を深めると共に、その子どもの育ちや行動の様子を確認し、一人ひとりの子どもとの関係づくりの視点を模索し、**安心と信頼が得られるようにオーダーメイドで関係づくりをしていく**ことが求められます。

２．担任保育者と支援員との関係づくり

（1）担任保育者と支援する保育者との関係づくりと役割

　子どもとの関係づくりにおいてもう一つ大切なことは、担任保育者や個別支援のために担当となっている保育者（「**支援員**」や「**加配保育士（者）**」などと呼ばれる。以下、支援員とする）と子どもとの関係、また、保育者相互の関係を考えることです。

　多くの場合は、障がいのある子どもの生活が安定するまでは支援員がかかわることが多くなることでしょう。まず、はじめに、支援員として、障がいのある子どもへのかかわり方やクラスの保育全般に関する立ち位置を保育者間で確認する必要があります。また、互いに子どもの育ちをどのようにとらえているか、そして先々どのように育てようとするのかという方向性（計画）を確認しなくてはなりません。ある場面では、同じようにかかわることが必要な場合、あるいはそれぞれが立ち位置を変える場合など、**子どもの育ちや課題に合わせて、かかわり方の相談をし、共通の思いをもつことが大切です。**

check　支援員と加配保育士

　担任保育者以外に子どもの障がいや育ちの状況に合わせて、子ども1人（または2～3人）に対して保育者を1人、確保して保育する制度があります。学校機関では「（特別支援教育）支援員」、保育所等では「加配保育士」と称します。支援をする人には免許や資格を有していない人もおり、総称して「支援者」と呼びます。このように保育の場では、担任保育者以外の人たちも含めたチーム保育が進められています。

　また、チームで保育をする複数担任制で保育を進めている場合は、子どもの育ちや必要な援助の内容と方法に応じて、週単位や月もしくは学期単位でのローテーションで役割が交代することがあります。こうした場合のことも踏まえ、**子どもの育ちや支援に関する情報交換は欠かせないもの**になります。なお、保育者の役割分担や交代は、保育者などの大人の都合で行われるのではなく、子どものために行われなくてはなりません。

（2）園全体で障がいのある子どもを育むために

　障がいのある子どもの「**その子どもらしい生活**」を保障すると、自分のクラスの保育室、全体的な活動の流れといった枠組みを超えて動くこともあり、園生活の中でさまざまな保育者とのかかわりが多くなることがあります。そのため、子どもの育ちの記録や保育計画は、個人情報の保持に留意しながらも、園内の保育に携わる誰もが目を通せるようにしておくこと、子どもの育ちと課題、援助の方向性が共通理解されるように、個別の指導計画（本書 p.116 参照）などを作成し、オープンにしていく必要があると考えられています。

　また、子どもの障がい特性による行動の特徴（友達に手が出やすい、危険な行動に自制がむずかしい）や時間経過の中での育ちに応じて支援員がどのようにかかわることがよいのか、クラスの保育の営みの中でどのような役割を担うのかも、クラス担当の当事者間にのみ任せるのではなく、**園内研修・事例討議のカンファレンスなどを通して園全体の課題として検討**していくことも大切です。責任感を強くもち過ぎてしまい、障がいのある子どもを過度に守るようなかかわりをして、かえって子どもの育ちを阻むようなことがないように複数の視点で確認することが必要になります。

§2　心の拠りどころ
——保育環境の配慮と居場所づくり

　障がいのある子どももいる保育を進める中では、共に生活をし支え合い育つ場を創るために、**保育者の環境構成への配慮は大切**なことです。こうした配慮は、障がいのある子どもが生活の拠点である園や保育室を安心できる場としてとらえ、その中で生活世界を広げ、自立していくことになります。こうして育つ姿は、障がいのある子どもの援助のみならず、一緒に生活する他の子どもたちにとっての大切な学びにもなります。保育者の配慮は、さまざまな生活スタイルやコミュニケーションの方法がある友達と共に生活するときに、どのような配慮が必要なのかを身近なところで学ぶ機会になります。

1．子どもの生活を豊かにする保育環境への配慮

　障がいのある子どもの障がいの特性を理解し、その子どもの性格や行動の様子を生活の中で観察をして保育室の環境を整えることは、生活がしやすくなり、その子どものもっている力を十分に発揮することにつながります。そのため保育所や幼稚園、認定こども園の施設の実情に合わせながら、可能な限りの配慮をして保育を営むことが求められています。

> **事例6-2**　　一人ひとりの子どもへの環境づくり（4歳児・4月）
>
> 　新入園児を含めた生活の中で、園の生活の決まりや小さな集団での遊びの中での約束が定着してきたときのことです。朝の集まりをする際に、保育者は、「お話が上手に聞けるようになったから、今日からはここでお話をすることにしました」といって、壁面装飾用に用意された落ち着いた色の壁を背中にして立ち話をしはじめました。光の調整がむずかしいT男くんのことを配慮して、何度か場所を替えて試行錯誤したあとに、T男くんが落ち着いて楽しそうに話を聞けるこの場所に決定をしました。また、T男くんの生活のしやすさを考え、保育室の中に『T男くんのくつのおうち』をつくり、靴の履き替えがスムーズにできるように工夫をしました。

　事例6-2では、光の調整がむずかしいために明るさに対応することに時間を要するT男くんの生活を考え、保育室に配慮を施した事例を紹介しました。T男くんは普段から薄く色のついた眼鏡（サングラスのような役割を果たすもの）をかけて生活をしていました。そのため、保育者は試行錯誤をして、T男くんにとって話が聞きやすい場所を探し、今まで季節の壁面装飾を貼っていた場所を選定しました。この壁はさまざまな装飾が映えるように落ち着いた色調のものでありましたが、壁面装飾を別の場所に移し、T男くんにとっても見やすさ、聞きやすさを優先させました。また、軒下にある下駄箱で靴を替えることは光の調整のためにむずかしいので、小さなラックを活用してT男く

んのための靴箱を保育室の中に『T男くんのくつのおうち』としてつくりました。

　このように、生活をしながら、一人ひとりの子どもを観察し、障がいのために生活がしにくくなるという点に目を向けていくことは大切なことです。子どもの動き（生活動線）を考えたロッカーの設置を考え直してみたり、保育用のテーブルと椅子、絵本棚やおもちゃの棚・大型積み木といった保育備品の配置の仕方を考えたりすることこそが、**子どもにとって生活しやすい保育環境を整える**ことになります。

---

column　合理的配慮

　2012（平成24）年7月に文部科学省は、「共生社会の形成に向けたインクルーシブ教育システム構築のための特別支援教育の推進」という、特別支援教育のあり方に対する指針を報告書という形で提示しました[3]。この報告書では、障害者の権利に関する条約（2013（平成25）年12月批准）に基づき、障がいのある子どもが、居住する地域の教育機関の中で教育の機会を与えられること、また、個別に支援を受けることができる「合理的配慮」が提供されることを基盤にした、インクルーシブ教育システムを促進させることが唱えられています。ここで取り上げられている「合理的配慮」とは、上述した条例で「障害者が他の者と平等にすべての人権及び基本的自由を享有し、又は行使することを確保するための必要かつ適当な変更及び調整であって、特定の場合において必要とされるものであり、かつ、均衡を失した又は過度の負担を課さないものをいう」と定義づけられています。具体的には、①教員、支援員等の確保、②施設・設備の整備、③個別の教育支援計画や個別の指導計画に対応した柔軟な教育課程の編成や教材等の配慮などがあげられています。

2．子どもの「居場所」を大切にする保育

（1）日常生活の中での「居場所」

　また、保育の中での配慮は、保育室の環境だけでなく、専門性を生かすことで、その子どもの心の安定を生み出し生活をより豊かすることにつながります。保育者の工夫は、障がいのある子どもが自分のクラスの保育室や園全体に愛着をもつようになり、その「場所」を自分の拠りどころにして育つ姿が見られます。

事例 6-3　キックボードに乗りたい（4歳児・6月）

　保育者はみんなに向かって「これから順番に先生が肩にタッチをします。タッチされたお友達は園庭に行く準備をしてください。靴を履き替えて下駄箱の前で『おやま座り』をして待っていてくださいね」と話をしました。光に対する調整がむずかしいT男くんの肩を2番目にタッチし、「ゆっくり待っていると見えるようになるからね」と声をかけて移動を促します。T男くんは、保育室の隅に用意された「T男くんのくつのおうち」（専用の下駄箱）で上履きと外履きを取り替え、みんなのいる軒下に移動します。全員にタッチをすると、保育者も軒下に向かい、「靴履けているかな？」と確認を促します。T男くんに「見える？」と声をかけ見えることを確認してから、「園庭でブランコやキックボードなど約束を守って好きな遊びをしましょう」と声をかけました。T男くんはわれ先にとキックボードを取りに行き遊びはじめ「先生、T男ね、今日はキックボード一番でとれた」といって、嬉々として園庭を走るT男くんの姿がありました。

　事例 6-3 は、先の事例 6-2 の T 男くんのその後の生活について紹介しました。園生活になれるころから、帰宅後に「みんなと一緒に外に行くと見えなくて、キックボードに乗れない」という話をするようになりました。そのため、保育者は、戸外遊びに出るときに、順番に声をかけて靴を履き替える配慮をしました。一人ずつ声をかけていくこと、そしてみんなが靴を履き替えてそろったところで動き出すという流れをつくることで、T 男くんの目がなれるまでの時間を保障し、外遊びのときにスタートラインを整えるような工夫をしました。

　このように、保育の中での配慮することは、環境を整えるだけでなく、生活の時間の調整やタイミングを計ることなどにも広がります。また、活動に対する見通しがもちにくい、気持ちの切り替えに時間が要するという子どもには、時計を使って「長い針が○○までに」と見通しを示したり、「あと○回したら片づけよう」と遊びの回数を具体的に示したりすることで生活がしやすくなることもあります。一人ひとりの**子どもにとってわかりやすい生活の流れをつくる**ことも、大切な援助の視点となります。「こうしたらみんなと楽しく生活ができるのでは」「一人ひとりのペースで一緒に参加できるには」という視点をもって**保育室の環境や保育のあり方を工夫すること**は、生活の中で育ちを**支える保育者の専門性**でもあります。

(2) 困ったときの「居場所」

　保育所や幼稚園、こども園の生活の中には、子どもたちにとっていろいろな活動の場、挑戦の場があります。それぞれの場は、子どもの興味・関心に沿って構成されるのですが、すべての子どもにとって同じように、順調に取り組めるというわけではありません。それぞれの子どものペースや取り組み方を保障していくことが大切です。

事例 6-4　それぞれの子どものペースを保障する（4歳児・2月）

　好きな遊びの時間をおえ、片づけと次の設定活動の準備をする時間のことです。片づけの苦手な ADHD の D 太くんは落ち着きのない様子で保育室をうろうろとしはじめます。おもちゃを片づけるときに出るさまざまな音が気になるようで、「うるいさいな」「音出すな」「あっちいけ」といっています。それに気づいた保育者は、「D 太くん、先生のお手伝いをして。先生たちのお部屋に壊れたおもちゃの修理とお手紙を届けてほしいな」と声をかけます。D 太くんは「めんどくさいな。でも、先生のお願いでしょ。やるよ」といいました。改めて保育者は、「すぐに修理をしてもらいたいことと、お手紙のお返事ももらってきてほしいのでお願いね」と声をかけます。すると D 太くんは、「じゃあ、すぐには帰ってこられないよね。先生たちのお部屋で待っているの？」と聞きます。続けて D 太くんは「わかった。いま、長い針が7だから、9ぐらいになったら戻るのでいい？」と応えます。保育者は、「だいたいそれぐらいかな。でも、早くおわったら戻ってきてもいいよ」と声をかけて送り出しました。（中略）長い針が「9」を過ぎたころ、保育室では、片づけがおわり、机と椅子が出され、みんなが座って設定活動の説明を聞いていました。そこに戻ってきた D 太くんはクラスの様子を見て、ため息をつきながら、「はあ、やることがあるんだ。助かった」といって、設定活動に参加しました。

　子どもの気持ちを整理するための**時間や場所を個別に保障**することが、生活を安定させ、次の活動や遊びに意欲的に取り組むことができる場合があります。

　事例 6-4 の片づけの苦手な ADHD の D 太くんは、片づけのときは何をどのように片づけたらよいのかわからなくなることと、片づけの際に出るさまざまなものがぶつかり合う音、そこに複数の人の入り混じった声、そして、目の前で予想できないように動いて片づける友達の姿が苦手で落ち着かなくなることがよくありました。そして、その落ち着かない気持ちを表すときに、まわりが驚くような言葉を使ったり、攻撃的になったりすることがありました。そのため、保育者はその気持ちを読み取り、その場に居て、落ち着かない気持ちがより大きくなったり、そのことで二次的に友達との関係が崩れたりしないように「お手伝い片づけ」を提案しました。また、気持ちが揺れ動く時間がしばらく続くことが想定されたので、気持ちを落ち着かせ、切り替えるための時間も考えて、みんなとは異なる教育的な配慮としての「お手伝い」を D 太くんに提案をしたようでした。同時に、保育室から職員の部屋に連絡を入れ、D 太くんに滞在する時間を決めさせた上で保育室に戻すようにお願いをするなど、連携も欠かさずにとることもしていました。

　このような細やかな配慮は、保育者が D 太くんと生活を共にした一年の中で見出した支援内容ではありますが、やみくもにみんなと一緒に活動に参加することを促すのではなく、**安定を図るための「心の拠りどころ」を保障**し、安定した上で設定活動に参加する道筋や手だてに汲んでいくことも大切だと思います。こうした子どもの視点から、子どもの苦手とすること、子どもの「困り感®」（佐藤、2007）に即して個別にアプローチすることは、合理的配慮に基づく援助の一つとしてとらえておく必要があります[4]。

§3　遊　び —— 興味・関心の広がり

　保育所や幼稚園、こども園は、その基盤に「生活」と「遊び」があり、また、「仲間」がいて、集団の中で友達と共に育つ場であることはいうまでもありません。子どもたちは登園から降園までの長い時間に、その時間の流れの中でさまざまな経験をして過ごしています。友達と一緒に生活し、遊ぶ経験のある集団保育の場は、「友達とかかわる力」「コミュニケーションをする楽しさ」を育てることができる場です。障がいのある子どもの支援にあたってもこうした力を育てることには変わりありません。集団保育の特性を生かした遊びを通した援助のあり方を考えましょう。

1．「遊び」を育てる

　園生活の大半が「遊び」によって構成されます。その遊びとは、子どもが自分の興味・関心で取り組む「好きな遊び（自由遊び）」、保育者が育ちのために必要と考えて提供する「遊び」や「設定保育（一斉保育）」など形態はさまざまです。保育者はさまざまな場面において、子どものつまずきやむずかしさをとらえて、保育の専門性を生かした遊びの指導をしていきます。園生活の大半を占める遊びの中での個別の援助とはどのようなものか、また、遊びが子どもたちの育ちにどのように関係しているのかを考えてみましょう。

> **事例 6-5**　🍃　一人ひとりのつまずきに合わせた対応（5歳児・9月）
>
> 　知的な障がい（軽度）があるといわれるＳ子ちゃんは、登園すると大好きなＲ美ちゃんのあとを追って生活をしています。この日も、先に登園しているＲ美ちゃんがＣ男くんとアイロンビーズをして遊んでいるのを見つけて、身支度をすませて、2人が遊んでいるテーブルに向かいました。「おはよう」と恥ずかしそうに声をかけて、4人がけ用にセットされているコーナーの空いている椅子に座り、Ｃ男くんとＲ美ちゃんの2人のやりとりを楽しそうに見ていました。しばらくして、Ｒ美ちゃんがさりげなく無言でＳ子ちゃんにアイロンビーズの土台を手渡します。Ｓ子ちゃんはＲ美ちゃんの差し出した土台を受け取り、笑顔を浮かべお礼をいいます。Ｒ美ちゃんの動きをまねて5つぐらいビーズを土台に並べますが、そこで手が止まってしまいました。Ｓ子ちゃんは、Ｒ美ちゃんとＣ男くんの様子をにこやかにながめるだけで、その先が進みませんでした。Ｓ子ちゃんの様子を観察していると、Ｓ子ちゃんはアイロンビーズで模様やマークをつくるということが理解できていないようで、土台にビーズをあてはめる形だけをまねをして、そこでとどまってしまっていたのです。その様子を見た保育者は、Ｓ子ちゃんのとなりに座り、「Ｒ美ちゃんとＣ男くんのアイロンビーズ見ているのね」「Ｒ美ちゃんはお花の形をつくっているのかな？　Ｃ男くんは星の形かな？　Ｓ子ちゃんは何をつくるのかな……」とその場の状況を説明するようにつぶやきました。Ｒ美ちゃんとＣ男くんは、わかってもらえたこと、認めてもらえたことで満足をしたようで、色の違いや組み立て方を自慢し合いながらさらにスピードを速めて組み込みをしていました。ところが、Ｓ子ちゃんはつくりたいものが何か確定せず、イメージしたものをアイロンビーズに置き換えることがむずかしかったようでした。その後、保育者は、Ｓ子ちゃんに過去の作品を見せたり、一緒に形にしたりするやりとりをはじめました。

事例 6-5 は、知的な遅れのある S 子ちゃんの遊びの援助について紹介をしました。S 子ちゃんはいつも大好きな友達である R 美ちゃんと一緒にいて、R 美ちゃんがリードする遊びの中で、R 美ちゃんとその友達とにこやかに遊んでいる様子が見られる子どもでした。あいさつや簡単な言葉のやりとりもでき、日常生活を楽しんでいるように見える子どもでした。集まりの際には全体に声をかけたあとに、S 子ちゃんに個別に声をかけることで一緒に行動し、活動もやりとげることができていました。しかしながら、好きな遊びの場面での様子を観察すると、ある一定のルールがあるものだったり、何度か経験してパターン化されたやりとりの中で進められる遊びだったりすることには楽しく参加できるものの、今回のように形のないものを抽象化してイメージすることやその場その場でストーリーを展開するような遊びになると遊びの場にいるが、遊びを共有できていない様子も見られました。そこで保育者は、S 子ちゃんが何につまずいているのか、**どのようにしたら遊びを共有できるのか**を模索しながら遊びの援助をしていました。

具体的援助	
言葉	状況の叙述、関係をつなぐ行為を認める、ほめる、遊び方を伝える（ルール・ストーリー等）、促す、充実感・満足感を伝える。
行為	共に遊ぶ、モデルになる、遊びを提供する、手伝う、誘う、変化をつけてかかわる。
環境の構成	場をつくる、素材や道具を入れる、片づける、モノづくりを提供する。

図表 6-1　遊びの援助の例

園生活の中で大半を占めるのは「遊び」ですが、障がいのある子どもの保育を進めていくと、障がい特性から生じる「気になる行動」の軽減や改善に重きがおかれてしまうことも少なくありません。しかしながら、保育本来の援助を考えたときには、遊びの援助は欠かせないものになります。一人ひとりのつまずきやむずかしさに対応させ、図表 6-1 に示すような保育の中で行っている遊びへの援助を駆使して、**子どもの生活世界を広げ、豊かなものにしていく**必要があります。

2. 遊びが育むさまざまな「関係性」

乳幼児期の「遊び」には、成長や発達にとって重要な体験が含まれていることはいうまでもありません。また、子どもの遊びは生活経験が反映され、同時に遊びの経験がその後の生活を豊かにすることもよく知られていることです。ここでは、子どもの生活経験と遊びの関係、遊びが広げる関係性について取り上げ、子どもの育ちにとっていかに遊びが重要であるかを確認します。

> **事例 6-6** 🌿 生活スタイルの異なる友達との遊びの広がり（4歳児・7月）
>
> 　脳性麻痺のE也くんは、保育所においても車椅子での生活が中心になっています。午前、午後と体を休めるひととき（30分程度）、午睡を除いては子どもたちと同じ目線で生活をすることを大切にして生活をしてきました。4歳児クラスになったときから、車椅子に座っているだけの生活になり、受け身のような様子を打開するために、保育者は巡回相談員と協議して、食事以外にもテーブルをつけて生活をすることにしました。動きにくい上肢ではありますが、テーブルの上に手をおくことで体幹がしっかりと保たれること、また、少しの動きではあるが手首や指の動きが見られることがあったので、テーブルの上でおもちゃにふれたりしながら、体の動きを育むことを第一の目的として取り組みをはじめました。保育者たちが、椅子についたテーブルの上でおもちゃを出すようになると、クラスの子どもたちが自然にE也くんのまわりに集まり、さまざまなかかわりが見られるようになりました。テーブルに絵本やお絵かき帳を広げて一緒に楽しんだり、指をもって一緒に折り紙をしたりする姿も見られました。
>
>
>
>
>
> 　また、「かぞくごっこ」の遊びのときには、「E也くん、いつものように『とろとろごはん』にしてあるよ」「お茶もとろみついてるよ。あわてないで飲んでね」と声をかけて、保育者が日常かかわっている食事場面を再現する様子がありました。今までは保育者とE也くん、保育者を介してのE也くんと子どもという関係から、保育者の見守りの中、E也くんと子どもだけの関係が広がり、E也くんの体の育ち、表情の豊かさの変化が顕著に見られるようになりました。また、子どもがE也くんにかかわる頻度も増えてきました。

　事例6-6では、**子どもたち自身が保育者の日常のかかわりをモデル**にして、自分たちと生活スタイルが異なる友達と遊びを広げていく様子を紹介しました。子どもたちの遊びの世界には、日常の経験がまさに生かされていることがうかがわれます。また、体の動きが異なる友達と楽しく遊ぶ工夫を子どもたち自身がしていること、その中でE也くんの表情や体の動きも変化が表れてきたことがわかります。

　このように、重度の障がいのある子どもが園生活を送るとき、療育とは異なる保育をどのように保障するかということが課題になりますが、集団での生活、**友達とかかわりながら遊びを中心として支える**ことで、保育所や幼稚園、認定こども園で障がいのある子どももいる保育を進めていく意味を見出すことができます。障がいのある友達とも楽しくかかわり、遊ぶ姿を見ると、互いに支え合い、育ち合う保育は、今後の共生社会をつくる基盤、その社会の縮図が個々にあることがうかがわれます。

§4 一人ひとりの学び方の保障
——遊びや行事の中で周辺参加と生活世界の広がり

　一人ひとりの生活と遊びを支える保育の中では、「その子なり」の生活経験を大切にしようとする流れがあります。ただし、**「その子なり」の育ちを支える**という言葉は、とても大きな意味をもち、障がいがあるので生活や活動に制限をかける、あるいは制限がかかっても仕方がないとか、ここまで参加できればよいというような考え方ではなく、活動への「その子なり」の参加の仕方をしっかりと意味づけ、考えていくという立場に立っています。こうした考え方は、近年の認知科学の中で明らかにされた学習理論である**「正統的周辺参加理論」**あるいは**「状況的学習理論」**といったものを参考にして、その援助の根拠を考えてみることも大切です（本書 p.92 参照）。

1．日常の活動への参加を考える

　園生活の中では、子どもたちの経験を豊かにするために、保育者が提案する「遊び」や「活動」（「設定活動」あるいは「一斉活動」と呼ばれるもの）があります。その活動は、子どもの育ちや興味・関心をとらえて保育者から投げかけられる原則は変わりませんが、その活動への参加のあり方は、一人ひとり異なります。保育者はそうした**参加のあり方を一人ひとりの経験として意味づけ、援助をしていく**ことが求められます。

> **事例6-7**　🍃　**仲間の中で大きな役割を果たす**（4歳児・9月）
>
> 　超低出生体重児で生まれたＡ也くんは、身体の育ちもひとまわり小さく、言葉の発達や気持ちのコントロールも未熟で発達上に心配がある男児でした。育ちの差が顕著で、クラスの中でも「小さな友達（3歳児）」という感じでとらえられていました。好きな遊びの場面では、遊んでいる友達の中にうまく入っていけなかったり、みんなで活動するときも「Ａ也くんはみんなと一緒にできないよね」「Ａ也くんのお手伝いをしてあげる」といったとらえ方があったり、仲間でありながらも少し違った存在としてクラスの中に位置づいていました。Ａ也くんも「小さな友達」としてのかかわりに甘んじているところも多くありましたが、仲間に入れてもらえないときにはさみしそうな表情を示すこともありました。
>
> 　そんなある日、季節の歌の「とんぼのめがね」をうたうことになりました。ピアノの前に椅子を並べてうたう準備をはじめますが、Ａ也くんは椅子をもってくるのが遅くなり、座りたい一番前の真ん中に座れなくなってしまいました。無理に自分の望む場所に座ろうとすると、友達から「ルールを守って」といわれ、「来るのが遅かったから、今日ははじっこね」と最前列の端に導かれてしまいます。しぶしぶその場に座り、友達がうたうのを聞いています。1番から3番までうたうと、「とんぼのめがねの色、水色、ぴかぴか、赤色、ってあったけど、他の色の眼鏡はないかな？」と保育者から問いかけられると子どもたちからは、「まっしろ（雪を見ているから）」「オレンジ（太陽を見ているから）」と次々にアイディアを出します。問いかけがはじ

まると A 也くんはみんなの席から離れてうろうろしながら、色と理由を合わせて新しい歌詞で歌をうたっているのを笑顔で見ていました。新しい案が出なくなって、保育者が「また、考えておいてね」と話したところ、A 也くんが「まっくろめがね」と突然声を発しました。友達も驚きながらも何人かがいっせいに口々に「A 也くん、なんでまっくろなの？」と問いかけます。A 也くんは、「まっくろおそらをとんだから」と応え、友達から「すごいね」「うたってみよう」と声をかけられ、A 也くんはピアノの前に立ちうれしそうにうたいました。また、友達も拍手をして「A 也くん、よかったね。また、考えてね」と声をかけていました。

　事例 6-7 の A 也くんの育ちの幼さは、他児も認めるところもあり、当初は対等な関係のつながりが見られませんでした。しかし、「まっくろめがね」を提案したことにより、A 也くんがクラスの一員として受け入れられたこと、同じ年齢の仲間として友達が認めた様子がうかがわれるエピソードだと考えます。

　この「とんぼのめがね」の活動は、一斉活動へ関心を寄せることがむずかしかった A 也くんにとって、はじめての参加の機会となっています。また、友達の中で歌詞を提案し、みんなでうたうことができ、充実感・達成感を得たと同時に、**仲間の中で大きな役割を得て、存在を位置づける**ことになりました。その結果、クラスの友達の A 也くんを見つめる「小さな友達」から、すごいという言葉に表されるような尊敬の念をもつこと、「また考えてね」という提案をしている点からこれまでの関係性を変容させていると考えることができます。

　こうした状況の中で活動に参加し、学び合うこと、関係性を構築していくという考え方は、ジーン・レイヴ（Jean Lave）やエティエンヌ・ウェンガー（Etienne Wenger, 1993）らが提唱した「正統的周辺参加」として考えると、保育の中での**「その子なり」の参加を認め、その中で仲間同士が学び合う保育のあり方**を説明することができ、同時に保育の根拠をここに求めることができると考えられます。

check　正統的周辺参加理論

　「正統的周辺参加理論」あるいは「状況的学習理論」とは、認知研究に取り組む教育学者のジーン・レイヴ、文化人類学者のエティエンヌ・ウェンガーらにより理論化された学習理論です。学びを「実践の共同体」の中に求め、そこへの参加、参加した上でのそれぞれの役割やアイデンティティーを形成し得ることを学習と位置づけています。つまり、学びは、学びの主体者と状況の中にあり、そして、実践の共同体としての状況への参加に深く関与していると考えます。その上で、共同体への参加過程は、はじめのうちは周辺から中心、そして深く複雑なものへと変化していくと考えていきます[5]。

2. 発表会などの行事への参加を考える

　園生活において、行事は、その営みに向けて楽しみをもって生活するというように潤いを与えるものであり、また、運動会、発表会、造形展などに向けてみんなで力を合わせて向き合うことで、子どもの育ち合いのきっかけになるものとして位置づけられています。行事に向けて追い立てられる生活であったり、過度な練習が重ねられたりすることがないように配慮しなくてはなりません。子ども自身が行事を楽しみに生活をし、行

事という経験を通して友達のよさに気づいたり、互いの育ちを確認する機会になったり
します。また、保護者や保育者も行事に向かうプロセスの中に、そして、行事の場の姿
に、新しい子どもの発見をすることもあります。

事例 6-8 🍃 **その子らしい参加の方法を考える（3歳児・12月）**

発表会で行う「おおかみと7匹のこやぎ」の劇遊びは、おかあさんやぎ、こやぎとおおかみ
の3つの役割を決め、簡単なストーリーの中でダンスや台詞のある構成です。自閉的な傾向が
疑われるJ男くんは、こやぎの役をやりたいといい、数名の子どもとその役をすることになり
ました。J男くんはダンスが誰よりもうまく、音楽がかかるとリズムに合わせて自由に体を動
かすことができますが、舞台に一人で出ていくこと、舞台の上で止まって次の台詞を待つこと
がむずかしいことが日常の生活から予測できました。そのため保育者は、J男くんの得意なこ
とを生かしつつ、苦手なことがあまり前に出ないように劇の構成に工夫することにしました。
こやぎとして舞台に登場するときは3人で手をつないで登場すること、そのすぐあとにこやぎ
が音楽に合わせて輪になっておどったり、個々に自由に表現しておどったりするダンスを組み
込みました。また、ダンスがおわるとすぐに第一弾のおおかみチームが登場し、まず、J男く
んを含む3人のこやぎが舞台の袖のほうに用意された戸棚の陰に隠れるというストーリーにし
て、J男くんだけは舞台の袖で劇の展開を待つように工夫しました。そして最後にクラスのみ
んなと手をつないで一緒に再登場し、手をつないだダンスをして、一礼しておわりになる劇を
構成しました。J男くんは練習中に何度か劇遊びの最中に飛び出してしまったり、手をつなぐ
ことをいやがってしまったりすることもありました。しかし発表会当日は、緊張をして舞台の
中心まで出られなかったり、おどる場面で固まってしまう場面もありましたが、友達の力を借
りて、劇遊びの全体を楽しむことができました。J男くんは友達と一緒に劇をやったことを喜び、
友達もJ男くんの力になれたこと、一緒に劇に取り組んだことを喜んでいました。また、保護
者とも、参加如何の結果よりも当日までのプロセスを大事にする話をし、過程を重ねて伝えて
いたので、保護者の喜びも大きかったようです。

事例6-8では、保育者が劇遊びの構成に工夫をしたこともあり、J男くんは自分の参
加のできる範囲で劇遊びを楽しんだ様子がうかがわれます。舞台の上で他の2匹のこや
ぎと隠れて待つというストーリー展開も考えられましたが、はじめての発表会であった
ので「待つ」という苦手なことにチャレンジすることは目標にせず、劇遊びに楽しく参
加することを第一にして取り組んだことが功を奏したようでした。このように、参加の
方法は他の子どもと異なっても、J男くんも自分の役割を遂行し、J男くんのまわりで
一緒に手をつないで参加した友達もそれぞれの立場で劇遊びを楽しむ経験をしたようで
す。J男くんも友達も劇遊びという活動の中で、それぞれの役割を果たし、自分なりに
楽しむ経験の中で、多くの学びを得たように考えられます。このような参加の方法は、
**活動の中でそれぞれがアイデンティティーを形成しながら、その場の状況の中でさまざ
まな経験をし、学ぶという「正統的周辺参加」**として考えることができます。行事への
参加がむずかしいことの多い障がいのある子どもの援助にあたっては、その子どもの育
ちをとらえつつ、保育者が子どもと活動をしながら**参加の方法を工夫し、その中に教育
的な意味を見出す**ことが大切だと考えます。みんなが同じようにできること、また、障

がいがあるから参加の仕方を必要以上に調整をするということではなく、**「その子らしい」参加の方法を考えていく視点をもつことが大切です。**

　また、行事の参加にあたっては、保護者と子どもの育ちと課題を確認し、Ｊ男くんの行事参加へのねらいや参加のあり方について確認をしていたこともあり、それぞれがＪ男くんの育ちをよりよく受け止めることができました。行事の参加にあたっては、事前からの保護者との意思疎通が大切であることがわかる事例でもあります。

🔖 column　行事への参加の工夫

　障がいのある子どもの中には、行事の練習や行事の場が苦手な子どもがいます。日常の生活や活動の場が異なることへの不安や拒否が強いこともありますが、活動の進め方に混乱していることも少なくないようです。たとえば、ダンスなどを習得する場面で保育者は子どもの理解に合わせて鏡動作（向かい合って同じ動きができるように左右の動きをまねること）で援助をすることがありますが、発達障害の子どもの中にはその動きがかえって混乱を引き起こすこともあるようです。そのような場合は、子どもと同じ方向を向いて、背中でモデルを見せていく方法が有効になる場合もあるようです。また、子どもの表現を高めることを目的に、練習中に同じ場面を何度か繰り返したり、最後と伝えながらもう一回挑戦したりするという援助をすることもあります。しかし、こうした全体像が見えなくなることやおわるはずのものがおわらなかったという変則的な援助は、変化への順応がむずかしい子どもたちにとっては困難を増すことになります。したがって、このような場合には、わかりやすいように再度説明を加えたり、その子どもなりのその場の役割をつくったりして、参加の方法を思考することも大切です。

---

§5　園内の支援体制

　障がいのある子どものいる保育を進める際にもっとも大切なことは、**園全体で子どもを育てるという共通の意識**を再確認することだといわれています。特定の育ちの道筋をもって育つことが少ない子どもを受け入れていくには、専門性をもつ保育者であっても、揺らぎをもって日々の保育にあたることになります。そのため、子どもの育ちを見つめる視点、育ちに対する願い、援助のあり方を常に問いながら向き合うことになります。その保育に向かう視点がそのときどきに最善であるかどうか、担任の保育者、支援員である保育者の一人が抱えていくということではなく、担任を中心に、その思いを共有して、みんなで育てることが大切です。ここでは、園全体で障がいのある子どものいる保育を支えるための手だてを考えていきます。

1．日常の保育の中での支援体制

　これまで本章でも確認をしてきたことですが、園の生活は、集団での保育であるこ

と、長時間の生活と遊びを基盤として組み立てられることが特徴です。そのため、園生活全体の中で子どもの育ちを確認すると共に、子どもの支援のあり方を考えていかなくてはなりません。クラス担任は、子どもの生活の様子を日々の記録として残す必要がありますし、それをもとに**個別の支援計画**を立案することが大切です。そして、保育者間で情報を共有し、連携をとりながら一貫した支援をすることが、障がいのある子どもの園生活を安定させ、育ちを支えることになります。こうした園全体の支援を推進するためには、クラス担任の努力だけではなく、管理者はもとより、園の中でキーパーソンとなる存在が大切になります。学校教育においては、このキーパーソンを「**特別支援教育コーディネーター**」として位置づけ、その教員を核にして、支援のあり方を組織として決定する校内委員会を運営し、**個別の教育支援計画**を策定して教育を進めることが推奨

されています。特別支援教育コーディネーターは、組織内の教職員の調整、保護者との連絡、地域の福祉や医療機関と連携をとる役割や研修の企画を担い、子どもにかかわる人とその人々がもつ情報や知識をつなぎ、子どもにとっての最善を考えることが求められています。就学前の保育・教育の中ではまだまだ位置づけられていませんが、今後は同じような役割を担う存在が求められることでしょう。

🔑 check 「個別の教育支援計画」と「個別の指導計画」

特別支援教育においては、「個別の教育支援計画」と「個別の指導計画」を立案することが求められています。ここでいう、「個別の教育支援計画」とは、在籍する教育期間（年限）において子どもをどのように育てるのかを、家庭と福祉や医療の専門機関と連携をとり、長期間にわたる計画を描いていくものとなります。また、「個別の指導計画」とは、「個別の教育支援計画」をもとに、日々の教育活動をより具体化するために、年・期・月単位で作成する計画になります。この2つの計画は、保護者や本人の意思を確認して、共に作成することが義務づけられているので、計画の作成前に保護者との話し合いをすると共に、計画書の作成後には計画書を開示し、保護者の署名・捺印を受けることが一般的になっています。

---

2. 園内の事例検討会を通しての支援体制づくり

日々の保育において、保育者は子どもの育ちをどのようにとらえ、どのように援助するのかということを常に考えながらかかわっています。そのときどきの最善を第一に、とらえ方、援助のあり方の根拠を確認しながら保育をしますが、その判断と行為に常に「揺らぎ」ながら向き合っているのも事実です。大場幸夫（2012）は著書でこうした保育における「揺らぎ」は、専門職としての正義であり、揺らぎがなくなること自体が子どもとの向き合いを危ういものにすることにつながると肯定的にとらえ、根拠を求め確認するための「揺らぎ」を大切に考えています。こうした保育の揺らぎをより良い「揺らぎ」とするために、「揺らぎ」を開示し話し合う場をもつことが大切になります[6]。

その役割を果たすのが、園内で開かれる「**事例検討会**

🔑 check 保育カンファレンス

カンファレンスとは、「医療分野（医学・看護学）」「臨床心理学」「社会福祉」の中で臨床事例について課題を他職種がそれぞれの専門性をもった判断を出し合い検討し、①事例においてよりよい解決の方向性を見出すこと、また、②その過程を通して、メンバー個々の相互理解と協働性を高める場として位置づけられているものです。それを保育の中に導入し、保育の質を高めようとするものが保育カンファレンスです。

議」や「**保育カンファレンス**」というものになります。

　保育カンファレンスでは、子どもの生活の記録をとり、保育者集団が各自の視点で子どものとらえ方やかかわり方、援助のあり方を語り、一人ひとりの中で保育に関する考え方を再構築していくことを求めていくものです。役職の有無、経験の差などの枠組みを外し、「子どもに向き合う一人の保育者」として、対等の関係で意見を出し、認め合うプロセスの中に、新たなる知見を参加した一人ひとりの保育者の中で確認することを大切にしていきます。誰かの意見を正しいものとして採用したり、管理者や経験豊富な保育者が答えを出したりすることを求めるものではありません。参加したもの一人ひとりが**保育を思考する力を向上させ、翌日からの保育を豊かにすることを第一の目的**とします。

　事例検討会議もしくは保育カンファレンスは、そこに集うメンバーの構成と問題意識によりその内容、質が変化するといわれています。会を組織・運営する上では、会の方向性や目的を明示すること、それぞれが意見を出し合える工夫と発言が尊重される意識を高めることが大切です。大場は、保育のカンファレンスでは、①**多様な視点に気づくこと**、②**本音で語り合う**、③**問題に気づいていくこと**、④**保育者自身が揺らぐことを許容すること**を大切にしたいと説いています。正解やあるべき援助の方法を言及するのではなく、今日では、記録のとり方、提示の仕方も記録媒体の多様化、簡素化が進む中で、エピソード記録としたり、写真や動画としたりして、カンファレンスが進められています。組織の中で子どもの育ちを共有しやすいものを模索し、繰り返し行うことが質を高め、保育を向上させることにつながります。

check　園生活の姿を基盤に

　保育所や幼稚園、こども園での集団生活を特徴とした保育実践の中では、生活全般で子どもの育ちをとらえることが大切になります。本郷（2008）も提唱するように、園生活の姿を基盤にした指標を用いることが大切だと考えます。カンファレンスでも子どもの育ちをとらえる際に、障がい特性から生じる気になる行動の軽減や改善の視点に留まらず、子どもの中で育っていることを確認したり、遊びや生活の中で育てたりする視点を大切にしていくことが重要です[7]。

３．巡回保育相談等の行政的支援体制との協働

　近年、障がいのある子どもの支援のあり方を考える機会として、地域の行政機関が主管となり、市町村独自の保育の**巡回相談（指導）**がなされるようになりました。地域の専門機関である児童相談所や児童発達支援センター、障がい児施設、医療機関の専門職員や保育課所属の保育士、保育の研究者等が保育所や幼稚園、認定こども園を訪問し、子どもの観察と保育者との協議を重ね、子どもの支援の方向性を共に考え出すようなシステムが整えられるようになりました。行政それぞれの方法が施行されていますが、近年では、巡回にあたる相談員は、各自の専門性から一方的に情報を伝えたり、園での援助のあり方を療育の方針と一致させるように指示をしたりせず、集団生活という保育の特徴を生かした上での助言がなされるようになりました。

　保育の場で生活する子どもの様子をもとに、各専門職が意見を重ねる大切な機会と

なっています。集団の保育の場にいる子どもの姿と保育者の思いや悩みを保育の言葉で語り合い、園生活を豊かにする保育支援のあり方を模索することが大切です。

　なお、2013（平成25）年度からは、児童福祉法の改訂に伴った、保護者や本人の意思と費用支出による「**保育所等訪問支援事業**」が展開されるようになり、専門機関の専門家が指導の方針（個別の支援計画）を明示し、関連機関の訪問指導にあたる社会的システムも別途構築されるようになり、双方の役割を分化していくことも課題となっています。また、保育所等の受け手側もここで示される個別の指導計画をどのように、集団や日常の保育で生かしていくのか、考えていく必要があるといわれています。

§6　地域専門機関とのネットワーク

1．地域専門機関との連携

（1）地域の専門機関との連携

　障がいのある子どもは、保育所や幼稚園、こども園だけでなく、さまざまな医療的ケアや福祉サービスを受けていることがあります。そして、園と専門機関とのかかわりの比重も個々に異なっています。複数の機関で育ちを支えるためには、**各専門機関が連携をとり、子どもの育ちや指導の情報を共有すること**が大切になります。こうした連携をとるには**保護者の承諾を得ることが基盤**となります。その上で、さまざまな情報の共有がなされたり、双方の保育や指導場面の見学をしたりすることを進めていくことになります。また、昨今は、各機関で専門的に子どもの育ちを評価したものを開示することもなされるようになりました。その際には、心理・発達検査の数値結果（知能指数や発達指数）を伝えるだけでなく、その結果をどのように読み取るのか、日常の生活や園生活においてどのように反映されるかという資料を提示されるようになっているので、それぞれの機関での指導の役割とその内容を確認しながら、園生活において大切にすることを考えていくことが課題になります。地域の専門職種の方々の立場を尊重しながら、また、保育の専門職として自負をもって、子どもの育ちのために情報交換と討議がなされるように努力をすることが大切になります。同時に、他機関の方々としっかりとした意見交換ができるように、幅広い視野をもって専門的な知識を学ぶことも大切です。

（2）要保護児童対策地域協議会との連携

　「**要保護児童対策地域協議会**」は通称「要対協」などと呼ばれる組織です。この組織は、虐待などで社会的養護が必要な子どもを地域の専門機関が情報共有してそれぞれの状況

に応じ保護をすることを目的に、地域ごとに設置が義務づけられているものです。この組織の会議では、虐待をされている子どもの保護とその家族の支援をする方針を模索し、よりよい支援をすることと、必要な保護決定を審議することが課されています。昨今、虐待あるいはその疑いがある児童として、障がいがある子どもがあげられることが少なくありません。保護者も、子どもの育ちの理解が進まなかったり、かかわりにくかったりする中で、一人で子育てを抱え込み、虐待につながるケースもあります。園生活の中では見えない保護者の姿がこうしたところから見えてくることもありますし、園生活の中で見えてくるリスクなどの情報を提供して、子どもの養護にかかわっていくこともあります。

2．小学校との連携

　園生活では、あらゆる場面で保育者の目がいきわたっていましたが、小学校では、教科を学ぶ授業時間と子どもたちだけで過ごすことが多い休み時間などが存在し、これまでとは異なる生活が送られます。また、日々保護者との連絡をとりやすい環境にある生活とも異なります。よって、小学校との連携においては、さまざまな工夫が求められます。第5章でも取り上げたように公的な記録（要録）の引き継ぎがありますが、こうした情報だけでは園生活で大切にしてきたことが伝わりにくい面が多くあります。そのため、保護者の希望により、子どもの育ちをつなぐシステムとして、行政ごとに作成されている「**支援ノート**」「**サポートブック**」など書式の自由なものが使われることがあります。その際、園生活において大切にしてきた願いや子どもの育ちのプロセスをていねいに伝え、現状の育ちに至るまでどのような歩みがあったのか、それに対してどのような願いと方針をもちかかわってきたのかが伝わるように工夫をすることが求められます。保護者の了解のもとに双方の機関の話し合いがもてるようであれば、詳細を伝えることも大切です。

　なお、子どもたちは卒園後、通常での学級で生活をして学ぶ場合もあれば、特別支援学校や特別支援学級で生活をして学習を重ねる場合もあります。また、通級指導学級や言葉の教室などと連携をとって、学ぶ場合などさまざまです。小学校以降の子どもの学習の場やそこで大切にする教育内容と方法を知っておくことが大切です。

3．保護者との連携

　くわしくは他の章で説明しますが、ここでは各専門機関との連携をとる上での留意点についてふれることとします。上述したように、子どもの育ちの把握、援助のあり方の検討のために、**専門機関との連携をとる際に連携の承諾をとる**ことが大切です。その際には、保護者のさまざまな思い（対象となる子どもへの願いや悩み、その他、家族や地域の人々との関係調整）を推測し、保護者の気持ちに寄り添いながら、保護者が自己決定する過程を支えていけるようにしたいものです。

この章での学びの確認

　この章では、保育所や幼稚園、こども園における障がいのある子どももいる保育の中での援助のあり方について大切にしたい理論的な視点を学んできました。「生活」と「遊び」、「仲間」の中で育つ園生活で、集団保育の特性を生かした保育は、療育とは異なる保育のあり方があり、専門的な視点をもとに独自性のある保育を展開する方法を提案してきました。安心と信頼を得る関係性の構築、共に学び育ち合う場としての「その子どもなり」の参加の保障と援助のあり方の基礎理論をもとに具体的な援助の方法を模索できる「保育の思考」を学習することができたか確認してください。

演習課題　assignment

1　子どもとの信頼関係を形成するときに大切な視点とはどのようなものか説明をしてみましょう。

2　障がいのある子どものいる保育の中では、子どもの育ちを支えるために、「その子どもなり」の集団参加と、そこでの学びを保障するのはなぜか、その理由を説明してみましょう。

3　園内の保育支援としての「保育カンファレンス」とはどのようなものか、また、どのような視点でカンファレンスを進めることが必要なのか説明してみましょう。

参考文献　reference

『保育臨床論特講』大場幸夫、萌文書林、2012

　保育とは何か、子どもが育つ保育の場にいる保育者の存在とはどのようなものかをていねいに説いている講義録です。子どもと保育の場に、そしてその場にいる保育者に寄り添うことに徹底しながら、温かなまなざしで保育の専門性に言及し、「保育臨床」の構築を試みられた著者の考えが手に取るようにわかる本です。

『特別な配慮を必要とする子どもが輝くクラス運営―教える保育からともに学ぶ保育へ』松井剛太、中央法規出版、2018

　保育者が実践において出会う"一人ひとりの子どもの見つめ方""クラスの中で育ち合うこと""多様性のある子どもがいるクラス運営"という個とクラス集団の関係性の課題をどのようにとらえていくとよいのか、その解決の糸口となる具体的なヒントが詰め込まれた本です。

『保育のなかでの臨床発達支援』秦野悦子他、ミネルヴァ書房、2011

　子どもの育ちを支えるときに地域の専門機関、専門職との連携は欠かせないものになります。保育の現場に出向き、それぞれの専門性を生かして子どもの育ちと保育を考える役割を担う臨床発達心理士のあり方とその専門職との協働について具体的な事例をもとに学ぶことができる本です。

第7章

障がい児保育の基本と取り組み方

この章で学ぶこと

　障がいがある子どものいる保育を進めるにあたって、基本的な考え方や取り組み方について具体的な事例を通して学びます。障がい名にとらわれず、目の前の子を理解することをはじめ、クラスの中でどのようにその子の存在を高めていくのかが、クラス集団づくりにつながっていきます。

　また、障がい児保育の基本である保護者への支援、園内の連携体制の確立、関連機関との連携などへの理解も深めていきましょう。

**障がい名ではなく
その子の姿から見ていくこと**

1．子どもの育ちをとらえる

　障がい児保育の基本は「子ども理解」にあります。障がいそのものの理解も大切ですが、障がい名やその子の気になる側面から見るのではなく、その子自身のあるがままの姿から見ていくことが何よりも大切です。障がい名にとらわれ過ぎると、固定観念でその子を見てしまい、子どもの本質が見えづらくなることがあるからです。

　たとえば自閉スペクトラム症の行動特性の現れ方は、子どもによってそれぞれです。コミュニケーションをとることが苦手な子もいれば比較的とれる子もいるし、こだわりの強い子もいればそれほどでもない子がいます。一人ひとりの**子どもの特性を把握し、その子の困り感**®**やつまずきに早く気づき、具体的な援助や助言につなげていくこと**が子どもの育ちには必要です。

（1）一人ひとりの「子ども理解」

　保育者がまずはじめに行うことは、目の前にいる一人ひとりの子どもを理解することです。日常生活のどの場面で困っているのか、またどのようなことなら自分でできるのかといったことをていねいに把握しながら「子ども理解」を図っていきたいものです。

　また、その子の行動や表情・しぐさなどからではとらえづらい場合もあるので、保育者がその子の心や気持ちへとまなざしを向けて、さらに**きめ細かい内面的な理解に努めていく**必要があります。

> **事例 7-1**　🍃 「K男のシュワッチ」（4歳児・11月）
>
> 　K男くんは「取って」「タッチ」「あっち」などの単語を発したり、指差しをしたりして、自分の意思を表します。友達と一緒に遊ぶ姿は見られませんが、一人でウルトラマンの本を見たり、ブロックで遊んだりしています。周囲の友達が「シュワッチ」といってポーズをとりながらヒーローごっこをはじめると、何となくそちらのほうを見ていますが、K男くんの顔の表情に変化は見られません。

　この時点で保育者は、K男くんは友達がやっていることに興味を示さないととらえていました。数日後、太陽を背にしていたK男くんは地面に映る自分の影を見つけ、そこに向かってシュワッチのポーズをとっていました。「シュワッチ」という言葉は出ていませんが、K男くんは笑みを浮かべながらやっていたのです。影に向かって笑顔でポーズをしている姿から、K男くんは周囲の友達が遊んでいたことを再現して喜ん

でいることがわかります。もしこの場面に出会わなかったら、友達の遊びに興味をもっていないととらえてしまうところだったでしょう。

(2)「子ども理解」の3つの観点

このように多面的に理解していくためにも、子どもの内面にまなざしを向けながら、次の3つの観点から「子ども理解」につなげていく必要があります。

① その子自身の発達を理解する

子どもの成長には発達の道筋があります。生まれたばかりの赤ちゃんが歩き出すまでの約1年間を見てみると、一人ひとりの成長するテンポは一様ではありませんが、発達の道筋や順序性には共通のものがあります。

たとえば、赤ちゃんはハイハイの時期を経てつかまり立ちをし、そして徐々に歩きはじめていきます。中には10か月で歩き出す子もいれば、1年以上経ってから歩き出す子もいます。このように**子どもの成長には、個人差があること**を踏まえた上で、その子自身の発達を理解することが大切です。

先に述べた通り、発達には道筋や順序性はありますが、「保育においては、子どもの育つ道筋やその特徴を踏まえ、発達の個人差に留意するとともに、一人一人の心身の状態や家庭生活の状況などを踏まえて、個別に丁寧に対応していくことが重要である」[1]と『保育所保育指針解説』にも示されていることを十分に踏まえ、子どもの発達を理解していきましょう。

② その子がもっている障がいを理解する

子どもによって同じ障がい名をもっていても障がいの様子や程度は一人ひとりに違いがあります。**その子どもがもっている障がいに着目して正しく理解していくことが大切です。**

事例 7-2　🌿 **それぞれのこだわり**（4歳児・4月）

● Y也くんは外出するとかならず、レストランや公園のトイレを目ざとく見つけ、母親に「トイレ、トイレ」といってせがみます。トイレに行くとドアを開けて中をのぞき込みますが、そこで排泄するわけでもなく、すぐにドアを閉めて立ち去ります。幼稚園でもよくトイレのドアを開けて中をのぞいています。

● H太くんは家庭以外のトイレには拒否反応を示します。園のトイレに連れて行こうとすると、入口で大声を発して動こうとしません。H太くんの好きなキャラクターの絵をトイレのドアに貼って親しみをもたせようとしても、絵を見て指差すものの中には入らず保育者の手を振り払います。H太くんが便座に座れるようになったのは、それから10か月先のことでした。

Y也くんもH太くんも自閉スペクトラム症の子どもです。同じ障がい名でもこだわり方はそれぞれ違います。中にはものの位置・動作の手順など特定のものへのこだわりをもつ子どももいます。3歳児のY子ちゃんは、椅子の並び方が曲がっているのに気づくとすぐに直しに来ます。

　5歳児のM太くんは、水道の蛇口から勢いよく流れ出る水を両手で受け止めながら、その様子をじっと見続けています。

　このようにこだわりや固執する一面だけを見ていると、たとえその子の特性の一つと理解していても、「何度も繰り返す姿が気になって仕方がない」という保護者の話をよく耳にします。保護者の不安感を十分に受け止めつつ、「固執すること」や「固執せずにはいられないこと」への理解を深めていくことが大切です。

　私たち大人も多かれ少なかれ固執しているものをもち合わせているといえるのではないでしょうか。たとえばカレーを食べるときに、ご飯とカレーを全部混ぜて食べる人がいます。一方、食べるだけのご飯とカレーを少量混ぜながら食べる人もいます。後者の人にとっては、白いご飯にカレーが全部混ざることはいやなことなのでしょう。ある人から見ると、自分とは違うカレーの食べ方に癖のようなものを感じるかもしれません。また同じ場面を見てその人の食べ方が気になる人もいるし、全然気にならない人もいるでしょう。

　このように周囲の大人たちを見ていると、「こだわっていること」は人それぞれにあり、「ああ、そこにこだわっているのか」と思いあたると、何もその行為自体は不自然なことではなく、むしろ「人それぞれ」がもち合わせている「その人らしさ」ともいえます。

　人には誰にでも固執することがあることを思い出しながら、「固執すること」はその子の行動特性の一つであると受け止めていくことこそ、「その子がもっている障がいを理解すること」につながっていくのです。

③ その子の生活経験から理解する

　子どもを取り巻く家庭環境や社会環境はさまざまであり、一人ひとりがそれぞれの背景をもっています。保護者の育児への取り組み方やこれまでの生活経験の違いから、同じ障がい名をもっていても、子どもの姿は異なってきます。

事例 7-3　🍃　**保護者のかかわり方や意識の違い**（3歳児）

● S男くんの保護者は、わが子の発達の遅れに早く気づいたこともあり、生活習慣だけでも身につけさせたいと考え、排泄や衣服の着脱・手洗い・食事など歩きはじめたころから、日常生活の中でできることを成長に合わせてていねいに行ってきました。3歳児クラスに入園後、言語面や知的面での個別対応は要しましたが、生活習慣が一人で行えていましたので、生活面は見守るだけでスムーズに送れるようになっていきました。

● M也くんは入園時にオムツをしており、衣服の着脱も一人ではやろうとせず、ただ立って待っています。登園時の靴の履き替えも保護者がやってしまいます。そこで確認したところ「オムツのほうが親も楽だし、衣服や靴も一人でやらせようとすると時間もかかるので、入園してからでもいいと考えていた」ことがわかりました。M也くんは入園後から、靴の履き替えや排泄などそれぞれができるようになるまで、かなりの個別対応を要しました。

　障がいの程度によって一概にはいえませんが、生活の自立に向けて**保護者のかかわり方や意識の違いによって、子どもの生活経験も異なってくること**があることを踏まえておきましょう。

　障がいのある子どもには、M也くんの保護者のように何でもやってしまうほど手をかけてしまうケースがあります。やってもらうことが日常的になれば、子どもも身を任せてしまい、やってみようとする気持ちになれなくなるのは当然です。基本的な生活習慣はこれから生きていく上で必要不可欠なものなので、個別の援助を繰り返し行いながら徐々に身につけられるように、保育者も根気よく向き合っていくことが大切です。

　同時に保護者に対して、生活面での自立の重要性を伝え、協力を求めていく努力をしていかなければなりません。M也くんの保護者を「過保護」と決めつけるのではなく、連携を図るためには今、何を優先して行ったらよいのかを考え、保護者に理解を求めて働きかけ、共に行っていく体制を整えていくことが求められています。また、園生活のリズムをつくっていく上で、現在の家庭生活の状況を把握しておくことも欠かせない情報源になります。

- 起床就寝時間（睡眠時間の確保の有無、保護者の帰宅時間が遅くて夜更かしをしているか否かなど）
- 食事（朝食や夕食の量や内容、偏食があるか・一人で食べられるかなど）
- 排泄（オムツが外れているか、トイレの回数、量、排泄への援助の度合いなど）
- 衣服の着脱（一人でできるか・援助の度合いなど）
- 家庭内での遊び方（好きな玩具や遊具での遊び方、テレビや絵本への興味など）
- 保護者のかかわり方（休日の過ごし方・父親の子育てへの参加の程度など）
- きょうだいとのかかわり方（兄姉の理解や協力・弟妹への関心・相互のかかわり方など）

　園全体で連携体制が有効に機能していくためにも、これらの**情報を他の保育者たちと共有できるよう十分に伝達しておくこと**が大切です。

２．園生活を通して育つこと

　家庭生活と園生活との違いの1つには、園生活には保育の専門家である保育者が子どもを理解し、意図的に環境の構成を行って保育にあたることと、2つ目には同年齢の子どもたちがクラス単位で毎日を共に過ごす中で多くのかかわりがあることがあげられます。

（1）周囲の子どもたちの生活する姿を見て

　園生活には、ルールや生活の仕方があることを知ったり、身につけたりしていく場面が多く見られます。給食や弁当の時間になったら、今遊んでいることをやめて片づけることなどが、日常的に繰り返し行われています。

　言葉の指示だけではどのように行動したらよいのか伝えきれないことも、周囲の子どもたちが目の前で生活している姿に出会い、**具体的にやり方を見て学んでいくことがで**

126

きる状況におかれます。「片づけましょう」の保育者の言葉と同時に、他児の片づける姿が目の前で繰り広げられ、言葉の意味と行為が結びついていく場面となるからです。

　このように常に周囲に子どもたちがいる園生活には、モデルとしての刺激も大いに期待できますし、経験の累積にもつながります。一人ひとりが育つペースはそれぞれですが、**子どもたちの刺激を受けながら一緒に生活していくことは、障がい児にとって生活の仕方もよりわかりやすく活動しやすい毎日につながっていく**といえるでしょう。

（2）スクリプトの獲得

　スクリプト（script）とは、「**特定の出来事や行動の流れについての知識のこと**」[2]です。「特定の状況の下で、物事がどういう順序で進行し、そこでどのような行動が期待されているかに関する知識」[3]を得ることは、障がいのある子にとって生きやすい手だてになります。たとえば、空腹を感じたときにコンビニでおにぎりを選んで手にしても、それだけでは自分のものにはなりません。レジでおにぎりの代金を支払うことではじめて自分のものになります。

①ほしい商品を選ぶ → ②レジにもって行く → ③支払いをする → ④商品を受け取る

　このようにコンビニで「おにぎりを買う」という行為には、その場にふさわしい行動の中に決まった順序があり、買い物をしている誰もが知っている共通の知識といえます。園生活においても同様です。昼前に保育者が園庭で遊んでいる子どもたちに「片づけの時間よ。部屋に戻っていらっしゃい」と声をかけます。保育者は片づけの時間になったことを知らせ、「戻って」と指示をしているだけで、子どもたちは使っていたものを片づけてトイレをすませ、手を洗って昼食の準備をはじめます。当番の子どもはテーブルを拭き、他の子どもは自分のコップを出したり、ナプキンを敷いたりしています。片づけから昼食の準備に至る一連の行動は、毎日の生活の中で積み重ねながら形成されていきます。保育者の言葉を聞いた周囲の子どもたちが、その子の目の前でそれにふさわしい行動を示し、モデルとして存在しているのです。まさに「**園生活を通して育つ**」側面です。

　また、その子が大人になってファミリーレストランに行くと仮定します。そこにも一つの手順が埋め込まれています。

①案内された席に着く → ②メニューが決まったらボタンを押す → ③店員が来てから注文をする → ④食事をする → ⑤帰りにレジで精算をする

　勝手に席に着くのではなく一連の手順がスクリプト化されていれば、一人でもそれほど迷わずに食事ができるようになります。

　社会的なルールがわかりづらく、場に適した行動がとりづらい子どもにとって、その場面にふさわしい行動や方法がとれるようになることは、社会生活をスムーズに送れるようになり、気持ちの安定にもつながっていきます。

　つまり、その子どもなりに社会の中で適応できる場面が増え、自分を取り巻く社会との関係性をもちやすくなるといえます。**スクリプトの獲得は、その子どもにとっての生活しやすさをもたらしてくれるようになるのです。**

（3）生活しやすい環境づくり

　障がいがある子どもにとって落ち着く空間や集中できる状況づくりは生活しやすい環境になります。保育者の環境づくりへの意識が具体的な配慮につながっていくのです。

　自閉スペクトラム症の子どもの中には、ものや場所にこだわりをもつ子がいます。自分のいる場所が何をするスペースか、はっきりしていないと混乱することもあります。たとえば室内で「ブロックで遊ぶ場」や「ままごとをする場」などと、遊びの内容や目的に応じて、空間をわかりやすいように区切っていくことは、生活しやすい環境になっていきます。

　また ADHD の子どもの中には、周囲に気になるようなものがあるとなかなか集中できなくなる姿が見られます。保育者の話を聞く場面で、保育者の背後に気になるポスターや絵などが貼ってあると、集中しなければならない場面に気が散りやすくなることがあります。そのような様子が見られるときは展示物を貼らないようにするなど、環境の再構成が必要です。大勢が座る場面でも、どこに座ると落ち着くのかを考慮していきましょう。後方の席になると保育者を見る前に、他児の後ろ姿や動きが視界に入るため気が散りやすいですし、他の情報が入力されるとそちらに注意が向いてしまうことがあるからです。窓側の席ではなく保育者の目の前に座ることにより、集中しやすい環境になります。このように**障がい児の特性を踏まえて環境を整えていくことは大切な配慮になる**のです。

§2　その子らしさを発揮しながら関係性を育てていくこと

１．集団の中でその子らしさが伝わる保育

事例 7-4　「縄跳びがしたかったんだね」（4歳児・6月）

　年長児が大縄をしているところに、突然、N男くんが声を上げながら走り抜けていきます。「順番だよ。勝手にやらないでよ」と、年長児が強い口調でN男くんにいいますがN男くんは振り返りません。その様子を見ていた同じクラスのU也くんが「N男くん、縄跳びがしたかったんだね」とつぶやくと、年長児は「そうだったのか。N男くんもやっていいよ」とやさしい声でいいます。

　たまたまN男くんの走り抜けたところが、大縄で遊んでいた場所だったのでしょう。偶然の行為だったのかもしれませんが、U也くんはN男くんの気持ちを代弁しています。「縄跳びがしたかったんだね」という気持ちが年長児にも伝わり、「そうだったのか」と納得したあとにやさしい言葉をかけています。

　日ごろから、このクラスの保育者がN男くんの気持ちを代弁していることから、その子らしさが周囲に伝わってきているのでしょう。10月下旬、芋掘りの翌日に絵を描いたときにも同じような場面が見られました。N男くんが紫色のクレヨンで細長い丸を1つ描いたのを見て、他児が「N男くんもお芋を描いているよ」と同じグループの子に話しています。保育者もすかさず「あら、本当。N男くんが掘ったお芋、細かったものね」と会話に加わっていました。

　このように子どもによって**コミュニケーションがとりづらい場合**には、**保育者が両者の橋渡しの役割**を果たして、その子らしさがクラスの子どもたちに伝わるように援助していくことは、子ども同士の関係性を育てていく上で奏功していきます。

2．周囲との関係性を育む

事例 7-5　　ドッジボールの場面で（5歳児・11月）

　クラスのみんなでドッジボールをしているところに、B太くんが両手を広げ、くるくると体をまわしながら入ってきました。周囲の子どもたちはまわり続けているB太くんにあたらないように、ボールを投げ合って試合は続行しました。しばらくしてB太くんが外野に出たところで、投げられたボールがB太くんの足元で止まりました。J美ちゃんが「B太くん、パス、パス」と叫ぶと、となりにいたR男くんがその場で立ちすくんでいるB太くんにボールを拾って手渡しました。B太くんはボールをすぐに投げて、またその場を駆け抜けていきました。

　B太くんは日ごろから、「両手を広げ、くるくると体をまわす」「ドアを開けたり閉めたりする」「同じ場所を行ったり来たりする」など一つの動作にこだわって繰り返し行う常同行動が多く見られます。ドッジボールをしている真っ最中にくるくるとまわりながら入り込んできても、誰一人文句をいうのではなく、むしろB太くんが動いているスペースにボールが入らないように投げ合っています。このようなB太くんの行動を周囲の子どもたちは、当たり前のように受け止めていることがわかります。

　保育者は「いつ B 太くんをその場から誘導しようか」と迷ったといいます。子どもたちからの不満は出ていないので「このまま、みんなに任せよう」と考え、あえて「見守る」という援助を選んだのです。このように子どもたち同士でかかわりながら遊びや活動が進められている場面での**保育者の援助のあり方は、子どもたちの関係性を育む上で重要な役割を**果たしていきます。

§3　クラスの中でその子の存在を高めていくこと

1.「みんなと同じ」と「みんなと一緒」の違い

　「同じ」と「一緒」の言葉は似ていますが、障がいのある子どもにとってクラスの子どもたちと同じように行動することはむずかしくても、**参加の仕方や動作を少し変えるだけで、その場を一緒に過ごす**ことができます。

事例 7-6　M 美ちゃんの散歩（4 歳児・7 月）

　ダウン症の M 美ちゃんは「みんなと同じ」テンポで歩くことがむずかしい子どもです。保育者が手をつなごうとすると振り払って、ゆっくりですが一人で歩きたがります。
　公園に早く到着していたクラスのみんなは、入口で M 美ちゃんの来るのを待っていました。入口に近づいた M 美ちゃんは大きな声で「ヤッホー」と、それらしい言葉でみんなに向かって呼びかけます。その声に応えてみんなも「ヤッホー」と返しながら、大きく手を振りはじめます。M 美ちゃんも一緒に手を振っています。
　そんな M 美ちゃんは帰りには疲れてしまい歩き出せなくなり、保育者がもってきたバギーに乗って帰ることになりました。M 美ちゃんは往復とも「みんなと同じ」には歩けなかったけれども、公園では「ヤッホー」のエールを交わしたり、追いかけっこをしたりするなど「みんなと一緒」に過ごす姿が見られていました。

　公園に先に着いていたほうの保育者は M 美ちゃんが到着するのを入口で子どもたちと待っていました。保育者は M 美ちゃんがゆっくりですが一人で歩いてくる姿をクラスの子どもたちに受け止めてほしいと願っていたといいます。遅く到着してもそこには自分を待っていてくれる友達がいることを M 美ちゃんも感じて、自分から「ヤッホー」とみんなに呼びかけたのです。クラスの中で M 美ちゃんの存在を高めていくことにつながっていく大切な場面となり、M 美ちゃんもクラスの一員であることを体感することができたのです。

2．その子のよさが伝わるように

　障がい児に対してだけではなく、日常的にクラスの一人ひとりのよさが伝わるような保育が実践されていることが大切です。**保育者の温かなまなざしや受け止め方が、クラスの雰囲気に影響**していきます。

（1）温かなクラスの雰囲気

> **事例 7-7**　🌿 **「E男くんはカニ役がいいね」**（5歳児・12月）
>
> 　E男くんは声をよく発していますが、不明瞭で会話は続かなかったり、ゲームに笑顔で参加はするものの、ルールは理解できず友達のあとについて動いていたりする子どもです。
> 　12月に入りクラスでクリスマス会の劇の相談がはじまりました。役決めまでそれぞれの子どもたちはいろいろな役をやって遊んでいます。いよいよ当日に向けて役を決めることになりましたが、E男くんはなかなか自分では決められないでいます。そのとき、F男くんとT也くんが「E男くんはカニ役がいいね」と相談して発言します。保育者が「どうして？」と聞くと「だってカニ役は笑っているから、E男くんにぴったりだよね」と答えます。

　発表会に向けて「大勢の人に見てもらいたい」という目標ができた子どもたちは、劇づくりから発表への練習に移行していきました。カニの出番になるとF男くんがE男くんの手を握り、一緒に登場するようになり、セリフはいえないものの、一部だけをそれらしいイントネーションで声を発しています。クラスの子どもたちはE男くんの言葉の不明瞭さや一人では登場できない様子について気にかけていません。むしろE男くんの出番がおわるとその姿を笑顔で見守っています。T也くんが「昨日よりはE男くん、いえたよね」とE男くんの存在を高めるような発言をすると、保育者もそれに応えて「T也くんは友達のことをよく見ているのね」と、他児の温かな発言を見逃さずに取り上げています。このような保育者のまなざしはさまざまな保育場面を通して、徐々にクラスの雰囲気に加味され、保育者の果たす役割の大きさに気がつきます。

　以前、筆者はある園を訪問した際、障がい児に対して温かさを感じられないクラスに出会ったことがあります。加配の保育者とその子だけの単独行動が多かったからです。ゲームをするためにホールへの移動がはじまったときのことです。加配の保育者は、みんなが保育室を出ていくまでその子を席に座らせていました。誰もいなくなってから「先生と行こうね」といって、その子の手をつなぎホールに入って行きましたが、ゲームの説明はすでにはじめられていました。いざゲームがはじまると加配の保育者はその子を膝の上に座らせたまま、ゲームがおわるのを待っていました。周囲の子は誰もその子に声をかけずに時間が過ぎていきます。その後トイレに行くのも手を洗うのも加配の保育者がつきっきりなので、担任も任せたままほとんどかかわっていません。クラスという同じ場にはいましたが、一緒にクラスの一員として時間を過ごしていたとはいえないでしょう。その子に対しての関心や温かさが感じられなかったのは、子どもたち同士

のかかわりが分離されたため、当然のことかもしれません。「保育者の役割とは何か」
が問われる場面でした。

　このように障がい児自身の成長にあった援助のあり方は、個別プログラムの必要性に
加えて、**個を取り巻く集団を育むことが重要**です。園生活を共にしているクラスの子ど
もたちに障がいへの理解をどこまで深めていけるのか、そしてこの先、小・中学校とこ
れからも同じ時間を過ごしていくであろう子どもたち（たとえ学校が違っても）をいかに
育てていけるのかも鍵になってきます。**保育者の「温かなクラス」運営が大きく影響す
る**ことを忘れてはならないでしょう。

(2)「特別な配慮」と「特別扱い」の違い

> **事例 7-8**　🌿 **「テーブルの上はだめだよ」**（3歳児・2月）
>
> 　C也くんはピアノの椅子や60cmほどの木箱な
> どに乗ってうれしそうな顔をしています。このよ
> うなときは周囲の子どもは何もいいません。テー
> ブルの上に乗り出すと、すかさずD男くんが「C
> ちゃん、テーブルの上はだめだよ。ご飯食べると
> ころだから」と声をかけます。保育者も「そうね、
> 降りようね。ここはご飯を食べるテーブルだから
> ね」と促しながら手を差し出すと、C也くんはす
> ぐにテーブルから降ります。その様子を見てD
> 男くんが「Cちゃん、僕のいうこと、聞いてくれ
> たよ」といいます。

　3歳児クラスでの生活も11か月目になると、子どもたちの中にはC也くんの行動を
見て容認できる範囲がわかる子も増えてきます。事例のようなマナーに関することや危
険な行為に対しては園全体の約束事があります。どの子がやっても駄目なことは駄目な
のです。障がいがあるからといって、その子だけはやってもいいとなるとそれは特別扱
いになってしまいます。これからも社会の中で生きていく上では「**共通の理解**」が必要
となります。その子がわからないからといって、「今だけ特別にいいよ」と対応を変え
ていたら、身につけていくプロセスを積み重ねていけないでしょう。理解者になっても
らいたいと思う周囲の子どもたちにとっても不公平感を与えかねません。

　一方、**特別な配慮をしていくことは重要**です。たとえば、その子にとって生活習慣が身
につくように、今できる援助に対して具体的な配慮が多く求められます。手づかみで食
事をする子にとって自分で食べられるようにしていくためには、スプーンですくったとき
に食器が動かない工夫も必要になります。滑り止めのついたランチョンマットや、すくい
やすいように加工された食器の用意をすることは、自立を助ける特別な配慮になります。
一人ひとりに応じた援助を考えていく上で、このような特別な配慮は欠かせません。

§4 関係者と連携しながら保育を進めていくこと

1. コンサルテーションの重要性

　保育現場などでの援助のあり方については、コミュニティ心理学における**コンサルテーションの理論**に通じるものがあります。キャプラン（Caplan, 1961）はコンサルテーションの概念と方法を確立した人です。そのキャプランによれば、コンサルテーションとは**コンサルティ**と、**コンサルタント**と呼ばれる専門家同士の間で行われる相互活動のことをいいます。

check　キャプラン

　地域精神医学の世界的指導者であるジェラルド・キャプランによって、コンサルテーションの考えが確立されました。日本のコンサルテーションにもっとも影響を与えています。

　たとえば、保育現場で直接クライアント（障がい児や発達が気になる子ども）を援助していくのはコンサルティ（保育者＝保育の専門家）であり、コンサルタント（心理の専門家）はコンサルティが該当児に応じた適切な指導にあたれるように、**専門的な立場から助言をして援助する形**をいいます。

　援助を要する子どもに直接どうかかわるかといったことに加え、その子を取り巻く環境を整えていくことも、保育者において望まれています。コンサルティの担当しているクライアントに直接的な援助を行うだけではなく、毎日の保育の中でコンサルティ自身が抱え込んでいるさまざまな問題や葛藤が克服できるよう、間接的な援助も必要です。

　その一つに筆者が保育アドバイザーとしてかかわっているK幼稚園（東京都）では、毎月1回、観察記録をもとにクラスの担任・副担任・加配の保育者・主任・園長・アドバイザーでカンファレンスが行われます。「生活面」「言語面」「知的面」「情緒面」「コミュニケーション面（対人面）」「運動面」の6つの側面から観察し、子どもの姿を紙面1枚にまとめます。こうして前月の姿から子どもの発達を共通理解すると共に、課題を見つけて今月の指導の手がかりとします。担任一人がクラスのこととして抱え込まないように、その子の観察を通して各ケースに応じた具体的な援助のあり方を検討し合いながら、園全体で連携した保育につなげています。

2. 巡回相談の活用

　第6章（本書 p.117 参照）で巡回相談については解説しましたが、巡回指導員による相談の活用も大いに利用して、毎日の保育に役立てていくことは具体的な援助となります。筆者も巡回指導員として毎月1回（8月は休み）、同じ保育所を訪問し、午睡に入るまでの子どもの様子を観察した上で、午後からのカンファレンスに臨んでいます。

　巡回当日は先月から今月までのその子の発達の経過をまとめた資料と、その子の日々

の保育記録から情報を得ます。観察場面は生活面での様子をはじめ、遊びや活動への参加や取り組み方、友達とのかかわりや遊びへの興味や関心など、総合的に観察します。

　カンファレンスには担任・加配の保育者・他の学年の代表・看護師・園長・副園長が参加し、1か月間の育ちと今後の課題や援助のあり方・保護者支援を具体的に話し合っています。ケースによっては保護者との面談も定期的に行います。

　このような巡回相談では、コンサルテーションの力が大いに発揮されます。課題や援助のあり方について、コンサルティとコンサルタントは同じ立場で相互に話し合っていきます。カンファレンスにそれぞれの立場の保育者が参加することから、その子の援助が1クラスのことに留まらず、園全体の共通の取り組みとなり、連携協力が自然に生まれてきます。障がい児保育に対するとらえ方にも共通理解が図れるので、活用していくメリットが大きいでしょう。

3．関係者との連携は保育現場の生の声

　保育現場では「保育者間の連携」はもとより、「保護者との連携」や「専門機関との連携」が求められています。筆者の調査（2009）から日常保育における具体的な援助のあり方を検討すると、現場の保育者間での連携のあり方への要望の強さがうかがえました。担任としてクラスを運営しながら、障がいのある子どもへの援助を考えていくのは一人ではむずかしいことです。たとえば、トラブルの際に言葉でうまく説明ができないために衝動的にものを投げたり、かんだりする子に対して、双方の保護者に説明をするなどの対応が生じることがあります。「自分のクラスのことだから自分で」という思いが募りがちになりますが、担任一人ですべて行うには荷が重過ぎます。園全体での連携体制があれば、みんなでかかわることから多面的な援助が可能になります。

　「**保護者との連携**」を築いていくことは、障がいのある子の親はもちろんのことですが、クラスの保護者にも連携の一員になってもらえるように働きかけていきたいものです。「その子がいるから、うちの子が見てもらえていない」という思いが生じないように、日ごろから保護者にクラスの一人ひとりの様子が伝わるような努力が必要になります。保育所でよく目にする「今日のクラスの様子」の手書きのプリントの展示もその一つになるでしょう。迎えに来た保護者が、保育室の入口に貼られたそのプリントを見ることにより、リアルタイムに今日のクラスの様子を知ることができるからです。

　また、保育参観やクラス懇談会などを通して、集団の中で子どもたちがどのように育っているのかを伝えることにより、わが子だけではなくクラスの子が互いに成長し合っている仲間であることが感じられるようにしていきましょう。大勢の保護者の理解とまなざしは、どの子にとっても必要な援助になるので、この力を生かして保護者同士の連携を深めていくことも保育現場では大切にしています。

　「**専門機関との連携**」においても、保育者が長期的な期間を視野に入れた展望のある指導の見通しが立てられるように、専門機関に発達上のニーズや就学に向けての助言を

134

求め、連携していくことの必要性を感じています。

　さらに調査を通して、保育者たちが「個を取り巻く集団のあり方」に悩んでいる様子もうかがえました。これまでもその子にどのように働きかけるか、その子がどのように発達するとよいのかといった「個」への視点に加え、**その子を取り巻く集団をどのように育てるのか、またどれだけ温かい雰囲気のあるクラスに育てられるか**といった視点は障がい児保育の基礎となりますので、ていねいに取り組んでいくことが保育者の役割として求められていることの重要性がわかりました。

4．きょうだいは生涯にわたるその子の「よき理解者」

　家族の一員であるきょうだいは、生まれたときから一緒に生活をしているもっとも身近な存在であり、関係者です。お兄さんやお姉さん、弟や妹を「よき理解者」として、生涯にわたるサポーターに育てていくことが大切です。障がいへの理解を促すことはもちろんのこと、きょうだいが「自分だけががまんさせられている」という不公平感や「僕のことはいつもあと回し」「私のことを全然見てくれない」という孤立感につながる思いを味わわないよう保育者としての配慮も大切です。親が障がいのあるきょうだいにかかわる時間が多い日には意識して、きょうだいに声をかけたり、甘えられる状況をつくるなどしていきたいものです。また、親が「あなたも大切な子ども」「十分に愛している」という気持ちを伝えていくことも大切です。そのような保育者のていねいなかかわりが、きょうだいを安心させ、公平感をもつことにもつながっていきます。

　保育者として障がいのある子どもだけではなく、そのきょうだいに対してもしっかりと目を向け、適切な援助ができるように心がけましょう。

　このような保育者のかかわりが、きょうだいが「がまんさせられている」のではなく、自然と「がまんできる」ようになっていくことにつながり、その子の障がいをきちんと受け入れられるようになっていくのです。こうして**きょうだいを生涯にわたる「よき理解者」**に育てていくことが保育者としても大切です。

 # 記録から成長を共有し、明日の保育につなげていくこと

1．観察記録を生かして子どもの成長を共有し合う

　園内でのカンファレンスに記録を利用すると、検討したい問題や課題への焦点がずれずに共有できるので、その子の発達の様子が具体的にとらえられます。**観察記録の作成**

にあたって、「生活面」「言語面」「知的面」「情緒面」「コミュニケーション面（対人面）」「運動面」の6つの側面から観察し、子どもの発達を理解する手がかりとします。

生活面	言語面	知的面
・登園時に歩いてくるのをいやがり、母親に抱かれてくることがある。 ・自分の道具箱の片づけが雑である。 ・集会時に座っている友達の中に急にダイビングするかのように飛び込んでしまう。	・保育者の質問に適切に答えられないことがある。 ・友達がおもしろい言葉をいうと、まねていうことがある。 ・当番のときに「今日の当番の〇〇〇〇です」と自己紹介する言葉が聞き取りづらい。	・「1」の数の対応がわかる。 ・ものの大小がわかる。 ・じゃんけんの勝ち負けがわかる。 ・新しいゲームのルールはすぐには覚えられない。 ・歌は「エイヤ」「ラララ」などのかけ声の部分をうたっていることが多い。
情緒面	コミュニケーション面	運動面
・注意を促されるとシュンとする。 ・ウサギを見ると、笑顔で「かわいいね」という。 ・元気のない友達の顔をのぞき込んで、「どうしたの」と心配そうな声でいう。	・好きな友達の手を引いて「一緒に遊ぼう」と声をかけている。 ・保育者がしゃがんでいると、後ろから笑顔で抱きついてくる。 ・思い通りにいかないと友達を押すことがある。	・ジャングルジムの上でバランスをとって立つことができる。 ・転ぶときはすぐに手を出すのでケガの程度が軽い。 ・友達に追いかけられると速く走って逃げていく。

図表 7-1　「発達に遅れが見られる N 也」（5歳児）　　作成日：2013/5/31

　N 也くんの6か月後のカンファレンスでは、次のような考察がなされています。「特定の友達（J 太くん）の他、H 男くんや P 男くんとも遊ぶようになり、相手がいやがる行為が減ってきた。自分の気持ちを言葉で伝えることが増えてきたことから、仲のよい友達となら新しい遊びに加わるようになってきている。また集中する時間が伸びてきているので、興奮状態になりそうになっても声をかければ、気持ちを切り替えられることも増えている」とあります。この考察をもとに N 也くんの課題や援助について、次のような共通理解がなされています。その一つに「クラス全体での活動が続くときの気持ちの切り替えをできるようになってほしい。そのために時間の配分や N 也くんがわかるスケジュールを工夫し、活動の大事な部分にはよい状態で参加できるようにする」とあります。

　このように**記録からみんなで成長を共有して導かれた課題や援助**が、明日の保育に生かされ、そのままその子の実となっていくのです。

2.「保育の省察」が明日の保育につながる

　「みんなで成長を共有していく」ことに加え、「**省察する**」ことの大切さを忘れてはならないでしょう。今日の保育を自分で振り返り、一人ひとりの子どもたちの課題をとらえて援助できたか、反省したり考察したりすることが、明日の保育につながっていきます。障がいのある子が安心して自己発揮をしていたか、周囲の子どもたちとの関係はどうだったか、また過ごしやすい環境になっていたかなど、保育者としての役割を振り返りながら、さらに「子ども理解」を深めていくことが大切です。省察することで、保育中には気づかないことも保育がおわってから、自分の保育について自ら気づくことができるのです。

§6 障がいがありながらの人生を見通していくこと

　障がいがある子どもたちはこれから先どのように成長をしていくのでしょうか。筆者も障がい児を受けもった際に、その子が成人になったときの姿をよく想像していました。大人になった彼らはどのように育っているのだろうか、そのときに彼らが他人とかかわる際にどのような側面が育っていたら、生きやすくその子らしく生活できるのだろうか、などと思いを馳せながら保育にあたっていました。

　成人期にどのような暮らし方をしていてほしいのかと考えると、自ずと**その子の人生を見通した長期のねらいや目標**が見えてきます。園生活は限られた年数ですが、その子の人生は一生にわたります。保育現場では小学校就学前までの発達を見据えたねらいや目標をもって保育にあたっていることが多いですが、この幼児期に何を育てていきたいのか、長い人生を見通しながら考えて取り組んでいくことが望まれます。

1．その子の人生を垣間見る

　子どもの就職が決まり、その母親からきた手紙を紹介したいと思います。文面を通して、母親が息子の人生を大切に見通していることが伝わってくるでしょう。教科書にはなかなか書かれていないこうした生の「保護者の思い」にふれることは、障がい児保育の先にあるその子の人生を垣間見ることができる一つの手だてになっていきます。

> **事例 7-9　卒園児の保護者からの手紙**
>
> 　息子は幼稚園ではご迷惑をかけながらも幸せに過ごすことができましたが、小学校では（もちろん自閉傾向があることは学校に伝えてありましたが）学力に大きな遅れがなかったこともあり、なかなか理解していただけず大変でした。授業中に体を揺すったり鉛筆をかじったり、友達とのかかわりもちぐはぐでだんだんとからかわれたり、いじめられたりすることが増え、高学年のときは特に辛い毎日でした。情緒障がい児のための通級学級が唯一の救いという感じでした。
>
> 　中学に入り、同じ障がいの友達もできて、教育環境も整い、ぐんと落ち着いて生活できるようになりました。自閉児として入学しましたが、授業は通常のクラスで受けさせていただき、定期テストでは学年で上位になることもありました。
>
> 　高校ではパソコンを習い、資格もたくさん取ることができました。高望みしなければ大学進学もできたかもしれませんが、就職を選びました。手帳を申請して障がい者枠での就職なので、少々とんちんかんなところも承知で採用してくださったのでありがたいと思っています。
>
> 　将来のことなど心配は尽きませんが、よく家の手伝いをしてくれる素直な青年になってくれたことが親としては本当にうれしいです。

　この保護者も就職に至るまでわが子の将来に対し、どのように成長し地域の中で生活していけるのだろうかと心配し、思い悩んできたに違いありません。障がいの程度に違いはあっても、わが子の現在や将来を案じ続ける「親の気持ち」を忘れてはならないでしょう。このような「親の気持ち」を知るには、上記の事例にあるような経験者のエピソードをホームページで見たり、障がいのある人の映画やドキュメントを見たりすることからも得られます。成人になった当事者が自身の障がいと向き合ってきた人生について書かれている本も出版されているので読んでみるとよいでしょう。これらの情報から、今できることを日常の中で積み重ね、スキルアップにつながるように援助していくことの大切さが見えてきます。その子が自分の人生を安定した気持ちで歩み続けることができるように支えていくことは、障がい児だけではなくどの子にとっても欠かせないことです。そのためにも**その子の成長に合わせた目標を設定し、援助する必要**があります。

2．その子の成長に合わせた目標を考える

　同じ障がい名をもっていても発達には個人差が見られます。たとえば自閉スペクトラム症の場合、言葉によるコミュニケーションがあまりとれず、知的な遅れも見られる子がいます。一方、知的な遅れはあまりなく言葉の理解もできますが、こだわりが強くコミュニケーションがあまりスムーズにいかない子もいます。

　このように障がいの傾向や程度に個人差があるので、発達段階に応じた目標を立てることが望まれます。その子が通っている小児科や児童精神科の医師や子ども発達支援センターの指導員、または園を訪れる巡回指導員（臨床発達心理士や臨床心理士など）の専門家と相談しながら、その子の今の発達に合った目標を設定し、園生活を通して成長できるように、具体的な支援につなげていきたいものです。たとえば、音（「あ～」「う～」などの1音）や絵カードでコミュニケーションをとっている子どもに対して、「言葉（単語）でコミュニケーションがとれるようになる」ような年間の目標を立て、その**子どもの発達段階に合わせててていねいに援助にあたる**ことが必要になります。

🖰 column　『保育者の地平』

　保育者はよりふさわしい保育を計画し実践していくために、日々の保育を振り返ることがもとめられています。「保育の省察」を追及してやまない津守真は『保育者の地平』で次のように述べています。

　　「保育の実践と省察とは切り離すことができない。（中略）さらに後になって、その日のことを自分一人で振り返るとき、保育の最中には分からなかったことが、見えてくる。多くの場合、『もう一度こころをとめてみよというかのごとくに』現象の方から追ってくる。また、ときには、長年を経た後に、記録を頼りに省察し直すこともある」[4]（「省察する」より）

　今日の保育をそのままにおわらすのではなく、絶えず自分の実践を省察することから、明日への保育への手がかりが得られます。津守真の言葉を忘れてはならないでしょう。

138

この章での学びの確認

　障がいのある子どもが、保育所や幼稚園、認定こども園で健常の子どもたちと一緒に生活を共にするときに、保育者はどのような役割を果たしていくかを明確にとらえていくことが大切です。保育にあたって、その子のあるがままの姿から発達を理解した上で、長い目で見た成長をとらえながら、今の発達に合った具体的な援助のあり方を考えていくと同時に、その子を取り巻く周囲の子どもの育ちや温かな雰囲気のある集団づくりが重要なポイントになります。

　「障がいがあるか、ないか」「発達が気になる子か、ならない子か」ではなく、保育の中では、どの子も気にかけていく必要があります。一人ひとりがその子らしさを発揮し、お互いにかかわり合いながら、育ち合っていけるような温かな雰囲気がある保育のあり方は、障がいのある子どもだけではなく、どの子にとっても当たり前によい環境となるでしょう。

　また子どもは、保育所や幼稚園、認定こども園での集団生活（生まれてはじめての社会）の中で、一人ひとり違いがあることを知る絶好の場に身をおくことになります。同じ時間に自分とは違う過ごし方をする友達の存在を知り、幼児期に多様な見方ができる基盤をつくっていくことも障がい児保育の重要なポイントです。

演習課題　assignment

1　障がい児保育の学びを通して、障がい児に対する自分自身のとらえ方の変容について考えてみましょう。今まで出会ってきた障がいがある友達に、今ならどのようにかかわることができるか、またこれから出会う友達に、どのようにかかわっていきたいかを考えてみましょう。

2　統合保育における保育者の役割とは何か、「個」と「集団」の育ちに視点をあてながらまとめてみましょう。

参考文献　reference

『障害を知る本』茂木俊彦監修・稲沢潤子、大月書店、1998
　「自閉症の子どもたち」「知的な遅れのある子どもたち」など11冊のシリーズ書籍ですが、1冊からも購入できます。子どものためのバリアフリーブックとしてわかりやすい内容になっています。

『障害児保育 ── 自立へむかう一歩として』山田真、創成社新書、2010
　「障がい児が自立すること」や「私たちが障がいを理解すること」をどのように考えていくのか、小児科医の著者が障がいがある娘の親としての経験を通して、さまざまな角度から示唆している一冊です。

『僕だって普通に生きたかったよ ── ある自閉症児の生涯』真木田清彦、七つ森書館、2012
　子どもの強いこだわりとパニックに向き合う家族の姿の中に、わが子への深い愛情がにじみ出ています。35年間の人生を歩んだ自閉症者とその家族の話に、障がい児保育の手がかりを見つけることができるでしょう。

第8章

障がい児保育の実際

この章で学ぶこと

　保育所や幼稚園、認定こども園における集団生活では、気になる子どもの言葉や行動があるものです。子どもの生活経験の不足や、発達の個人差から生じていることが多いのですが、中には発達障害など、障がいの程度や特性に応じた援助が必要な場合があります。

　この章では、
　　○ 障がいのある子どもの受け止め方
　　○ その子どもの特性等に応じた援助
　　○ クラスの子どもたちとの関係を育む援助
などについて、具体的な事例を通して学びます。

　なお、本章で「障がいのある子ども」と表記する中には、医療機関での診断が行われていない子どもを含みます。

§1 身体に障がいがある子どもの事例

　保育所や幼稚園、認定こども園に在籍する身体に障がいがある子どもは、入園前から専門機関における療育などを受けていることがあります。保護者および専門機関との連携を図り、一人ひとりの障がいの程度等に応じて、集団生活の中でできる援助を行っていくことが大切です。ここでは、聴覚に障がいがある子どもが通う、ろう学校での生活の様子をある例をあげて学んでいきましょう。

1．ろう学校での入園前の取り組み

　ろう学校では、「**乳幼児教育相談**」として、0〜5歳児の子どもと保護者を対象に、**個別指導**や**グループ指導**を行っています。また、障がいの理解や子育てのための「**保護者教室**」や「**関係機関との連携**」などを行っています。その他、他機関に在籍する3〜5歳児の就学前の子どもについても補聴相談や聞こえからくる言葉の相談に応じています。

● 個別支援

　子どもの全体的な発達を促すことを基本に、よりよいかかわり方やコミュニケーション上の配慮、育児全般についての相談に応じています。
　また、聴力測定、補聴器の選定およびフィッティング、聞こえや言葉に関する相談も行います。

● 専門機関との連携

　主治医や通園施設・保育所・幼稚園・認定こども園・保健師などと連携を図っています。
　必要に応じて、病院の紹介や他施設の紹介を行います。

● グループ支援

　自由遊び・スキンシップ遊び・親子活動などを通して、子ども同士のかかわり合いや保護者同士の情報交換の場となっています。

● 保護者向けの勉強会

・耳、聞こえについて
・言葉の育ちについて
・子どもの成長について
・育児について
・手話の勉強会など
さまざまな情報の提供をしています。

2．ろう学校幼稚部での一日

　ここで紹介するろう学校幼稚部では、3〜5歳児を対象に、幼稚園に準じた教育を基本としながら、言葉の学習、聴覚の学習、コミュニケーションの指導など、専門的な教育を行っています。手話を主なコミュニケーション手段としながらも、発音・発語指導、指文字や文字の早期導入により日本語の基礎力を培っています。
　この他、行事として、季節の集会、誕生会、運動会、遠足、発表会、近隣の保育所や幼稚園との交流などが行われます。

３．ろう学校での具体的な活動の様子

では、具体的な活動の様子を見ていきましょう。

● **朝の活動**（9：20 ～ 9：40）

○ 朝の身支度・補聴器点検

　朝登校したら親子でロッカーに荷物を片づけ、廊下で出席カードにシールを貼って補聴器の電池チェックと音の確認をします。年少児は担任と一緒に、徐々に親子でできるようにしていきます。

＊補聴器点検の仕方

・子どもが補聴器の電池を電池チェッカーで調べる。

・保護者がステゾスコープを使って補聴器の音を聞き、音が出ているか、変な音がしないか、故障していないかを確認する。

○ 発音練習・絵日記　（保護者も一緒に）

　朝の身支度後、教室の担任のところに行き、簡単な発音練習（1分くらい）をしたあと、絵日記を見ながら、生活や経験の言語化を図ります。

　絵日記はスケッチブック見開きで1日分、毎日家庭で書いてきます。年中児では、子どもが絵を描き、子どもが話したことを保護者が文に書きます。絵日記を見ながら、一通り子どもに読んでもらい、よりくわしく話してもらうため、担任が質問をします（どこで？　誰と一緒に？　どんな気持ち？　など）。一人5分くらいです。

　絵日記の話がおわった子どもから園庭（雨天時はホール）に遊びに出ます。担任以外の教員が子どもたちを迎えてくれます。9：40になったら、担任も遊びに出ます。

● **自由遊び**（9：40 ～ 10：30）

　聴力測定と言語検査がある子どもは、この時間に順番に指導を受けます。

・基本的には一般の幼稚園と同じように遊びの環境を整えます。子どもたちが生活経験の中からイメージを膨らませて自由に遊べるようにします。

　その時期に話題になっていること（ニュースやオリンピックなど）に関するもの、季節に応じたもの（水遊びのできる容器や素材、どんぐりなどの自然物）、自由に使える空き箱や道具などをあらかじめ準備します。

時間	活動内容
9：20 9：40	登校（身支度・学級活動） 補聴器点検・聴力測定、 発音練習、絵日記
9：40 10：30	自由遊び （聴力測定・言語検査）
10：40 11：00	集まり
11：00 11：45	クラス・学年活動
12：00 13：40	給食・自由遊び
14：00 14：30	クラス活動・帰りの会 ※個別指導以外の子どもは下校
14：30 15：30	個別指導・グループ指導

図表 8-1　時程表の一例

check　ステゾスコープ

　健聴者が補聴器を試聴できるもので、聴診器のような形状をしています。

check　日本語の習得に向けて

　聴覚に障がいがある子どもにとって視覚情報は大変重要であり、確認や話し合いなどの内容は、文字や絵で掲示されます。

　「いつ」「どこ」「誰」「何」などを明示し、早くから日本語の習得に向けた指導を行います。言語は、聞こえていて周囲にその言葉を使っている集団があれば自然に獲得されるものですが、聴覚に障がいがある子どもは、聞こえに制限があるために、意図的に教える必要があります。

・ままごとなどのごっこ遊び、砂場でのダイナミックな泥水遊び、鬼ごっこや長縄など体を動かす遊び等、さまざまな遊びが展開されます。

・できるだけ子ども同士でやりとりしながら遊ぶことを大切にし、うまく伝え合えないときには教員が橋渡しをするようにします。

● **集まり（朝の会）（10：40〜11：00）**

クラスごとに季節の歌をうたったり、日付、今日の予定、欠席者の確認、朝の遊びで楽しかったことなどを話し合ったりします。集まるときには、互いの手話や口が見えるように馬蹄形に椅子を並べます。

● **クラスや学年での活動（11：00〜11：45）**

運動的な活動、製作、調理活動などや、幼稚部全員での行事（誕生会、ひなまつりなど季節に応じた会等）をします。

● **個別指導（14：30〜15：30ころ）**

○ 個別指導：朝の短い時間ではできない発音指導、言葉遊びや認知発達を促す課題（記憶、折り紙、数の課題など）をします。

○ グループ指導：学年の子どもを認知発達の状況により、グループで発音指導、言葉遊び、ルールのある遊びなどをします。

4．専門機関での指導を園での保育に生かす

保護者の了解のもと、専門機関の教職員と話し合いをしたり、それぞれの施設での子どもの様子を参観したりします。このことを通して、保育所や幼稚園、認定こども園との環境（人的・物的）の違いや、その子どもの特性に応じた援助を共有し、それを踏まえて、園でできることを具体的に考えて行います。

また、保育所や幼稚園、認定こども園での集団生活だからこそ経験できることもあります。たとえば、保育者が簡単な手話等を使うことにより、周囲の子どもに広がり、子ども同士のコミュニケーションを図ることにつながるなどです。その子どもにとっての教育的な効果と共に、一緒に暮らす子どもや大人にとっても生活が豊かになることを、十分に認識して保育にあたることが大切です。

発達に遅れがある子どもの事例

A男くんは保育者が話しかけても言葉や表情での反応があまりない子どもです。また、物音など少しの刺激に対して大きな声で泣くなど不安定な様子が見られました。保

育者はＡ男くんを抱いて園内をめぐったり、生き物を一緒に見たりしながら、まずＡ男くんが安心して生活できることをめざしました。

1．絵カードを使ってコミュニケーションを図る

　Ａ男くんは、保育者が話しかけても目が合うことはありませんでしたが、絵本や紙芝居のときには、画面を見ることが多かったため、話や行動に関する内容を簡単な絵で表した絵カードを準備しました。

> **事例 8-1 ①** 　🌿 **絵カードでのコミュニケーション**（4歳児・4月）
>
> 　保育者が保育室を離れるときには、絵カードを見せながら「お庭に行ってきます」と行先を知らせるようにします。また、Ａ男くんと一緒に園庭に出て、絵カードと遊具の名前を照合します。徐々に「Ａちゃんは、すべり台とブランコ、どっちがいい？」と声をかけながら絵カードを見せて、遊びたい遊具を選ばせるなど、コミュニケーションをとるためにも使うようにしていきました。同様に、朝や帰りの身支度の際には、絵カードを見せながら、「朝の（帰る）支度をしましょう」と声をかけました。
>
>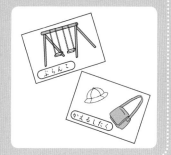

　身支度の順序も絵で示し、少しでも自分でやろうとしたときにはほめて、一緒に喜ぶように心がけました。身支度そのものにはていねいな援助が必要でしたが、次の行動に移るときに泣き出すことは減っていきました。

2．Ａ男くんの好きなことを知る

　ある日、Ａ男くんは横にした牛乳パックを目の高さにあげて、小さな声でつぶやきながら、左右に動かしていました。ゆっくり動かしたり早くしたりを何度も繰り返しています。保育者は「何をしているんだろう？」と思い、Ａ男くんと同じ目線の高さでしばらく一緒に見ていると、わかってきました。Ａ男くんはホームに立って電車を見ているのです。つぶやいているのは、電車の発着音や走行音です。

　保育者はＡ男くんの動きに合わせて「あ、電車が出発しました。どんどん速くなります」とつぶやきました。Ａ男くんは保育者をちらりと見て、また牛乳パックを動かします。時折、保育者を見ては、実況中継を聞きながら繰り返し動かしていました。

　保育者はＡ男くんの電車好きを生かして、空き箱での製作を積極的にクラスに取り入れました。Ａ男くんに対してはセロハンテープの扱いや箱を組み合わせて遊ぶ楽しさなど、技能や経験の幅を広げることを意図しました。クラスの子どもは、すでに空き箱での製作は行っていたので、電車をつくることでＡ男くんも一緒に楽しめる機会や場にしたいという願いをもちました。

🍃 **牛乳パックの電車**（4歳児・6月）

　保育者が牛乳パックに牛乳ビンのキャップを貼りつけて電車をつくり、Ａ男くんの近くで楽しそうに遊ぶと、Ａ男くんはしばらくそれをじっと見て、発着音をつぶやきはじめました。
　保育者「Ａちゃん、電車、ほしい？」、Ａ男くん「Ａちゃん、電車、ほしい？」と保育者の言葉を繰り返し、電車に手を伸ばしました。
　保育者「じゃあ、Ａちゃんにあげるね。Ａちゃん電車ね」といって、電車にＡ男くんの名前を書いて、渡しました。
　Ａ男くんはさっき動かしていた場所にもっていき、空中で繰り返し動かしました。Ａ男くんの姿を見たクラスの子どもが、「Ａちゃん、電車が好きなんだ」といい、しばらく一緒に見ていました。電車を片づける場所は「車庫」として一定にしました。

　Ａ男くんはこの電車をとても気に入り、毎日手に取って遊びました。Ａ男くんの様子に応じて、保育室の床にビニールテープを貼って線路にすると、床に這うようにして走らせることを楽しみました。クラスの子どもも「Ａちゃん、入れて」といって、自分のつくった電車をＡ男くんと同じ場所で走らせました。Ａ男くんは、他の子どもにはあまり関心を示しませんでしたが、周囲の子どもにとっては「電車好きのＡちゃん」として、印象づいたようでした。さらにＡ男くんは自分でも電車をつくるようになり、セロハンテープでしっかりと貼りつける、ライトや窓を描くなど、用具の扱いもみるみる上達し、保育者は驚きました。

3．特性をクラスの活動に生かす

　さまざまな経験を経て、Ａ男くんは表情や言葉、人とのかかわりが増え、さらに遊びの幅が広がるなど、全体的に発達していきました。Ａ男くんは気持ちが向いたときには歌をうたうようになり、その音程の確かさや声のきれいさにみんなが感心しました。Ａ男くん独自の言葉を使った替え歌や独自のメロディーでうたうことを楽しんでいました。はじめは一人だけでうたっていましたが、徐々に周囲の子どもと一緒でもうたうようになっていきました。

🍃 **みんなでうたう**（4歳児・11月）

　そのころ、園では行事に向けて準備をしており、Ａ男くんはお祝いの歌をとても気に入って、何度もうたっていました。ある日突然、「じくれっと」という言葉で置き換えてうたいはじめました。その言葉の意味や出どころはわかりませんが、実に楽しそうでした。
　園全体での式典の練習でも、日によっては歌詞を替えたり、うたう場面でないところでうたったりすることがありました。園内の保育者やクラスの子どもは、Ａ男くんの行動を温かく受け止めていましたが、はじめてその様子にふれた他のクラスには、違和感をもつ子どももいました。

それをきっかけに、その歌をからかい半分でうたうようなごくわずかなクラスの雰囲気の変化がありました。保育者はそのままにしてはいけないと思い、意図的にＡ男くんの替え歌をみんなでうたう機会をつくりました。替え歌を「お楽しみ」、元の歌詞を「本番」と称して、うたうとよい場面の区別を明確にした上でどちらも大切にし、みんなで繰り返し楽しむと、クラスの中のからかう雰囲気はなくなりました。

さらに、２月のクラスで取り組む劇遊びの中で、この「じくれっと」という言葉をみんなの合言葉という設定にし、エンディングの歌詞の中にもこの言葉を取り入れてみんなでうたいました。

４．周囲の子どもの力を生かす

Ａ男くんは、手にご飯粒がつくのがとても苦手です。その日も弁当時に２、３粒ついてしまい、泣きのスイッチが入って止まらなくなりました。

> **事例 8-1 ④**　🌱 「せーの、Ａちゃーん」（4歳児・3月）
>
> 保育者はご飯粒をていねいにとって手をぬれタオルで拭くなど、さまざまに手は尽くしましたが、泣くのはおさまらず、しばらく様子を見ることにしました。弁当を食べる場所に戻った保育者に、となりに座っていた子どもが「先生、大丈夫。任せて」といいました。そして、同じ机に座っていた子どもと顔を見合わせて、「せーの、Ａちゃーん！」と奥の机に座っていたＡ男くんに呼びかけました。すると、Ａ男くんが一瞬泣きやみました。Ａ男くんへの呼びかけを何度か繰り返すうちに、最後はクラスで大合唱になりました。Ａ男くんはゲラゲラと笑い出し、今度は笑いが止まらなくなりましたが、クラスはなんだかうれしい雰囲気に包まれました。
>
> 保育者「どうして、呼んだら泣きやむって知っていたの？」
> 子ども「この間も大泣きしたことがあったでしょう。そのときに呼んでみたら泣きやんだんだ」
> 保育者「すごいなあ。Ａちゃんがうれしそうで、なんだか私たちもうれしいねえ」
> 子ども「うん！　ご機嫌が直ってよかったよね」と、弁当は続きました。

保育者は、必死になるとついその子どもとの一対一の対応になりがちです。しかし、毎日起きる出来事は、周囲の子どもたちにとってもさまざまに考えて行動する、大切な育ちの場であり、障がいのある子どもの理解者を増やすことにつながっていることを、改めて感じました。

5．A男くんから学ぶこと

A男くんは、発達の遅れや偏りは残っているものの、幼稚園での集団生活を通して、言語、生活行動、運動、人間関係、表現などさまざまな面で大きく成長し、周囲の人を驚かせました。その背景には、A男くん自身に備わっていた力や、園と家庭の連携を密に図っていたこと（家庭でのかかわり、A男くんが扱いやすいようなものの準備、入園後早くからの専門機関への相談等）などが要因としてあげられます。しかし、同年代の子どもとの集団生活の中で受けるさまざまな刺激や、一緒に生活する楽しさがA男くんのもつ可能性を引き出した側面もあるととらえられます。

同時に、周囲の子どもはA男くんとのかかわりを通して、**相手に合った接し方を工夫しながら体得**しています。A男くんを特別扱いするのではなく、**クラスの仲間として共に生活し、その楽しさを共有する体験**をしています。

幼稚園教育要領に示されている「障害のある幼児などへの指導に当たっては、集団の中で生活することを通して全体的な発達を促していくことに配慮し、……（後略）」ということの重要性を、A男くんの姿から具体的に理解することができると考えます。

§3 言葉に遅れがある子どもの事例

B美ちゃんは、表情も行動も穏やかな子どもです。一方で、保育者が話しかけてもにこにこしているばかりで、反応があまりありません。まずはB美ちゃんと保育者との関係づくりからはじめ、B美ちゃんが安心して自分の気持ちを出すことができるようにしました。また、家庭での様子などを教えてもらうと共に、園での取り組みやB美ちゃんの様子も保護者に話しました。B美ちゃんなりの発語や話すペースを家庭と園で受け止めて、相手に伝えるうれしさを一緒に大切にしていきたいことを伝えました。

1．保育者の言葉をまねできるようにして、発語を促す

B美ちゃんは、身支度や片づけなど生活の面でも細やかな援助が必要でした。その機会を生かして、実物を見せながらものの名前を繰り返し伝えるようにしました。その際、言葉ははっきり、ゆっくりと発音し、B美ちゃんが繰り返しやすいよう、状況に応じて2語文、3語文のような示し方をしました。保育者の気持ちが伝わるように、ほめるときの表情も意識的にはっきりと表すようにしました。

事例8-2①

🌿「ぼ・う・し」（4歳児・4月）

保育者「Bちゃん、帽子、かぶりましょう。"ぼ・う・し"」

B美ちゃん「……、し」

保育者「そう、ぼうし。上手にいえましたね」と満面の笑顔でほめ、帽子をかぶる介助をしました。

はじめは、単語の一部分だけでも発声できたことを大いにほめ、B美ちゃんが言葉にすることを楽しいことだと感じられるように繰り返しました。

保育者に安心感をもつに従って、B美ちゃんは保育者の後ろをついてくるようになりました。一緒に行動する中で、そこにあるものや会った人の名前を繰り返し伝えました。

今後の生活の中で必要だと思うものは、写真に名前を添えたカードをつくり、保育者が常に携帯し、実物とカードと言葉をセットで示しました。B美ちゃんにとって、保育者の言葉を繰り返すことは、一つの遊びのようになり、楽しそうに取り組む様子が見られ、発語が増えてきました。そこで保育者は、写真カードを見せて「Bちゃん、これなあんだ」と問いかけるようにしました。B美ちゃんは「ブランコ！」「かばん！」など、発音が不明瞭な部分はあっても、楽しそうに答えていました。

2．遊びを通して、言葉を増やす

B美ちゃんが保育者への親しみをもち一緒に行動することは、言葉の面でも生活の面でもよい影響がありました。保育者は次の段階として、B美ちゃんが好きな遊びを見つけ、保育者がそばにいなくても楽しんだり、周囲の子どもからの刺激を受けたりしていくことが大切だと考えました。保育者と一緒にさまざまな遊びをする中で、特にB美ちゃんが興味をもったのはままごとでした。

事例8-2②

🌿 ままごと（4歳児・6月）

ままごとコーナーには、ままごと用の調理用具や食器、おもちゃの食べもの、エプロン、スカートなどが設定してあります。B美ちゃんは気に入っている赤地に花柄のスカートをはいて、円卓のところに座りました。

保育者「Bちゃん、何を食べますか」といって、食べ物を見せました。

B美ちゃん「これ」といって、エビフライを指しました。

保育者「これは、エビ……」　B美ちゃん「エビフライ」

保育者「そう！エビフライですね。エビフライ、ください」　B美ちゃん「エビフライ、ください」

保育者「はい。エビフライですね。ちょっと、待っててね」　B美ちゃん「はい」

保育者は調理台で料理をするまねをして、エビフライを皿に載せてB美ちゃんの前に出しました。保育者が「はい、どうぞ」というと、B美ちゃんは「ありがとう」といって食べようとしました。

保育者「あ、Bちゃん、ごあいさつは？　……いただ……」　B美ちゃん「いただきます」

保育者「はい。どうぞ召し上がれ」

保育者とB美ちゃんが遊んでいると、L子ちゃんが入ってきました。

L子ちゃん「入れて」　保育者「いいよ」　B美ちゃん「いいよ」

保育者「Bちゃん、Lちゃんも一緒で、うれしいね」L子ちゃんはにこにこしました。

L子ちゃん「L子、お母さんね。先生、子どもね」

保育者「いいわよ。お母さん、お腹すいちゃった」

L子ちゃん「はいはい、今ごはんつくるから待っててね」といって、調理台で炒めるまねをして、さまざまな料理を皿に載せて運んできました。

保育者「わあ、おいしそう。お母さんいただきます」といって食べるまねをすると、B美ちゃんはにこにこしながら見ています。

保育者「お母さん、おいしい！　Bちゃんも食べる？」　B美ちゃん「うん」

L子ちゃん「あら、Bちゃんもお腹すいたの？　じゃあ、今つくるわね」といって、B美ちゃんにも同様に料理を運んできました。B美ちゃんは「いただきます」といって食べるまねをしました。

その後、保育者が「学校に行ってきます」といってままごとの場を少し離れても、遊び続けました。

　その後、ままごとコーナーはB美ちゃんが安定して遊ぶ場所となり、おいてあるものを自分で自由に使いながら、保育者やそのとき一緒にいた友達とのやりとりを楽しむことにつながっていきました。

　B美ちゃんは絵などの視覚的な情報があることで、話したり選んだりすることがしやすい様子でした。そこで、言葉や絵が簡潔で、B美ちゃんの好みそうなもの（食べ物、乗り物、動物、花、キャラクターなど）とその名前を添えた絵カードをつくりました。その際、周囲の子どもとのかかわりを考え、各絵カードは2枚ずつつくりました。

事例 8-2 ③　🍃 **絵合わせカード**（4歳児・3月）

　保育者とB美ちゃんが保育室の中で、カードを使って遊んでいると、興味をもった子どもたちが集まってきて、口々に思ったことを話しました。

「ライオン、知ってる」「ガオーってほえるんだよね」

「怖い」「えー、かっこいい」

　カードを引くたびに、子どもたちのおしゃべりが弾みます。保育者は一緒に話を楽しみながら、B美ちゃんの言葉も引き出すようにかかわりました。

　カードを2枚つくったことで、たくさんのカードの中から同じものを見つけるなど、「同じ」「違う」という言葉や認知を促す意味合いと共に、遊びとしてのおもしろさから、B美ちゃんにとってこのカード遊びは、周囲の子どもと共に楽しめる機会になりました。そして、子どもたちは以下のようなさまざまな使い方をして遊びました。

・同じ絵のカードを見つけて並べる。

・同じ順番でカードを並べる。

・トランプゲームのようにカードを伏せておき、めくって同じものをそろえる。

・何枚かのカードをもち、「いっせいのせ」で同時に出し、同じだと喜ぶ。

・動物の絵に食べ物を合わせて、食べさせるまねをする。

・動物やキャラクターのカードを使って、おしゃべりをする。

3．遊びや生活を通して、口や舌の動きを促す

　B美ちゃんの発達については、園内での話し合いと共に、巡回相談のカウンセラーなど専門家からの助言も受けていました。発声器官としての口や舌の働きや療育機関で行うことなどを聞き、集団生活の中でできることを工夫しました。

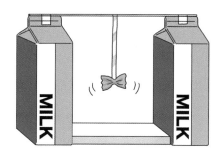

　B美ちゃんが楽しみながら「吹く」動きを経験するために、身近な素材を使ってしかけをつくりました。ただ吹くだけでは飽きてしまうだろう、息を吹きかける目当てがあるほうが、意識的にできるだろうと考え、荷造り用テープの先に京花紙をつまんでつくったチョウをつけ、「チョウチョを飛ばす」ということにしてみました。

> **事例 8-2 ④**　　🍃 **ふうっと吹く（4歳児・12月）**
>
> 　はじめに保育者が、チョウをふうっと吹いて揺らしました。B美ちゃんは「わあ。チョウチョ」といいました。「そう、チョウチョが飛んだね。Bちゃんもふうってしてみる？」と聞くと「うん」といってやってみました。はじめはコツがつかめない様子でしたが、何度か挑戦するうちに偶然吹きかけることができ、チョウチョが揺れたことを喜び、繰り返し楽しみました。

　その他にもクラスで行っていたまねっこ遊びを生かして、B美ちゃんが保育者のまねをしながら、舌を動かしたり、口をさまざまな形に開けたりできるようにしました。

● **クラスで行っていたまねっこ遊び**

顔や体がよく見えるように対面して、

　リーダー「△△組さん（○○さん）こんなこと　こんなこと　できますか」と節をつけてうたう。

　まねをする人「こんなこと　こんなこと　できますよ」と同じ節で返す。

　その後一緒に「1、2、3！」といって、リーダーの表情や動作をまねる。

● **B美ちゃんと行ったまねっこ**

・口を大きく開ける（母音の口形）。

・舌を大きく出したり引っ込めたりする。

・頬を膨らませる、すぼめる。

・口の中で舌を動かす。　など

また B 美ちゃんは、咀しゃくにも不十分さが見られました。食べるときの口の動きも大切なのではないかと考え、弁当時には「Bちゃん　もぐもぐ　ごっくん　しましょうね」といってそばについて「もぐもぐ……（B美ちゃんが噛むスピードに合わせて）ごっくん」と咀しゃくを促しました。

4．B美ちゃんから学ぶこと

　言語の発達に遅れがある子どもへの園での援助は、**保育者がその子の表出を十分に受け止めることが基盤**になります。その子なりの言葉で気持ちを表出することを喜べるように、表情や状況から気持ちを察して言葉にする、絵カードなどの視覚情報を生かすなど、その子どもがやりやすい方法を見つけていきます。

　また、**集団生活を生かして、遊びや周囲の子どもとのかかわりの中で発達を促す工夫が大切**です。その際、生活全体のバランスや子どもの負担などを考慮し、無理なく自然な形で援助していくことに留意します。

§4 関係性に困難がある子どもの事例

　C太くんは、エネルギッシュでアイディアが豊かな子どもです。自分の好きなことに関しては知識も語彙も豊富で、話し出したら止まらないほどです。一方で、意に反すると突然怒り出し、ものを投げたり友達を突き飛ばしたりすることがあります。怒っているときには、保育者の制止や言葉はまったく耳に入りません。

1．乱暴な言葉の背景にある気持ちを受け止める

　C太くんは、空き箱を組み合わせて、ものをつくるのが大好きです。「ロボットだ、びゅーん」といいながら、機嫌よく製作をしていました。すると突然、つくっていたものを床に投げつけ、U男くんに向かって怒鳴りはじめました。

事例 8-3 ①　🌿 **おまえなんか大嫌いだ**（4歳児・5月）

　C太くん「おまえなんか大嫌いだ。世界の果てまで行って、もう2度と戻ってくるな。もう金輪際顔も見たくない。とっとと出ていけ」

　U男くんは何が起きたのかわからない様子で困っています。保育者はU男くんを安心させた上で、C太くんを廊下に誘い出し静かな場所に連れて行きました。「どうせC太なんかいなく

ていいんだ。橋の下から拾われたんだから、橋の下に戻ればいいんだ。ああ、もういいですよ。出ていきますよ」怒りはじめると、相手を攻撃したり、自分を卑下したりするような言葉が、まるでドラマのセリフのように出てきます。ひとしきり怒ると、肩で息をしながら黙り込みました。

　　保育者「Cちゃん、落ち着いたね。本当は、どうしたかったのかな」
　　C太くん「U男くんが、C太が使おうとしていた箱を使っちゃった」
　　保育者「Cちゃんがもっていたの？」
　　C太くん「使うつもりだったのに、U男くんがもってきて使っちゃった」
　　保育者「そうだったのね。使おうと思ったけど、先にUちゃんがもってきたのね」
　　C太くん「うん」
　　次に保育者は、改まった口調に変えて「Cちゃん、友達がもっているものがほしいときには『それ、ちょうだい』といいます。もらえなかったら、『どこにあったの？』と聞きます」と伝えました。
　　C太くんは「はい」と答えました。

　C太くんがこの口調になれば、すっかり落ち着いた証拠です。そこで、保育室に戻り、U男くんと一緒の場所で、C太くんが怒った理由と、C太くんが急に怒ったのでU男くんがびっくりしたことを、簡潔に保育者が話しました。C太くんは「その箱、どこにあったの？」とU男くんに聞き、2人で一緒に、空き箱おき場に探しに行きました。

2．先入観にとらわれず、困っていることを理解する

　ある日、C太くんの母親が保育者に「C太が、『先生は"よく考えなさい"っていうけど、何を考えるのかわからないんだよ』というのですが……」と、声をかけました。
　そのころ、C太くんは友達への関心が高まってきて、追いかけっこを楽しむようになってきていました。はじめは互いに楽しいのですが、C太くんがしつこく追いかけ、友達が「やめて」といっても追いかけるために、けんかになることが多くありました。保育者はその度に「お友達はいやだ、っていう顔をしていますよ。どうしたらいいのか、よく考えてごらん」というと、C太くんは「わからない」と答える、ということが続いていました。保育者は、普段のC太くんの行動から、わかっているのにやめられないのだと思っていました。そのため、C太くんが相手の表情に気づき、自分で行動を変えることが大切だと思い「よく考えて」と働きかけていました。しかし、冒頭の保護者からの話を聞いて「本当に、わからないのだ」と気づき、援助の方法を変えました。

事例 8-3 ②　　表情カード（4歳児・12月）

　喜怒哀楽を簡潔に表したカードをつくり、それをC太くんと一緒に見ながら、相手の表情や気持ちを一緒に考えるようにしました。
　保育者は「この顔のときは、すぐにやめます」「この顔のときは、うれしいんだよ。はじめはうれしくても、途中で

変わることもあります」などと伝えました。C太くんは「わかった」といい、そのときには行動も変えられるようになりましたが、同じような状況は続きました。

3．クラスの友達の前で行動を変える機会をつくる

　2人の子どもが大型積み木を協力して運んでいました。そこへ、C太くんがあとから来て積み木を奪うように割り込んだことから、けんかになりました。保育者が中に入って、状況を聞き一緒に考えましたが、双方は納得できませんでした。そこで片づけがおわったあと、集合し、当事者を前に呼び保育者が「実況中継」をしながら、同じ場所で状況を再現してもらいました。まさにけんかになる場面で、止めました。

事例 8-3 ③　けんかの場面を再現する（5歳児・6月）

　保育者「ストップ！　これでけんかになっちゃったんですね」
　クラスの子どもは、うんうんとうなずきながら聞いていて、「そりゃ、Cちゃんがよくない」といいました。C太くんは今にも怒り出しそうでした。
　保育者「なんでこうやって入ったの？」　C太くん「だってやりたかったから」
　保育者「そうなのね。じゃあ、巻き戻してもう1回やってみましょう。3人はどうしたらけんかにならないか、考えてやってみてね。チャカチャカ……（VTRの巻き戻しの擬音）」というと、3人は巻き戻しのように元の位置に戻りました。保育者が「はい、スタート！」というと、もう一度積み木を運びはじめました。C太くんが乱暴に割り込んだところで、保育者「さあ、Cちゃんはどうするでしょう」。
　C太くん「一緒にやらせて」　2人「……いいよ。」
　そして、3人で積み木を一緒に運んでおき場所に収めました。見ていた子どもたちからは拍手が起こりました。保育者は「みんなの拍手は、それでいいよ、っていうことですね」と確かめました。

　そして、3人ともよく考えてできたこと、そうするとうまくいくことを話しました。さらに、次のことを伝えました。
・C太くんはついやってしまうこともあるけれど、今がんばって勉強中で、少しずつうまくできることが増えてきたこと。
・誰にでもC太くんと同じような気持ちになることがあること。そんなときにどうしたらいいかを考えることが、「幼稚園のお勉強」であること。
　クラスの子どもたちは、みんながうれしそうな顔をしていました。
　このようにみんなの前で取り上げる「強い」指導のあとは、片づけの場面でいつも以上にC太くんに気を配り、うまく行動できたことを細やかに取り上げて、周囲の子

どもにも聞こえるようにほめました。C太くんは友達から「Cちゃん、やさしくなった
ね」「がんばってるね」といわれることが増え、うれしそうでした。

4．自分の言動を振り返る機会をつくる

　C太くんは、自分の気持ちを切り替えたり、相手を受け入れたりできるようになるな
ど、少しずつ友達との関係を保てるようになってきました。それでも、カッとすると状
況を考えられずに、乱暴な言葉や行動が出てしまい、けんかになることもありました。
　その日も、降園前に大げんかをし、気持ちの切り替えがつけられずにいました。保育
者はC太くんの保護者に状況を説明し、他の子どもを降園させたあとに、静かな保育
室でゆっくりと話をしました。
　けんかのきっかけは、身支度をしている間に、C太くんが座っていた椅子にY夫くん
が座ってしまったことでした。C太くんが怒り、周囲にいた子どももY夫くんが間違え
ていることを伝え、Y夫くんは「Cちゃん、ごめん。間違えた」といって元の席に戻り
ました。ところが、C太くんはおさまらず、「Y夫はいつもそうなんだ。C太がつくっ
たものを壊したくせに！」などと一方的に怒鳴り続け、気持ちが切り替わらなくなって
しまったのです。保育者は紙とペンをもってきて、C太くんの話をゆっくりと聞いて確
認しながら、表情のマークを添えて、状況を書きました。

> **事例 8-3 ④**　🍃 状況を可視化しながら振り返る（5歳児・1月）
>
> 保育者「Yちゃんが、Cちゃんのつくったものを壊しちゃったの？」
> C太くん「うん。あいつはいつもそうなんだ」
> 保育者「Yちゃんは、今日の帰るときに壊したの？」
> C太くん「（考えて）……今日じゃない。前だった」
> 保育者「本当にいつも、壊しちゃうの？」
> C太くん「いつも、っていうわけじゃない」
> 保育者「じゃあ、椅子を間違えたことと、関係はないみたいね」
> C太くん「うん」

　食い違いのあったことを明確にした上で、保育者が書いた紙を見ながら、そのけんか
での行動とそのときのC太くん、Y夫くんの表情や気持ちの流れを確かめました。
　・Y夫くんはわざと座ったわけではなかったこと。
　・Y夫くんは間違ってしまって、C太くんに謝って、元の席にもどったこと。
　・Y夫くんが壊してしまったのは、ずっと前のことで、今怒らなくてよいこと。
　・C太くんが怒鳴り続けたので、Y夫くんも怒ったこと。
　そして、Y夫くんが謝ったときにC太くんが許していたら、相手はどんな顔になっ
たかを一緒に考えました。C太くんは「いいよ、っていったら、にっこり（になるはず）
だった。そしたら、C太もにっこりになる。……それならC太が悪かった。明日、Y

154

ちゃんに謝らなくちゃ」といいました。保育者は紙の最後に大きく表情の絵を書きながら、「Ｃちゃんは、さっきはこう（怒り）だったけど、今はこう（笑顔）になったね。自分で考えて、よくわかったね。先生はうれしいよ」といって、Ｃ太くんを抱き上げました。Ｃ太くんはすっきりとした顔で降園しました。

5．Ｃ太くんから学ぶこと

　相手の気持ちや状況に構わずに、怒鳴ったりものを投げたりしてしまうなどの行動がある場合には、友達から「乱暴な子」「怖い子」と思われてしまうことが多いものです。そうすると、相手の反応（拒否される、一緒に遊んでもらえないなど）からますます乱暴な言動が増える、という悪循環に陥りやすくなり、「どうせ、自分なんか……」と思ってしまうことがあります。

・その子どもの**得意なことやよさに注目し、遊びの中で生かすこと**。
・簡単なルールに沿って、**他の子どもと一緒に遊べることを増やすこと**。
・その子どもの行動とその**背景にある気持ちを分けてとらえ、援助すること**。
・変容を細やかにとらえ、**本人にも周囲の子どもにもわかるようにほめること**。など
　これらのことを心に留めて、**自己肯定感を育むようにする**ことが重要です。

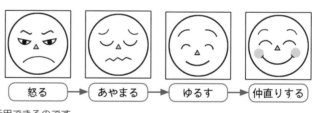

column　表情カードの使い方

　事例 8-3 ②のＣ太くんにとって、表情カードは、その場の相手の表情と気持ちを結びつけて考えるきっかけとなっています。徐々に、けんかなどの一連の場面を、相手の気持ちとともに自分の行動を振り返ることに活用できるのです。
　気持ちが落ち着いているときに、表情カードなどの視覚的な情報を用いて整理する（可視化）ことは、そのときの自分と相手の行動やそれに伴う感情の変化など、事例のＣ太くんのように、話だけではわかりにくいことを理解するために有効な方法になります。

§5　行動に困難がある子どもの事例

　はじめての集団生活の中では、子どもが自分で行うことがさまざまにあり、それまで気づかなかった行動面での困難が明らかになってくることがあります。ここでは、いく

つかの場面を取り上げて、園での実践を紹介します。

１．トイレに行くのがむずかしい

　D子ちゃんは動作がゆっくりで身支度などの個別援助は必要でしたが、みんなと一緒に行動することへの抵抗感は見られませんでした。しかし、トイレだけは、保育者が何度促しても「ない」というばかりで行くことはせず、もらしてしまうことがありました。言語面の発達もゆっくりだったためトイレがいやな理由を聞くことはむずかしく、家庭と連携を図り、D子ちゃんが好きなキャラクターを大きめに印刷し、トイレに貼ってみることにしました。

> **事例 8-4** 🌿 **トイレへ行ってみよう**（4歳児・4月）
>
> 　はじめは、トイレの入り口から見えるところに貼っておき、「Dちゃん、△△ちゃん（キャラクターの名前）が待ってますよ。こんにちは、してきましょう」と誘い、トイレの入り口まで行き、キャラクターを見てきました。次に、トイレに入ると見える位置に、トイレの扉に、個室の中に……と場所を少しずつ変え、D子ちゃんが園のトイレになれていくようにしました。トイレに貼ったキャラクターは、果物や動物などD子ちゃんが好きなものへと種類を増やし、選んで入る楽しさにつなげていきました。このことは、他の子どもの楽しみにもなりました。

　保育者と一緒にトイレに行くことはできるようになりましたが、排泄までには時間がかかりました。もらしたときには叱らず、すぐに体を拭いて、着替えをさせ「気持ちがよくなったね」と伝えました。毎日同じタイミングで保育者が誘いかけ、トイレに遊びに行く（キャラクターに会いに行く）感覚でその場所に行くことを習慣化しました。徐々に便器に座る、お腹に力を入れてみる、などのことを促していきました。保育者も焦らずに、タイミングよく排泄できたときに一緒に喜ぶことを積み重ねていきました。

　トイレへの抵抗感が少なくなってきたころを見計らい、保育者だけでなく、D子ちゃんが安心して過ごせる友達と一緒に行ってみることを促すなど、さまざまな方法でD子ちゃんがトイレにいけるように工夫しました。D子ちゃんは徐々に安心してトイレに行くことができるようになっていきました。

２．運動が苦手

　G男くんは体の動かし方が緩慢で、簡単なダンスなどにも関心をもたず、保育者が誘いかけても参加しませんでした。保育者は、G男くんは体を動かす経験が不足しているために、関心がもちにくいのだと考え、園舎内や園庭の「探検」に誘い、まず歩くことからはじめました。すると、階段の上り下りがとてもぎこちなく、園庭の低い段差も立ち止まるなど、G男くんに自覚はないものの困難さがあるととらえました。

> ## 事例 8-5 🍃 楽しく体を動かす（4歳児・5月）
>
> 　毎日園庭に出るようにして、コンクリート、土、斜面などさまざまな場所を散歩しながら歩く
> ことを続けました。場所になれてきたのを見計らい、周囲の子どもが楽しんでいたフープや縄を
> 使った電車ごっこを取り入れました。その際、G男くんの動きのペースが確保できるように、保
> 育者とG男くん2人が入れる大きさの縄にし繰り返し楽しみました。また、G男くんは非常用滑
> り台を気に入り、滑りたいという思いを支えに、2階までの階段を何度も上りました。はじめは、
> 足をそろえながら両足で1段ずつ上がっていましたが、徐々に保育者の「1、2、1、2」とい
> うかけ声に合わせて、左右交互に足を出せるように促しました。楽しく繰り返す中で、階段の上
> り方が滑らかになり体力がついてきました。保育室内にはビニールテープでケンケンパができる
> ようなスペースをつくるなど、クラスの子どもも一緒に楽しめるようにしていきました。

　秋になり、多くの子どもが縄跳びに興味をもちはじめましたが、G男くんはさわろう
としません。G男くんなりに体を動かすことを楽しむようになってはいたものの、動き
のぎこちなさは残っており、両足をそろえて跳ぶことや、縄を回すことと跳ぶことを
同時に行うことはむずかしい状況でした。そこで、縄を使ったさまざまな方法を見せ、
やってみたいと思えることから取り組めるようにしました。これはG男くんだけでな
く、クラスの子どもたちにも必要だと考えて取り組んだものでした。

・縄を床におく……またぐ、飛び越す（両足、片足、前向き、横跳びなど）。縄を並べてお
　いて、続けて飛び越す。

・縄を扱う……縄の一方を安定したところに結んで、揺らす、回す、波打たせるなど。
　縄を半分にして片手でもち、回す。縄を両手でもち、足の下を通してまたぐ。縄跳び
　をするときのように、回し、またぐ、など。

　どのような動きも一つの「技」として、取り組んだことを大いに認めていきました。

　G男くんには、保育者が積極的に声をかけ、合図を出したり手をつないで飛び越した
りするなど、ていねいに援助を行うことで、G男くんなりに「できた」という思いを
もつことにつながりました。

3．園服を着るのがむずかしい

　H也くんははじめての集団生活に不安を示し、鞄や園服を身につけたまま過ごすこと
が続いていました。

　全体的に園生活が落ち着いてきたころ、クラスの子どもは園服を着脱するようになり
ました。H也くんが通う幼稚園の園服は、前開きのスモック型で、大ぶりのボタンが3
個ついています。H也くんは「やだ」「できない」と泣いて拒否していました。保護者
と話をしてみると、身支度に関してはうまくできずにぐずることが多く、つい大人や
きょうだいが手助けをしてしまう、ということでした。

　H也くんが園服の着脱をいやがる背景として、新しい生活への不安から身につけたも

のを離したくないという気持ちと、これまでの経験の不足および細かい作業が得意ではないことがあるととらえました。そこで、H也くんが保育者への信頼感をもつこと、安心して園生活を過ごすことを一番に考え、H也くんの機嫌がよいときに保育者が着脱を介助することからはじめました。

　また、ボタンのかけ外しはすぐにはむずかしいように思われました。そこでまず、園服の袖に自分で腕を通すこと、次に園服をはおれるようにすること、を当面の目標とし、H也くんの状況に合わせて無理なくすすめていくことにしました。

事例
8-6
①
「かっこいい」（4歳児・5月）

　保育者の介助を受け入れ、園服の着脱に抵抗を感じなくなったことをとらえ、園服をはおる経験をさせることにしました。関心をもって楽しく取り組めるように、「○○マン！」（多くの子どもが親しんでいる、テレビアニメのキャラクター）といいながら、マントのようにはおります。他の子どもには当初から知らせていた方法です。H也くんに近くの子どもの様子を見せて「Yちゃんかっこいいね、Hちゃんもやってみようか」と誘い、うまくできるように保育者が手助けをし、はおれたのを見て「Hちゃん○○マン、かっこいい！」とほめました。H也くんはニコニコして「かっこいい」といい、保育者の援助を受けながら、袖に腕を通しました。毎日繰り返しながら、少しずつコツをつかめるようになっていきました。

　次は、難関のボタンです。H也くんにとって、指先を使うこの作業はむずかしかったため、細分化して取り組むことにし、できたことをていねいにほめて、H也くんが自分でできたうれしさを感じられるようにしたいと考えました。
① 保育者がボタンのほとんどの部分をボタンホールに通しH也くんが最後に引き出す。
② H也くんがボタンをボタンホールに少し入れ、保育者が引き出す。
③ 保育者がボタンホールを支え、H也くんがボタンの出し入れをする。

事例
8-6
②
「一番電車、トンネルくぐりまあす」（4歳児・5月）

　H也くんが楽しく取り組めるよう、好きな電車のイメージを使って「一番電車、トンネルくぐりまあす」といいながらボタンをボタンホールにくぐらせました。それを受けて、保護者がボタンホールの周囲を赤、緑、黄の色糸でかがってくれたことから、「丸ノ内線、山手線、総武線」とさらにイメージを膨らませたことが、H也くんのやる気を支え、時間はかかりましたが、徐々にできるようになっていきました。

また、遊びの中で空き箱の製作を楽しむことを通して繰り返し細かな作業をしたことが、ボタンのかけ外しにもよい影響を与えました。

4．行動に困難がある子どもから学ぶこと

関心がない、できない、拒否するなどの表面的な反応の裏側にある、その子どもの抱える困難さに気持ちを寄せ、その状態を把握することから援助がはじまります。その際、**その子の好きなことを生かして、その気にさせる働きかけの工夫が大切**です。また、その子の特性に応じた援助をできるだけ周囲の子どもと共有できるようにし、**「特別扱い」になり過ぎないように配慮**したいと思います。

§6　集団活動に困難がある子どもの事例

集団活動に困難がある場合は、その子どもの困難さの背景を把握したり、個別に行動する際の援助の方法を共有したりするなど、さまざまな人との連携を密に図りながら進めていくことが大切です。

1．人の集まる場所や特定の場面の苦手さへの対応

N夫くんは戦隊もののヒーローが大好きで、なりきって遊ぶことが多い子どもです。没頭し過ぎて周囲の様子に構わずにふるまうことから、危ないことやけんかになることもありましたが、毎日園生活を楽しんでいるように見えました。

園では月に1度、全園児が集まって誕生会を開きます。その月の誕生児と保護者を招いて、プレゼントを渡し、みんなで歌をうたったりゲームをしたりするなど、楽しみにしている子どもが多い行事です。

事例
8-7
①
 誕生会（4歳児・4月）

はじめての誕生会のとき、N夫くんはなかなかクラスを出ず、保育者に抱かれて会場に入りました。短時間の会でしたがN夫くんは何度も「まだ？」「いつおわるの？」と保育者に聞いていました。N夫くんは普段はよくおしゃべりをして、状況や気持ちを話すこともできました。そこで誕生会終了後、誕生会に行きたくなかった理由を聞いてみましたが、N夫くんは「わかんない。やだ」と答えました。

事例 8-7 ②　　🍃　**避難訓練**（4歳児・5月）

　　避難訓練では、全園児が遊戯室に避難し集合することになっていました。はじめての避難だったため、非常ベルが鳴ることや、その後に行動することをクラスにていねいに伝えました。子どもたちは緊張した表情でしたが一生懸命に取り組み、いよいよ遊戯室の入り口まで来ました。すると突然、N夫くんが「いやだ！」と叫んで泣き出し、走って場所を離れようとしました。近くにいた保育者がとっさに抱き止め、遊戯室の入口で待つことにしました。N夫くんは暴れて大声で泣き続けました。

● 保護者との情報交換

　　N夫くんが楽しく園生活を送っている様子と合わせて、避難訓練での出来事を伝えました。保護者はこれまでの育児のエピソードを話してくれました。

・よくおしゃべりをして一緒にいて楽しいが、ヒーローの話になると止まらなくなること。
・ヒーローになりきっているときには、まったく制止がきかないことがあり、ものを壊したり、他の子どもをぶってしまったりすることが度々あること。
・映画館など暗い場所を怖がるため、行ったことがないこと。
・電車は長時間乗ることがむずかしく、家族での移動は車で行うことが多いこと。

　　保育者は、保護者が話してくださったことに感謝し、N夫くんの中にある不安などを理解して受け止め、N夫くんに適した援助の方法を家庭と一緒に考えていきたいと伝えました。

● N夫くんへの対応の検討

　　園内でN夫くんへの対応を検討しました。避難訓練であるため、例外をつくらずに避難させる必要があり、さまざまな意見が出されました。しかし、N夫くんの拒否の仕方が非常に強いこと、誕生会でも遊戯室への入室を渋っていたこと、N夫くんの独特な感じ方があるかもしれないことなどを踏まえて、当面は無理をさせずに担任以外の保育者が抱いたりそばにいたりしながら、訓練の様子を見せることからはじめることにしました。また、園内の職員が見かけたN夫くんの様子を担任の保育者に伝え、N夫くんについて多面的に理解を行うことにしました。

● N夫くんへの対応の工夫

・遊戯室という場所への印象が変わるようにする

　　遊戯室の窓の下にある収納場所には、淡い緑色のカーテンをかけ、舞台上の壁面にはやさしい色合いの装飾をしました。また、誰もいないときに、保育者とN夫くん、N夫くんがよく一緒に遊ぶ友達で遊戯室に行き、短時間遊んでから保育室に戻るようにしました。さらにクラスでのダンスやゲームを遊戯室で行う機会を増やしたことで、徐々に遊戯室は楽しい場所だと感じるようになりました。

・大勢の人が集まる場面での参加の仕方を工夫する

　　園全体での行事のように、人が多くいる場面は苦手なままでした。そこで、N夫くん

が安心して参加できるような状況（保育者が抱く、手をつないでとなりに座る、耳をふさぐ
など）をつくり、少しでも参加できることをめざしました。辛くなったら、そばにいる
保育者と一緒に外に出ることができるように、入り口に一番近い場所に座るようにしま
した。誕生会などの集会では参加できる時間が長くなり、一度外に出ても短時間で戻っ
てくるようになりましたが、避難訓練への抵抗感は強く、友達と一緒の参加はむずかし
い状況が続きました。

・活動の見通しを、事前に伝えるようにする

　その日の集合時の活動や、そこで行うことを絵カードにしました。登園したときに、N
夫くんには個別にカードを見せながら伝え、クラスの黒板に貼っておくようにしました。

・「ヒーロー」と「自分」の切り替えができるようにする

　園内のさまざまな人から寄せられたN夫くんの様子を総合すると、N夫くんは保育者
が考えていた以上にヒーローになりきっている時間が長く、没頭しているときには周囲
の人やものの状況がほとんどとらえられていないことがわかりました。

　ヒーローになって遊ぶことはN夫くんが他の子どもと一緒に遊ぶ楽しさを味わうこと
にもつながっています。むやみに制限するのではなく、ショー仕立てで戦いや踊りを見
せる、身につけるものをつくる、ヒーローの「修行」と称して、固定遊具や巧技台等、
体を動かす遊びの要素を取り入れるなど、どの子どもにとっても遊びの経験を広げられ
るようにしました。同時に鬼遊びや集団でのゲームなど、ヒーローにこだわらずに遊べ
る活動も取り入れていきました。

　また、片づけや集合時などには、「Nちゃん○○（ヒーローの名前）は、おしまい」と
ハンドサインと共に伝えて、切り替えができるようにしました。遊ぶ時間以外で乱暴な
（本人はかっこいいと思っている）口調や行動をしているときには、「今のはNちゃん○○？
それともNちゃん？」と聞くと、はっとして、「今は○○だった」といって行動を切
り替えることができるようになっていきました。

2．集団活動が苦手な子どもの行事への参加

　J也くんは自閉的な傾向がある子どもです。J也くんの自閉的な傾向は発語は少ない
ものの、絵カードや表情などを通して保育者との簡単なコミュニケーションを図ること
ができるようになっていました。また、身のこなしは大変軽やかで、固定遊具や巧技
台、かけっこでは周囲の子どもから「Jちゃん、すごい」と認められていました。

事例 8-8　周囲の人と連携を図る

　担任とJ也くんの支援者は日ごろから保育の流れや内容、J也くんの様子などの状況を伝え
合い、日々の集団活動はタイミングを図って、J也くんが可能な部分にできるだけ多く参加で
きるようにしていました。

　　また、行事への参加の仕方に関しては、J也くんの保護者と継続して連携を図りました。保護者とは、準備段階での園におけるJ也くんへの支援や、当日の対応として考えていること、家庭で考えていることや希望などについて話し合い、その行事を通してJ也くんに育てたいことを共有できるようにしました。

● 運動会（5歳児・10月）

・参加できる可能性を増やしておく

　パターンとして入ったものは覚えやすいというJ也くんの特性を踏まえて、運動会でおどる曲や振りつけは例年よりも早く決定し、保育中に流したり、保育者がおどったりして見せておくようにしました。振りつけには、J也くんが好きな動きを取り入れました。

　また、1学期からみんなで楽しんでいる運動的な遊びの中で、J也くんがよく参加していた平均台渡りや巧技台からのジャンプなどを種目に生かすようにしました。

・J也くんの参加に向けて、周囲の子どもの考えを生かす

　子どもたちが楽しみにしているリレーでは、足の速いJ也くんがいることを喜ぶ姿がありました。ただ、J也くんが走るのは気持ちが向いたときが多く、いい調子で走っていても、バトンパスの直前でバトンを遠くに投げてしまうことも度々ありました。子どもたちは、どうやったらJ也くんが参加できるか、バトンを投げたときにどうするか、を考えました。試行錯誤の結果、次のようになりました。

・J也くんが好きなK夫くん（J也くんがついていったり、K夫くんのいっていることを受け入れたりすることが多い）が、リレーのときには迎えに行って、絵カードで知らせる。

・J也くんが走る順番のときには、同じチームの子どもが伴走してよいことにし、バトンを投げたら拾ってJ也くんに渡すか、J也くんが場所を離れてしまった場合は同じチームの子どもが続きを走って次の人に渡してよい（当日は、支援者が予備のバトンをもって、子どもの後ろから伴走した）。

　練習の中ではさまざまな出来事がありましたが、当日はJ也くんが最後まで走ってリレーは大歓声の中でおわりました。子どもたちはJ也くんに声をかけ、J也くんはうれしそうにピョンピョンと跳び、喜び合う姿が見られました。

● 修了式（5歳児・3月）

　修了式は大勢の人が集まり、座って話を聞く時間が多くあるなど、J也くんには参加がむずかしい行事です。しかし、J也くんにとっても他の子どもたちにとっても節目のお祝いであるため、できる限りの準備をして迎えました。

・運営上の工夫

　J也くんの特性や練習による負担等を考慮して、修了式に関する活動内容は例年よりも早く決定しました。そのことにより、活動の流れを途中で変更せずにJ也くんが経験することができるようにしました。園関係者の話は、絵や写真などを準備すると共に、

内容をわかりやすく簡潔なものにしました。また、当日考えられるJ也くんの行動をできるだけ細かくあげ、それぞれの対応について具体的に決めておきました（対応する人、手順、必要な道具など）。

　また、J也くんの保護者にはJ也くんと目が合うところに座っていただき、笑顔やアイコンタクトで励ましてもらうようにし、前日にJ也くんと一緒に会場を確かめてもらいました。

・援助の工夫

　証書の受け渡しは、同じクラスの子どもにやり方を見せてもらうと共に、写真カードにしていつでも確認できるようにしました。J也くんができたことを大いにほめ、ニコニコマークをカレンダーに書き込んでいきました。例年よりも早い時期から会場を整え、場所の雰囲気や行動の仕方になれるようにしました。

　当日は式の流れを絵で示したものを支援者がもち、そっとJ也くんに見せながら式の進行状況や見通しを知らせました。J也くんは入場から友達と一緒に行動し、証書を受け取りました。途中で一度会場を出ましたが、保育室にJ也くんが気に入っている遊具や音楽が準備してあったため、短時間で気持ちを切り替えて会場に戻り、お祝いの拍手の中をみんなと一緒に退場することができました。

3．集団活動に困難がある子どもから学ぶこと

　集団活動に困難がある場合は、その程度によらず、担任以外の保育者や支援者がかかわる機会が多いものです。また、困難さを感じる要因を探ったり、行事等への参加の仕方の検討や参加しているときの様子を把握したりする上でも、**関係者の連携が重要です**。

　大切なことは、**障がいのある子どもも周囲の子どもも一緒に参加してよかった、楽しかったという思いをもつこと**です。どうしてもむずかしいことがあることを受容して長い目でみながら、今できることを、ときには周囲の子どもたちも含めて一緒に考え、工夫していきたいと思います。

§7　自己をコントロールすることに困難がある子どもの事例

　E太くんは、明るく朗らかで、一緒にいると周囲の人も楽しくなります。一方で、思いついたら即、行動。関心が向いたものへ突進するので、友達の遊んでいる場を突っ切ったり、積み木を倒したりして、トラブルが多く起こりました。

1．専門家の助言を受けて、かかわり方を見直す

　保育者は、Ｅ太くんの好きな遊びを一緒にしたり、行動を受け止めたりしながら、少しずつＥ太くんとの心のつながりを感じられるようになりました。しかし、衝動的な行動や友達とのトラブルは減りません。そこで、地域の特別支援学校のコーディネーターによる巡回相談の際に、Ｅ太くんの様子を観察してもらいました。

　その結果、多動性のある子どもへの支援方法が有効ではないか、という助言を受けました。

　・トラブルが起こる前に、行動を止められるように保育者がかかわること
　・その際に、短い言葉やハンドサインを使うと有効であること
　・伝えたいことは、近くに行って、静かな口調で、端的に話すこと
　この３点を心に留めて、Ｅ太くんへのかかわり方を見直していきました。

2．自分でコントロールするための手だてを考える

事例
8-9
①
　🍃　「Ｅ太くん、ブレーキ！」（4歳児・5月）

　Ｅ太くんは、遊戯室をフロアカーに乗って走るのが大好きです。びゅーんとスピードに乗って気持ちよさそうに走ります。しかし、しばらくすると、遊戯室の壁や友達の乗っている車に自分の車をぶつけはじめ、トラブルになるのが常でした。

　それまでは、トラブルになってからＥ太くんを止めることが多かったのですが、「トラブルの起こる前に」を意識するようにしました。Ｅ太くんが加速しはじめたときに、「Ｅ太くん、ブレーキ！」といって、ハンドサインを出しました。Ｅ太くんはびっくりして止まりました。保育者はすかさずＥ太くんのそばに行き、「Ｅ太くん、止められたね。ナイスブレーキ！」といって、ハイタッチをしました。Ｅ太くんは満面の笑みを浮かべ、また走っていきました。

　このとき、保育者の予想しなかったことがありました。同じ場でフロアカーに乗っていたＭ代ちゃんが、保育者の目の前でキュッと車を止めて、ニコッと保育者の顔を見ました。"そうか、他の子もやりたいんだ！"と思い、保育者は「Ｍちゃん、ナイスブレーキ！」といって、Ｍ代ちゃんともハイタッチをしました。それ以降、うまくいったときにはハイタッチをするのが、クラスの中に広がっていきました。

　Ｅ太くんへのこの援助は、フロアカーだけではなく、積み木を倒しそうなとき、友達をぶってしまいそうなときなど、さまざまな場面で効果的でした。何よりも、トラブルが起こってからＥ太くんを注意したり叱ったりするのではなく、起こる前にほめることができるようになったことは、保育者にとってうれしいことでした。

　また、周囲の子どもがＥ太くんの行動を注意するときに、「だめ！」「いけないんだ」

という責めるような言葉の替わりに「ブレーキ！」というようになったことにより、クラスが温かい雰囲気になっていきました。

E太くんが「ブレーキ」という合図により行動を少しずつ抑えられるようになると、保育者は、より自分で考えて行動する機会をつくりたいと考えるようになりました。『端的に、ハンドサインを伴ってE太くんに伝える』という原則に従って、「かんがえる」という言葉と、人差し指をこめかみのあたりにあてるハンドサインで伝えてみることにしました。

> **事例 8-9 ②** 🌱 「かんがえる」（4歳児・7月）
>
> ある日、E太くんは自分で遊んでいた積み木を崩して、その場を離れようとしました。保育者はE太くんの近くに行き、目を見ながら穏やかに、「Eちゃん、かんがえる」と、ハンドサインを添えて伝えました。ふっとE太くんが考えたところで、保育者が「使った積み木は、か・た・づ・け……」とE太くんの発言を引き出すようにしました。E太くんはそれにつられて「（片づけ）……ます！」と答えました。保育者は「そう！使ったあとは片づけるのでしたね。さすが、Eちゃん！」というと、E太くんは得意気な顔をして積み木を片づけ、園庭に出ていきました。
>
>

この働きかけは、E太くんに一度立ち止まらせ、次の言葉や行動を意識させることに役立ちました。

● 叱り方、伝え方

前述したようなときに次の行動を思い出すためには、とるべき行動を知っていることが必要です。行動のコントロールに困難がある子どもは、衝動的な行動から、危険な場面や友達とのトラブルが多くなりがちです。叱ったり必要なことを知らせたりする際には、「短い言葉で」「とるべき行動を具体的に」「同じ言葉で」伝えるように対応を変えました。

・廊下をつい、走ってしまう場面で

(before)「E太くん、走っちゃダメ！」

　　↓

(after)「廊下は、歩きます」

・友達を押して、泣かせてしまった場面で

(before)「E太くん、Mちゃんの顔を見てごらん。E太くんは、わざとじゃなかったかもしれないけど、押しちゃったからMちゃんは悲しくなって……（続く）」

　　↓

check　伝え方の工夫

できるだけ肯定的で、子どもが主語になるような言葉を選びます。

延々と続く「状況確認」は、長いと何をいわれているのかわからなくなりがちです。

「お友達にはやさしくします」では、どうしたらよいのかよくわかりません。「きちんと」など抽象的な言葉よりも、「椅子は5つずつ重ねます」など具体的な言葉が効果的です。

（after）「Mちゃん泣いちゃったよ。痛かったんだね。お友達は、押しません」

このように「知識」として伝えたことを、実際の場面で「行動」に結びつける機会を積み重ねていくことが大切です。

・友達のもっているものをとってしまいそうになった場面で

　　　保育者「お友達が使っているものは、取り……」

　　　Ｅ太くん「……ません」と自分でいって、Ｅ太くん自身が返します。

　　　Ｅ太くん「でも、使いたい」

　　　保育者「ほしいときには、か……」

　　　Ｅ太くん「かして！」

と、続く言葉を引き出して、実際に相手に伝えられるようにする、貸してもらえなかったときには「どこにあったの」とさらに聞かせる、など具体的な場面を通して、友達とのかかわり方を教えていきます。

　次の行動を具体的に思い出させ（または、印象づけ）、実際に行動につなげて、自分でできた実感を積み重ねていくことが、自分から考えて行動する力につながるのだと思います。

3．その子どもの特性やよさを活動の中で生かす

　気になる行動が多い子どもこそ、その子のよさを生かせるような場面を多くもつことが大切です。また、じっとしているのが苦手などという特性を、保育者が工夫して活動に取り入れることで、本人が「楽しかった」「自分もできた」という思いを重ねられるようにしていきます。

　多くの子どもが知っている楽しく工作をするテレビ番組があります。秋のある日、幼稚園にその出演者が来てくださいました。遊戯室の舞台で繰り広げられる工作の数々に、Ｅ太くんは目を輝かせて見入っていました。

> **事例 8-9 ③　🍃 関心をもったことを生かす**（4歳児・11月）
>
> 　Ｅ太くんは集会がおわると保育室にいち早く戻り、保育室の机に空き箱などをズラッと並べ、○○さんをまねてつくりはじめました。保育者は画用紙で帽子（○○さんのトレードマーク）をつくり、Ｅ太くんに見せました。Ｅ太くんは「わあ、○○さんだ！　ちょうだい」といってその帽子をかぶり、ムードたっぷりに、なりきってつくり続けました。
>
> 　クラスの子どもも「わあ、Ｅちゃん、○○さんだ」「いいなあ、私もやりたい」というと、Ｅ太くんは機嫌よく「いいよ！」と答え、その遊びは数日続きました。

　2月には、クラスで取り組む劇を家族の方に見ていただく行事があります。保育者はそれまでにクラスでさまざまに楽しんできた表現遊びや劇遊びを一つのものにまとめていきます。その際、Ｅ太くんが好きだったオオカミを役として取り上げると共に、じっとしていることが苦手なＥ太くんの特性に配慮し、繰り返し登場するようにしました。

166

さらに、音楽に合わせて、忍び足で歩いたり、走ったり、暴れたりと、さまざまな行動を意識的に切り替えながら楽しめるような内容を取り入れました。

事例 8-9 ④ 特性に配慮して、友達と一緒に楽しめるようにする（4歳児・2月）

E太くんは、オオカミの役を気に入り、怖そうに吠えたり暴れたり、そっと忍び足で歩いたりすることを大いに楽しみました。取り組みの途中では、自分の順番が来るのが待ちきれない場面もありましたが、保育者や友達の「次だよ」「待っててね」などの言葉を受け止めて待っていることができました。また、友達と声を合わせたり、タイミングを合わせて一緒に動いたりする楽しさを味わう経験にもなりました。

本番がおわったあと、E太くんは保育者や保護者、同じクラスの保護者に「E太のオオカミ、かっこよかったでしょう？」と聞き、たくさんほめてもらって自信につながりました。

4．E太くんから学ぶこと

行動のコントロールがむずかしく衝動的な行動をしてしまう子どもに対しては、日常的に制止したり叱ったりすることが多くなりがちです。保育者が当たり前のように使っている注意する際の言葉や行動は、**考え直してみることで変える**ことができます。そのことが、クラスの子ども同士のやりとりにも反映されていきます。

また、スピードを出したり、止めたりする経験のしやすい遊び、**行動を意識的にコントロールする経験がしやすい内容の体操やゲーム**などを意図的に保育に取り入れ、子どもが**楽しみながら体感できるようにする**ことが大切です。

column 障がいがある子どもと一緒に生活するときに

困難な場面を抱えている子どもの援助に、発達障害の援助の方法を活用することがあります。たとえば本章のE太くんにADHDの子どもへの援助を使ったことが該当します。それは、「E太くんはADHDかもしれない」というレッテルを貼ることではありません。仮にその方法で援助してみて、その子に柔軟に合わせながらより適した援助を考えていくことが重要です。また、子どもは大人の振る舞いをよく見ています。「特別な支援が必要な子ども」が「特別な子ども」にならないように、保育者の言動が周囲の子どもにどのように映っているか、常に気を配ることも大切です。

障がいのあるなしにかかわらず、誰もが自分らしさを大切にされ、困ったときには気軽に助けてもらうことができ、小さな喜びを共有できる……、このことは障がいがある子どもと一緒の生活だからこそ、色濃く経験できることであり、将来の社会生活に生きていくものだと思っています。

§8 医療的ケア児の事例

2021（令和3）年に「**医療的ケア児及びその家族に対する支援に関する法律**」が公布・施行されました。医療的ケア児の受け入れに関して自治体等におけるガイドの作成や看護師の配置など体制の整備が進みはじめています。

ここでは、これまでに幼稚園で行われてきた一例を紹介します。

事例 8-10 Ａ奈ちゃんの幼稚園生活（3〜5歳児）

　Ａ奈ちゃんは3歳児から入園し、週2回の登園からはじめ、5歳児のときには本人の希望で毎日幼稚園に通いました。Ａ奈ちゃんは全身の筋肉が発達できず、ストレッチャーで寝た状態で入園しました。痰の吸引や胃ろうの対応などの医療的ケアは保護者が行いました。Ａ奈ちゃんの保護者は園と話し合いながら、Ａ奈ちゃんが他の子どもと同じような体験ができるよう工夫を凝らしました。たとえば、園で食べるものは食材をできるだけ同じにしてミキシングし電子レンジでの加熱を行う、子どもの使うトイレの場所でおむつを替えるなどです。園にすでにある施設や機材を活用しながら工夫を重ねていきました。発達に従い、可能なときには特製の椅子で座った状態で過ごすことも取り入れていきました。

　また、Ａ奈ちゃんが通所している専門機関と園が月1回程度連携を取り、参観を通じて障がいの専門的な見地からＡ奈ちゃんの健康面や疲労の状況、園生活での配慮について検討、調整を行いました。園生活を通したＡ奈ちゃんと子どもたちのかかわりや共に成長する姿を、保護者も交えて喜び合う場面も多くありました。

　Ａ奈ちゃんは同年代の子どもたちと過ごす中で、しぐさや表情、指さしや声を出すなど意思をはっきりと表すようになっていきました。言葉は明瞭ではなかったため、保護者や支援員が意思を受け止め、周囲の子どもたちにつなぐようにしました。共に暮らす子どもたちも、自分からＡ奈ちゃんの様子を注意深くとらえようとし、Ａ奈ちゃんのやりたいことや気持ちを察しようとしました。また、ストレッチャーを押したり手をつないだりなどしながらかかわりを深め、「Ａちゃん、一緒にこれやろう」と誘って一緒に楽しく遊んだり、「今日はやらないって」と互いの意思を尊重したりするなど対等に接するようになっていきました。行事への参加の仕方も子どもたちが保育者と一緒に考え、Ａ奈ちゃんのやりたいことをＡ奈ちゃんに合ったやり方でできるように工夫しました。たとえば、5歳児の劇では、Ａ奈ちゃんが希望した帽子屋の役をＡ奈ちゃんは動かずにすむような動線にし、ピンマイクをつけてＡ奈ちゃんの話したことが聞こえるようにしました。合奏の際には保護者が用意したタブレットを使い、指先で操作して友達と一緒に音を鳴らして楽しみました。

　園生活の場の特性と人間関係を大切にし、その子どもの障がいの状態等に応じて発達を全体的に促していくという保育・幼児教育における考え方は、医療的ケア児とともに過ごす保育の中でも変わらずに重要であることを、Ａ奈ちゃんの事例が教えてくれます。

この章での学びの確認

　気になる子どもの言動は、その子ども自身が困っているために起きているという認識に立ち、具体的に困っていることや言動の背景にある認知や行動の特性などを理解することが大切です。その上で、その子どもが理解しやすい伝え方や行動の方法を、絶えず工夫して繰り返し援助し、小さな変容を十分に認めていきます。また、その子どものよさや好きなことを把握し、それを園での遊びや生活の中に生かして、周囲の子どもと共有できるように工夫します。そのことを通して、障がいのある子どもの自己肯定感を育むと共に、周囲の子どもの共感的な理解を図り、温かい人間関係を構築することにつなげます。

演習課題　assignment

1　障がいのある子どもの困っていることや、その子の言動の背景にある認知や行動の特性を把握するために、保育者はどのような視点からとらえるとよいでしょうか。また、その子どもへの援助では、どのような工夫や配慮が必要か考えてみましょう。

2　障がいのある子どものよさを把握するために、保育者はどのような視点からとらえるとよいでしょうか。また、とらえたよさを日常の保育に生かすには、どのような工夫が必要かまとめてみましょう。

3　障がいのある子どもと周囲の子どもとの温かい人間関係を結ぶためには、どのような配慮や工夫が必要か考えてみましょう。

参考文献　reference

『ちょっと気になる子の理解と育ち —— 知恵とワザ（これからの保育シリーズ 11）』
　　久保山茂樹編著・札幌市教育委員会 幼児教育センター監修、風鳴舎、2022
　　札幌市立幼稚園における実践が、写真やイラストなどを用いてわかりやすくまとめられています。保育者の子どもの姿の理解、かかわろうとした意図、その結果、クラスとしての学び・育ちなど、共に過ごす中で育っていく大切さや、それを支える保育者のありようが伝わってきます。

『自閉症の僕が跳びはねる理由 —— 会話のできない中学生がつづる内なる心』
　　東田直樹、エスコアール出版部、2007
　　自閉症の当事者である筆者が、「跳びはねるのはなぜですか？」「どうして質問された言葉を繰り返すのですか？」などと質問に答える形式で、当事者の思いや行動の理由をわかりやすく記述しています。

第 9 章

障がい児保育の歴史

┌───────────────────┐
│ 📖 この章で学ぶこと │
└───────────────────┘

　　障がい児に対する保育はいつごろから行われてきたのでしょうか。それを知るためには、「障がい」に対する人々の考えを追っていく必要があります。なぜならば子ども自体が非常に弱い存在だからです。近年の虐待による死亡例でもわかるように、子どもは「保護され」、「適切な環境を与えられ」、「愛情をもって育まれ」ることで健やかに育ちます。

　　障がいがある子どもはどのような生活を送っていたのでしょうか。"障がい児を保育すること"は、ただ単に障がいがある子どもを預かるだけでは成立しません。障がいがあっても、「一人の人間として認められ」、「発達を保障」されていなければならないのです。本章では障がいがある子どもの歴史的な変遷をたどっていきます。

§1 明治期までの障がい児の待遇と 幼稚園の創設

1．江戸時代までの障がい者観

（1）視覚障害

　障がい者のうち、**もっとも古くから記述があるものとして、視覚障害**があげられます。たとえば「琵琶法師」は、宗教音楽としての琵琶楽を普及させた盲目の僧侶であり、平安時代から存在していました。やがて「琵琶法師」は、鎌倉時代には「語り部」として民話や歴史を語ることを職業としていきました。『耳なし芳一』の話は、みなさんも聞いたことがあるのではないでしょうか。また、江戸時代になると、盲人の琴の奏者も出現しています。これらの演奏家は江戸幕府からも公認され、非常に高い職位に位置していました。また、演奏家の他にも鍼灸師としての医療分野、学者、棋士などでも活躍しています。特に鍼灸・あん摩は、盲人に対する福祉制度として江戸幕府から独占職種を得ていました。

check 『北斎漫画』

　視覚障がい者の活躍を、江戸時代の浮世絵師、葛飾北斎は『北斎漫画』8編（1818年）の中でさまざまな表情（顔）の絵を描き表現しています。

（2）身体障害

　日本においては、**身体障がい者に対しての施策は非常に遅れたもの**でした。身体に障がいのある人の生活の糧としては、「見世物小屋」があげられます。「見世物小屋」は普段は見られない品や芸、獣や人間を売りにして見せる小屋です。江戸時代にさかんになり、昭和50年ごろまで行われていました。その中では、身体の障がいのある人を、その名の通り「見世物」にしていたという実態があったのです。

　たとえば、手足がない女性を「だるま女」、足の不自由な娘を「タコ娘」、腫瘍がある男性を「こぶ男」、首が不自由な女性を「かめ女」、剛毛が生えている女性を「くま娘」、肩から肘までがわき腹に癒着していた娘を「山鳥娘」など、多くの身体障がい者が「見世物」になっていた事実が残されています。また、サーカスでも身長の低い人（小人症などが疑われる）だけを集めて「小人ショー」などの曲芸が行われていました。

（3）知的障害

　1983（昭和58）年に社会福祉法人および社会福祉を研究している学者などに対して行ったアンケート調査（有効回答数54）[1]によると、多くの県で、**知的障害（アンケート内では精神薄弱）をもつ人が、かつて、「福子」、「宝子」と呼ばれていた**という事実があげられています。その理由としては、「（そのような子がいると）家が栄える、お金ができる、福が舞い込んでくる」、というものがもっとも多く、続いて「一家の厄を背負ってくれ

ている」、「その子のために力を合わせて働くから（家が栄える・家が円満になる）」などと
なっています。

　知的な障がいがあっても、体が丈夫で忠実に一生懸命に働く姿は、特に田舎においては、「働き者」と称されたのです。また家族は、その子にために一致団結して働きます。それが一家の繁栄につながったのでしょう。また、いつも笑顔の障がい者を見て、まるで "お地蔵さんのようだ" と大切にする地域もありました。この調査結果では、知的障がい者が、「神の祟り」、「憑き物がついた」、「薄気味悪い」、「バカがうつる」などといわれていたという事実にもふれています。しかし、「福子」、「宝子」として大切にされた事実はもっと重要ではないでしょうか。私たちはこの事実を忘れてはならないのです。

２．寺子屋での教育

　江戸時代、庶民が手習い（いわゆる読み書きそろばん）を教わる場所として「**寺子屋**」がありました。寺子屋に入る年齢は決まっていませんでしたが、「6歳〜18歳の子どもが通っていた。中でも8歳（23.5%）、9歳（24.3%）の子どもが多く通っていた」[2]とされています。なお、この中には障がいがある子どももいたという記録が残っています。「その大部分が『聾唖児』で、凸版でいろは文字などの教えを受けていました」[3]。この他にも「『低能児』、『愚鈍児』、と呼ばれた学業不振児や『吃音児』の指導も行った」[4]との記録があります。しかし、このように寺子屋に通うことができていたのは、障がいがある子どものほんのひと握りです。むしろ障がいがあるために寺子屋に通えず、何ら教育を受けられなかった子どもがほとんどでした。

３．文明開化と幼稚園の創設

　このような中、鎖国からの開国と共に多くの西洋の文化が日本に入ってきました。いわゆる文明開化です。障がい児に対する教育も、西洋の考えが入ってきました。たとえば福澤諭吉の『西洋事情初級』（1866）では、西洋の「唖院」、「盲院」、「痴児院」などが紹介され、障がいがあっても教育を受けることで "有用化" できることが述べられています。この考えは後の特殊教育に大きな影響を与えました。

　それでは、障がいのある幼児はどのような待遇を受けていたのでしょうか。現在、日本で最初の幼稚園とされているのは、1876（明治9）年に創設された東京女子師範学校附属幼稚園です。この幼稚園の規定によると、天然痘など伝染する疾病（病気）にかかっている場合は入園することができないと定められていますが、障がいに対する規定はありません。しかし、当事は障がいと病気の区別もされていなかった時代です。障がいがある子どもは、恐らく入学は許されなかったのではないかと思われます。当時の様子を見ても、障がいがある子どものための保育内容が行われていたという事実を見つけることはできません。**障がいがある幼児は、"入園の対象にされていなかった"** ことが考えられるのです。

§2 特殊教育の成立と 優生学的な考えの導入

1. 盲唖児に対する教育

　明治期になっても、障がいがある人は、「廃疾ノ窮民」として、人間らしい扱いを受けていませんでした。そのような中、「目の見えない子ども（盲児）」や「きこえない・しゃべれない子ども（ろう唖児）」の教育の必要性が訴えられるようになりました。その原動力となったのが山尾庸三です。山尾は日本で最初に「盲児」と「ろう唖児」の教育の必要性を訴えた人でした。彼はイギリスで工学の留学中、造船所で見た、ろう唖労働者が健常者以上の能力をもち働いていたことに感銘を受けました。しかし、帰国後の日本では、盲唖者が放置されている現状がありました。そこで、1871（明治4）年に太政官に「盲唖学校ヲ創設セラレンコトヲ乞フノ書」を提出したのです。彼はこの中で、「各種廃疾ノ窮民」に教育を及ぼすことで「無用ヲ転シテ有用」とし、結果、「国家経済ニ裨益セシメン」ことを述べています。

　この山尾の働きかけとの関係は不明ですが、1872（明治5）年に発布された学制では「廃人学校アルヘシ」として「尋常小学校」の他に「変則学校」の形態が認められるようになりました。これを受けて、1876（明治9）年、東京麹町に熊谷実弥が「私立廃人学校」を設立しましたが、1年あまりで廃校になっています。よって、日本で最初の障がい児学校は、古河太四郎が1878（明治11）年に設立した「**京都盲唖院**」（翌年京都府盲唖院と改称）となっています。また、1880（明治13）年には**中村正直**などにより東京に「**楽善会訓盲院**」（現筑波大学附属視覚特別支援学校）も設立されました。

　京都盲唖院では貧窮生徒への就学保障制度を設けたり、人力車による生徒の送迎を行うなど手厚い教育が行われました。また、古河は、**手勢**（現在の手話の原型）を創案し、ろう唖児同士のコミュニケーションの普及に努めました。しかし、このような行き届いた体制はかえって財政的な困窮を招き、1889（明治22）年には規模を縮小して京都市に移管されています。「楽善会訓盲院」も事業継続が困難となり、1885（明治18）年に文部省に移管され、1887（明治20）年には「**東京盲唖学校**」と改称されています。このように当時の障がい児教育の中心であった盲児やろう唖児に対する教育でさえ、その存続は

check 中村正直

　1832（天保3）年、江戸（東京）に生まれました。昌平坂学問所に学び、イギリスに留学後、東京女子師範学校校長、東京帝国大学教授を歴任。その後、私塾「同人社」を開き、知識人を育成するための学術団体である「明六社」創立にもかかわりました。

　一方、歴史上代表されるクリスチャンとしても有名です。1875（明治8）年には英国人宣教師のヘンリー・フォールズの考えに賛同し、楽善会の組織運営に加わり、「盲児のための学校」の設置運動を行いました。これが現在の筑波大学附属視覚特別支援学校の原型です。現在、筑波大学附属視覚特別支援学校には、当時の様子（宣教師が盲生に手のひらや背中に文字を書いて、字の形を教えている）が描かれている「盲生掌書背書図」も所蔵されています。

非常に厳しい状況だったのです。しかし、このような状況であっても、盲唖学校での教育は小規模ながら行われ、次第に増加していきました。1910（明治43）年には全国で49校、その生徒数は2,000名以上となっています[5]。

　盲唖学校は初期より盲児とろう唖児が一緒に教育を受けるところでした。しかし、一緒に教育することに疑問をもつ声が大きくなっていきます。結果、東京盲唖学校は1910（明治43）年に東京盲学校と東京聾唖学校に分離しました。また、京都市立盲唖院も1925（大正14）年に京都市立盲学校と京都市立聾学校に分離しています。

　なお、聴覚に障がいのある幼児（ろう唖児）に関しては、比較的早期に、各地の幼稚部などで教育が行われていました。京都市立盲唖院では1916（大正5）年、聾唖部に幼稚科が設けられ、発音を主とする幼児教育が施行されるようになりました。その聾唖学校の学則には、初等部の前段階として2年間の予科が設置されています。ここでは発音教育を本格的に実施しています。また、翌年、1926（大正15）年にはろう児のためのわが国最初の幼稚園である**京都聾口話幼稚園**が京都盲唖保護院内に創設されています。このようにろう学校で幼稚部が設置された背景には、教育方法が筆談法から口話法に転換していったことが影響していると思われます。つまり、口話法では早期からの発音指導が重要となるため、幼児期からの早期指導が必要とされたのです。

　1923（大正12）年、「**盲学校及聾学校令**」が施行され、盲児ろう唖児にも「普通教育」が保障されるようになりました。また、これに基づいて制定された「**公立私立学校盲学校及聾唖学校規定**」では学校設置基準や教員資格などを明確化するなど、その後の盲・ろう教育の拡充に向けて画期的な勅令となりました。

２．知的不自由児に対する教育

　知的障がい児の教育は、すでに明治20年代ころからその前駆となる活動が行われていました。たとえば、長野県の松本尋常小学校の「落第生」学級（1890（明治23）年開始1894（明治27）年廃止）、長野尋常小学校「晩熟生（鈍児）」学級（1896（明治29）年開設）、などで画期的な取り組みが行われています。松本尋常小学校では能力別学級編成を行い、落第生の男女2組を設けています。また、長野尋常小学校では尋常科4年の教科を5年で卒業できるような方法を試みています。

　明治30年に入ると、次第に欧米諸国との交流も盛んになり、マンハイム・システムなどの方法も紹介されました。そして、これらの「分離された」方法で大きな効果があるとわかると、日本でも多くの学校で「劣等児」や「低能児」といわれる子どもに対して分離教育が行われるようになりました。結果、大阪府立天王寺師範学校附属

check　マンハイム・システム

　正式にはマンハイム式学校システムといいます。ドイツのマンハイム市で、教育行政官であった、ジャッキンガーの提唱で1901年よりはじまった教育法です。この考えでは、8学年制の基幹学級の他に促進学級、補助学級がありました。基幹学級で原級留置になった子どもは促進学級、そこでも効果がない子どもは補助学級に移されました。一方、効果があった者は基幹学級に戻れるシステムです。

　しかし移行されたほとんどの子どもは促進学校に留められるなど、学力差の固定・拡大を招いたとの批判も大きく、衰退していきました。

小学校（1905（明治 38）年）、館林小学校（1906（明治 39）年）の他、東京や神戸など大都市の貧困児が多い学校で、"**特別学級**"が設けられるようになったのです。

　また、政府は、1907（明治 40）年の小学校令の改訂時に、文部省訓令第 6 号「師範学校規定ノ特別要旨及ビ施行上ノ注意」を出し、盲人、盲唖人、心身発育不全の児童のための特別学級を設けて、その教育研究をすることを奨励しました。結果、岩手師範、姫路師範、福岡女子師範、東京高等師範などの附属小学校に特別学級が設けられています。しかし、文部省はその後この奨励を推奨しなかったことや、教育効果の是非、経費などの問題もあって、東京高等師範学校附属小学校以外の特別学級は、短命におわりました。

　一方、このような政府の障がい児に対する放任主義を見逃せないとした民間人が、多くの知的障がい児施設をつくりました。**石井亮一**の**滝乃川学園**（1896（明治 29）年）をはじめ、脇田良吉の白川学園（1909（明治 42）年）、川田貞次郎の日本心育園（1911（明治 44 年創設、1919（大正 8）年に藤倉学園となる）などがその代表的な施設です。

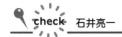
check　石井亮一

　1867（慶応 3）年佐賀に生まれ、1891（明治 24）年に立教女学校の教頭となりました。この年に起こった濃尾大地震で孤女が人身売買されている事実を知り、孤女 20 人を東京に連れて帰り、孤女学院を開設しました。この中に 2 人の知的障がい児がいたことが、彼が知的障がい児教育をはじめる契機となっています。その後、米国で知的障がい児の実態調査と研究に努め、帰国後の 1897（明治 30）年には聖三一孤女学院を滝乃川学園と改称し、医学（治療）・教育・生活指導に重点をおいた教育実践を展開しました。

　戦後、学校教育法の改正により、1947（昭和 22）年より特殊教育諸学校（盲・ろう・養護学校）に幼稚部が設置できるようになりました。これにより、愛育養護学校の幼稚部（1955（昭和 30）年）、東京教育大学附属大塚養護学校幼稚部（1963（昭和 38）年）などが設置されました。しかし、この計画においても設置の増設にはつながりませんでした。そこで政府は 1979（昭和 54）年に「**特殊教育諸学校幼稚部設置 10 年計画**」を策定し、設置を奨励しました。しかし、設置は思ったようには伸びませんでした。現在でもこの傾向は続いており、2021（令和 3）年現在、特別支援学校は全国で 1,171 校あるにもかかわらず、幼稚部は 156 校（13.3％）にとどまっています[6]。

3．肢体不自由児に対する教育

　わが国における肢体不自由児に対する教育は、他の障がいに比べて遅いものとなっています。これは、肢体不自由児の教育が、整形外科の発展に伴ったものであったことに由来しているからだと思われます。

　わが国での整形外科の誕生は、1906（明治 39）年に東京帝国大学医学部で行われた「整形外科学講座」でした。この「整形外科」という言葉が、その後そのまま日本で使用されるようになったのです。しかし、この整形外科の誕生は、「子どもの治療の必要性→治療を受ける→教育を受けられない」、という矛盾を引き起こすことになりました。この矛盾を解決するための手段として考えられたことが、"**学校での治療**"でした。そして、実際に"学校での治療"を実現したのが柏倉松蔵なのです。彼は東京小石川に

「柏学園」を創設（1921（大正10）年）しました。ここでは、肢体不自由の子どもに小学校に準じる教育を行うと共に、必要であるときには専門医の診断の下で整形外科的治療を受けられる体制を整えました。また、将来の自活のための職業教育も行われています。具体的なカリキュラムとしては、「手工（治病的手工、職業的手工、図画習字）」、「体操（治病体操、保健体操）」、「マッサージ（治病）」などが行われていました。しかし、柏学園はあくまで"施設"であり、正式な学校ではありませんでした。

　このような中、1930（昭和5）年に、東京市教育局が「体操を免除すべき児童の調査」を行いました。結果、約700名もの肢体に不自由がある児童が、小学校に在籍していることが明らかになったのです。この結果、肢体不自由児のための学校が必要であるとされ、1932（昭和7）年に肢体不自由児のための最初の学校である東京市立の光明学校が設立されたのです。なお、この設立には東京帝国大学医学部整形外科の教授であった高木憲次の多大な尽力がありました。

 check　高木憲次

　1889（明治22）年、東京に生まれました。東京帝国大学医学部を卒業後、東京の下谷万年町（現在の上野近郊：明治時代の東京三大スラムの一つ）で整形外科的疾患をもつ成人、児童の調査を行い、治療と同時に教育と職業指導のできる施設が必要であることを痛感し、それを「夢の楽園教療所」として表しました。ドイツに留学後、医療、教育、職業機能を兼ね備えた肢体不自由児施設「整肢療護園」を設立し、当時「片輪・不具」と称されていた名称に変えて「肢体不自由」を用いることを提唱しました。

　戦後は児童福祉法の起草委員となり、同時に「肢体不自由児施設」を位置付けるなど肢体不自由児施策貢献の第一人者です。

4．特殊教育の振興に隠された優生学的な考え

　しかし、当時の「特殊教育」は、障がい児の「教育権」や「発達権」など、障がい児自身の権利を考えたものではありませんでした。なぜならば、明治期のおわりから第二次世界大戦がおわるまでは、「戦争」のための「富国強兵」が叫ばれ、健康で健全な心身をもつ子どもを育成することが、国のもっとも大きな目標だったからです。そのためには、①障がい児をできるだけつくらないこと、②障がい児をできるだけ早期に発見すること、が求められるようになりました。

（1）「障がい児をできるだけつくらない」という思想

　学校教育では、1897（明治30年）～1898（明治31）年にかけて「健康教育」がその比重を広げていきます。たとえば、1897（明治30）年には「学生生徒身体検査規程」および「公立学校ニ学校医ヲ置クノ件」が規程され、小学校においては嘱託医師を配置することが義務づけられました。また、1898（明治31）年には「学校伝染病予防及び消毒方法」が規程されています。これらの目的は、身体検査の実施、感染病や眼病、歯の病気の予防、などの保健管理、衛生管理を学校で行き渡らせるようにすることでした。つまり、まだまだ貧困の家庭が多い時代であったため、「健康教育」を家庭ではなく、学校で行うことにしたのです。この他にも臨海教育や林間学校の推進、児童健康相談所の設置、児童遊園の設置など「健康で元気な体をつくる」ことが求められるようになりま

した。

　また、このころ開催された講演では、知的な障がい者の多かった家系の一例として「カリカック家」を紹介して「低脳・白痴」などの悪質遺伝の注意を促したり、米国より講師を迎えて「低能児発生の社会的予防を行う」（学校では低脳児を発見して分離する、社会からも分離する、低脳の男女は妊娠を不可能にする、結婚法を改良して優生学的結婚を人類の慣習にすること）などの考えが伝えられています[7]。

　これらの根底にある考えは、「心身の優勢なる児童の増殖を助成し、劣弱たる子孫の反映を絶滅せん」とするドイツ経由の人種優生学（民族優生学）の原理です。つまり、「障がいがある子を産まない」＋「学校現場でも元気な子どもを育成する」＝国の繁栄に役立つ、という考えがあったのです。

(2)「障がい児をできるだけ早期に発見する」という思想

　やがてこの考えは、障がいがある子どもをできるだけ早期に発見し、分離して教育を行うという考えになっていきました。この結果、「特殊学級」や「特別学級」という学級が激増し、ピーク時の1923（大正12）年には463学級となりました。しかし、この考えも衰退していきます。障がいがある子どもは軍事的に貢献しないと考えられ、次第に軽視されるようになったのです。結果、1931（昭和6）年には「特殊学級」、「特別学級」は100学級を下まわるようになりました。

　また、「障がい児をできるだけ早期に発見する」という考えは、知能検査を実施するという風潮をもたらしました。日本で最初の知能検査は、1908（明治41）年に医師の三宅鉱一が紹介したビネー・シモン式知能検査法です。その後、この検査法は1919（大正8）年に心理学者である久保良英によりわが国用に標準化されました。また、さらに広い対象をもとに標準化を行ったのが、治療教育の実践者である鈴木治太郎です。これが1930（昭和5）年に発表された鈴木・ビネー式知能検査法です。このように、大正中期から昭和の初期にかけ、「治療教育」の名のもとに知能検査が実施されていきました。なお、鈴木・ビネー式知能検査法は心理学者であった田中寛一により1947（昭和22）年に改訂されています。これが「田中・ビネー式知能検査法」です。この改訂はGHQの指導が大きかったと思われます。以降、この知能検査は官立学校の入学試験で使用されたり、学校保健法が制定（1958（昭和33）年）されてからは、学校の選別（特殊学校に行くかどうか）の材料として就学児の健康診断で実施されるようになりました。

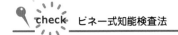
check　ビネー式知能検査法

　フランスの心理学者・精神医学者であるビネーが開発した初めての知能検査です。一般的な子どもの大多数が正解する年齢基準を設け、対象児がどの年齢水準まで達成できたかで評価します。その後アメリカでターマンらによって改訂され、生活年齢（CA）と精神年齢（MA）の比として知能指数（IQ）が用いられるようになりました。

5．就学猶予と就学免除

　政府は1879（明治12）年には自由教育令を、1880（明治13）年には改正教育令を出

勅令／法令	就学義務の猶予	就学義務の免除
第一次小学校令 （1886：M19）	疾病・家計困窮・其他 止ムヲエザル事故	なし
第二次小学校令 （1890：M23）	貧窮・疾病・其他止ムヲエザル事故	
第三次小学校令 （1900：M33）	病弱又ハ発育不完全	瘋癲白痴又ハ不具廃疾
	保護者ノ貧窮	
国民学校令 （1941：S16）	病弱又ハ発育不完全其ノ他 已ムヲ得ザル事由	瘋癲白痴又ハ不具廃疾
学校教育法 （1947：S22）	病弱、発育不完全その他やむを得ない事由	

図表 9-1　就学義務の猶予および免除の一覧

しました。この中には障がい児の教育のための規定は示されませんでした。しかし、次に出された「就学督責規則起草心得」（1881（明治 14）年）では、「疾病ニ罹ル者」、「廃疾ノ者」、及び「一家貧窮ノ者」は不就学となりうるとしています。つまり、「病気」、「障がい児」、「貧困の子ども」は学校に行かなくてもよいとされたのです。この考えは、以降の小学校令〜学校教育法に至るまで残されることになりました。つまり障がいがある子どもは、**「就学義務の猶予」・「就学義務の免除」**という名のもとに、教育の対象から外されてしまったのです（図表 9-1）。

§3　乳幼児の発達健診と早期治療

1．母子保健制度と乳幼児発達健診

　これまでは、就学以降の障がい児の歴史を中心に述べてきました。それでは乳幼児に対する考えはどのようなものだったのでしょうか。

　乳幼児の保健に対する関心は遅く、本格的に検討されるようになったのは昭和に入ってからでした。そのきっかけとなったのは、1933（昭和 8）年の小児保健研究会の設立でした。その後、1934（昭和 9）年には恩賜財団母子愛育会も設立されています。このような乳幼児の保健衛生に関する社会的な関心の高まりの中で、1935（昭和 10）年には東京市保健館（中央保健所）が日本で最初の保健所として設立されました。また、1937（昭和 12）年には保健所法と母子愛護法が公布され、その 2 年後からは乳幼児一斉健康診査が開始されました。また、1948（昭和 23）年には予防接種法、優生保護法が公布されると同時に母子手帳（1966（昭和 41）年に母子健康手帳と改称）が配布されるように

なりました。

　このような流れの中で昭和30年代には障がい児の早期発見と早期診断に対する関心が次第に高まっていきました。たとえば1958（昭和33）年には滋賀県大津市で衛生課が中心となり満1歳児健康診査が開始されました。大学、保健所、医師会そして近江学園研究部が参加してのチームによる健診でした。結果、約2,000人の対象児から80〜90名ほどの心身障害を疑われる幼児が発見されています[8]。

　こうした早期発見と早期診断、そして早期治療の流れを加速させたのが、1959（昭和34）年〜1960（昭和35）年に起こったポリオの集団発生と1962（昭和37）年のサリドマイド事件でした。ポリオの発生もサリドマイド事件も、生まれてくる子どもに肢体不自由、脳性麻痺、知的障害、そして奇形などの先天疾患を引き起こす危険性があったことから、母親に大きな不安を与えたのです。また、これらの原因が妊娠中に飲んだ薬や周産期のウイルス感染に原因があることがわかり、それを予防する必要性も述べられるようになりました。結果、1961（昭和36）年には3歳児健康診査と新生児訪問指導が全国的に実施されるようになりました。また、小児麻痺のワクチンの予防接種も行われるようになりました。そして、子どもの健康や発達の状態を検査・診断することへの関心が高まり、子どもの発達診断検査法の開発や研究も積極的に進められるようになりました。たとえば1959（昭和34）年には牛島義友の「乳幼児発達検査法」が、1961（昭和36）年には津守真らにより「乳幼児精神発達診断法」が出版されています。

　その後1965（昭和40）年には母子保健法が公布され、乳幼児健診と3歳児健康診査が法的に義務づけられました。このことにより、よりいっそうの障がいの早期発見とハイリスク児に対する具体的な治療・指導・訓練などが求められるようになっていきました。

check　乳幼児精神発達診断法

　アメリカの心理学者であるゲゼルの「身体的・器質的な構造基盤」（発達には生物学的な順番がある）の考えを踏襲した検査法です。438項目からなる間接検査（母親からの聞き取り）による質問紙法の発達検査で、子どもの心身発達レベルを「運動・探索・操作・社会・食事・生活集団・言語」の各領域から総合的かつ網羅的に理解するようになっています。

2．障がい児の療育と保育所

　1957（昭和32）年の児童福祉法の改正に伴い、新たに精神薄弱児通園施設（1998（平成10）年に知的障害児通園施設に改称）が設置されました。この施設の対象は、原則6歳以上の就学を猶予・免除された知的障がい児です。また、生活指導と専門的な指導訓練を行うことを目的としていました。また1963（昭和38）年には肢体不自由児施設に通園施設が併設されましたが、1969（昭和44）年に独立の施設となりました。このように、障がい児に対する療育施設は増加していきました。しかしこれらはすべて6歳以上の子どもが対象であり、乳幼児のための施設は存在していませんでした。

　幼児に対しての通園施設が最初に設置されたのは神戸市の「ひまわり学園」（1968（昭和43）年）でした。1970（昭和45）年には大阪と京都でも設置されています。これ

をきっかけに、東京、神奈川など全国に開設されていきました。こうした動向の中、1972（昭和47）年には「心身障害児通園事業実施要綱」が通知されました。この要綱の主旨は、「親子が移住する地域に療育施設を作る」ことでした。それまでの通園施設は、全国的に非常に少数であったため、住んでいる都道府県の施設であっても、遠方のため通園することが不可能であるケースが多かったのです。この要綱では国から地方自治体に「障害児20名に対して職員3名分」の補助金が出されることになりました。国は補助金を出すことで地方自治体に療育施設を建設することを促したのです。しかし、施設の運営を職員3人分の経費だけで賄うことは不可能です。他の経費は自治体が負担しなければなりません。したがって、小さな自治体が施設を維持していくことは、この補助金の金額では不可能でした。結果、比較的大きな市での設置が中心となりました。それでも全国に50か所の通園施設が開設され、障がいがある子どもの「居場所」の拡充につながりました。

　しかし、この要綱の本来の目的は「重度の障がい児の受け入れ」であったとする意見もあります。当時、知的障がい児の入所施設はどこも定員がいっぱいで、なかなか新たな受け入れができない状態でした。それら入所施設に入れなかった子どもを「自宅から通園できる施設で受け入れていく」ことが目的だったのではないかとするものです。実際、1974（昭和49）年の『厚生白書』では、「障害児の療育指導は、現在、心身障害児通園事業等により行われているが、軽度の障害児については、一般児童と共に保育を行うことが児童の成長に望ましい場合もあるので、今後保育所においても軽度の障害児の保育を行うべきかどうかについて検討していく必要がある」と記されています。これにより、**"重度の障がい児は療育施設へ、軽度の障がい児は保育所へ"**という図式が形成されていったといえるのです。

 # §4 保育所・幼稚園での　　受け入れのはじまりと広がり

1．戦前までの受け入れ

　保育所や幼稚園において、障がいのある子どもはいつごろから受け入れられていたのでしょうか。詳細はわかっていませんが、以下のような文が残されています。
・1911（明治44）年から午前と午後の二部保育が実施された。午前は一般の子どもたちで（中略）、午後は貧しい子どもたちの無料幼稚園で（中略）、午後の園児には目の病気をもっている子が多かった（善隣幼稚園：日本キリスト教保育百年史）。
・昭和初期に特に努力したのは、虚弱児や特殊な幼児の保育に力を注ぐことと、視聴覚

教材を上手に行うことでした（富士幼稚園：日本幼児保育史第 4 巻）。

・「性質挙動の改善された例」としては、イ、極度の神経質にして他の多くの児童達と遊ぶ事も一緒に食事をする事もきらっていた子どもが快活となり（中略）、ハ、性質粗暴不従順にして少しく精神に異常あり、興奮の時にはそれこそ気狂の様になって暴れ廻った女児（以下略：昭和 9 年）（東京市明石町市民館：日本の幼児保育史第 4 巻）。

　このように、明治末期にはキリスト教系の無料幼稚園で障がいがある子どもを預かっていた可能性があります。また、昭和の初期には視覚障がい児や現在の発達障害の子どもが在園していた可能性があると考えられるのです。

　一方、知的な障がいがある幼児の保育に関しては、1938（昭和 13）年に、恩賜財団母子育成会により「愛育研究所」が設立されました。その教養部（児童及母性ニツキ心理及教育ニ関スル学理並応用ノ研究ヲ掌ル）第二研究室に異常児に関する研究部門がありました。ここに三木安正が指導を担当した「異常児保育室」が設置されました。期間は1938（昭和 13）年から 1944（昭和 19）年の 7 年間で、合計で 47 名の障がい幼児が通園していました[9]。在籍期間は 1 か月〜 2 年以上とさまざまです。年齢は 4 歳から 8 歳であり、いわゆる「就学猶予・免除」になった子どもも含まれていました。その保育実践は、植物栽培や絵画、造形、遊び、園外保育などであり、小溝キツが担当していました。異常児保育は、戦争の影響で閉園になりましたが、その後牛島義友の尽力により1949（昭和 24）年に「特別保育室」として再開されました。

2．戦後の受け入れ

　戦後も障がいのある幼児を幼稚園に入れないという風潮の中、私立の幼稚園などにおいては障がい幼児を受け入れていた形跡があります。たとえば 1955（昭和 30）年の白川学園併設の鷹ケ峯保育園「特殊保育部」をはじめとして、北九州市いずみの幼稚園（1962（昭和 37）年）、東京の杉並幼稚園教会幼稚園（1966（昭和 41）年）、大阪の高槻市教育研究所内「うの花学級」（1968（昭和 43）年）、札幌の浄恩幼稚園（1969（昭和 44 年）、札幌市立すずらん幼稚園（1974（昭和 49 年）などで障がい児を受け入れていたという記述があります[10] [11]。

　このような中、障がい児をもつ親たちも立ち上がっています。自分たちで自主グループを結成し、障がい幼児が通える保育施設を設立したのです。1975（昭和 50）年に設立された小金井市（東京都）のピノキオ幼児園はその代表的なものです。このような親の会は全国的に広まり、1970（昭和 45）年には「障害をもつ子どものグループ協議会」が結成されました。そして、保育所や幼稚園でもっと障がい児が受け入れられるように行政に働きかけを行っていったのです。

インクルーシブな保育の広がりと障がい児保育事業の展開

　前節のような社会的な風潮に沿って、幼稚園でも障がい児の受け入れが奨励されるようになっていきました。1974（昭和49）年には文部省が「心身障害児幼稚園助成事業補助金交付要綱」（公立幼稚園用）、および「私立幼稚園特殊教育費国庫補助金制度」を公布しました。しかし、幼稚園ではまだまだ障がい児に対する理解は乏しいものでした。そのため、障がい児を受け入れたときは、「障がい児のための保育」を行うことがよいとされたのです。つまり、「**分離保育**」の形式が促進されていきました。

　一方、保育所でも障がい児の保育が勧められていきます。1973（昭和48）年には東京都福祉審議会が厚生省に「当面の保育問題について」（答申）を提出しました。中央児童審議会も「当面すべき児童福祉施策について」（中間答申）の中で、「障害児と健常児を共に保育すること」つまり統合保育の必要性を提言しました。これには、1958（昭和33）年から滋賀県の大津市で行われていた乳幼児健康診査（のちに「障害乳幼児対策1974大津方式」と呼ばれる）も影響を及ぼしていたと考えられます。これらを踏まえ、1974（昭和49）年、厚生省は「**障害児保育事業実施要綱**」を公布しました。この実施要綱では地域の特定の保育所を指定し、その保育所に障がい児が入所したときに補助金を助成することが明記されました。しかし、「保育所が指定」されていた上に、対象となる障がい児が「おおむね四歳以上」、「障害の程度が軽い」とされていたため保育関係者から"それでは十分な支援が行えない"という意見が多く出されました。そのため、政府は1978（昭和53）年に「保育所における障害児の受け入れについて」の通知を出し、受け入れの条件を緩和しました。これにより、障がい児を受け入れる保育所は「指定方式」から「一般方式」に、障がいの年齢は3歳児未満でも可能になり、程度は「軽い」から「中程度」へ、そして「補助金制度」ではなく、「保育士の人数加算」という方法に変更されました。

　この変更により障がい児を受け入れる保育所は大幅に増えました。1974（昭和49）年にはわずか18か所でしたが、1980（昭和55）年には1,674か所、1990（平成2）年には3,779か所となり、2020（令和2）年は19,965か所となっています[12]。

　このように、保育所における障がい児の受け入れが進んでいく中で、いろいろな保育方法が検討されていきました。そして、"分離された保育"から"みんなと同じ場にいる保育"、やがては包括的な保育（**インクルーシブな保育**：本書p.66、p.183〜184）がめざされるようになっていったのです。

§6 ノーマリゼーションを求めて

1．ノーマリゼーション（normalization）とは

　ノーマリゼーションはノーマライゼーションともいわれます。その語源は、1950年代、デンマークの知的障がい児施設に子どもを預けていた親たちが、子どもの処遇改善を求めた運動にありました。この運動はその後、社会運動家のバンク＝ミケルセン（Bank-Mikkelsen）により確立されていきます。この考えの中心は、「障がい児を排除するのではなく、障がいがあってもまわりの子どもたちと同じように生活できるような社会こそがノーマルな社会なのである」というものです。つまり、障がい児をありのまま受け止め、共に生きていける社会を正常な社会としたのです。またこれは障がいがある人（子ども）をただ単に受け入れることではありません。障がい者（児）が違和感なく生活できるように環境を整えたり、支援することが必要となります。

　この考えは、その後の「**バリアフリー**」の考えにもつながっていきます。バリアフリーには、①段差をなくすなど構造的な面、②心的な隔たりをなくすという心理的な面があります。これらはどちらかが欠けてもその意味はありません。たとえばきちんと点字ブロックが整備されている道路でも、その上に自転車が放置されていたら意味がありません。反対に、エスカレーターが整備されていない階段であっても、車椅子を担いでくれる人がいれば、バリアはなくなります。このように「**心のバリアフリー**」はとても大切です。しかし、すべての場所や時刻にこのような人がいるとは限りません。やはり、構造的な面の推進も必要なのです。バリアになっているものが少しでもなくなれば、障がいのある人はより生活しやすい環境になるはずです。一方、私たち自身を考えてみても、これらのバリアがなくなれば「生きやすい」世の中になります。つまり、障がいがある人が生きやすい世の中になれば、必然的に障がいがない人も生きやすい世の中になるのです。

　近年、「**ユニバーサル・デザイン**」の考えがさまざまな領域において推進されており、私たちの身近な生活でも取り入れられています。たとえば、シャンプーをしようとしてシャワーを浴びているときは目が開けられません。そこに同じようなシャンプーの容器とリンスの容器があると、どちらがシャンプーかわからず苦労します。しかし、シャンプーの容器にだけギザギザが記されていれば、目を開けなくてもシャンプーの容器だとわかります。このようなデザインは、視覚障害の人用につくられたものではありません。障がいの有無にかかわらず、子どもも大人も高齢者も、性別、体格、人種が異なっても、**すべての人が「使いやすいと思うデザイン」**なのです。これが「ユニバーサル・デザイン」の考えです。この考えは、アメリカの建築家ロン・メイスにより提唱されました。

　元来ノーマリゼーションは、知的障害がある人のために広まった考えでした。しかし、現在では肢体不自由者など、他の障がいがある人はもちろん、子どもや高齢者など社会的に弱い立場の人や不登校児・被虐待児などにも用いられる言葉になっています。そして、このような人々が求めている支援を「**特別なニーズ**」と呼ぶようになりました。このように「特別なニーズをもつ人（子ども）」を一人の人間として尊厳をもって接し、"共に生きる社会をつくる"ことがノーマリゼーションの基本です。そして、私たちはその社会をつくるために、「バリアフリー」や「ユニバーサル・デザイン」などを駆使し、環境を改善することによりすべての人が生きやすい社会をつくっていかなければならないのです。残念ながら、保育所や幼稚園、認定こども園ではこれらの環境整備はまだまだ整っているとはいえない現状です。国の法的な整備も含めて考えていかなければならない問題として残っているのです。

2．現在の障がい児保育の流れ

（1）インクルーシブな保育

　障がいのある子どもと障がいのない子どもとを一緒に行う保育は、初期は「インテグレーション（integration）：統合」という方法で行われました。それは、"A（障がいのない子ども）と B（障がいのある子ども）の異なった2つを統合する"という意味をもっています。しかし、この考えは正しいのでしょうか。子どもは元来一人ひとり固有の個性をもち、そのニーズも異なります。障がいの有無により2つに分けること自体が不自然なのではないか、この考えはノーマリゼーションの考えを踏まえていないのではないか、という考えが出てくるようになりました。

　この考えのもと行われるようになったのが「**インクルーシブな保育**」（本書 p.66 参照）です。インクルーシブとは「包括的」を意味します。つまり、子どもを障がいの「ある」「なし」で二分するのではなく、「子ども」としてとらえ、各々に必要な支援を個別に行っていくという方法です。現在の障がい児保育はこの考えを踏まえて行っていくことが求められているのです。

（2）多様化の中でのインクルーシブな保育

　現在のような多様な社会での「インクルーシブな保育」は、障がいがある子どもやその保護者の支援ばかりを指すものではなくなりました。たとえば外国にルーツをもつ子ども（外国籍、子どもが日本国籍でも両親やどちらかの親が外国籍（であった）の場合、保護者の海外駐留などで海外の生活が長い場合、など）、病児、貧困家庭の子ども、ひとり親家庭の（あるいは両親がいない）子ども、被虐待児、いじめ体験のある子ども、不登校の子ども、など、さまざまな子どもの存在があり、その子どもに応じた個別的な支援が求められます。また、LGBTQ＋の子どもや保護者など、正しい知識と理解で対応していかなければならないケースも増加しています。常に最新の根拠（法的・医療的、教育的、

184

など）の下で「個別の指導計画」に則り、園全体で支援していくことが求められます。

　2021（令和3）年9月には「医療的ケア児及びその家族に対する支援に関する法律」が施行されました。保育所も看護師の配置、保育士の研修などを行った上で、「保育所等での医療的ケア児の支援に関するガイドライン」に基づいて、原則、医療的ケアを必要とする子どもの受け入れを行います。2020（令和2）年における、医療的ケア児を受け入れている保育所は526施設です[13]。今後も増加していくことが見込まれます。また、2023（令和5）年6月には「性的指向及びジェンダーアイデンティティの多様性に関する国民の理解の増進に関する法律」（LGBT理解増進法）が成立し、学校などにも"子供たちの心身の発達に応じた啓発や相談機会の確保"などが努力義務として求められるようになりました。園においても子どもや保護者、そして保育者の権利を保障するために、トイレの配置や着替え方など、より一層の配慮が求められています。

（3）現在のインクルーシブな保育

　独立行政法人国立特別支援教育総合研究所が2021（令和3）年に全国の保育所、認定こども園、幼稚園を対象（都道府県に偏りがない全2,000園：回答数は794園）に行った調査[14]によると、在園する特別な支援を要する乳幼児の割合は平均8.2%、そのうち診断がある子どもは（全対象園の）3%でした。診断がある子どものうち、一番割合が高い障害種はASD（自閉スペクトラム症）で67.8%です。また、医療的ケアを実施している園は全体の4.3%（34園）で、一番高い割合の支援は導尿となっています（12園）。特別な支援を要する乳幼児のうち、児童発達支援センターなどへの並行通園の子どもは74.6%でした。

　園内で特別な支援が必要な子どもの担当（クラスや個別で）となった保育者は、子どもの特性を理解し、保護者や他の保育者と連携を取りながら保育を行う必要があります。そのためには個別の支援計画を作成し、園内の共通認識を図るための会議や打ち合わせを行う中で、よりよい保育を模索していく必要があります。すべての子どもの発達が保障され、かつ健やかに育つ権利を有していることを忘れずに、日々の業務を行うことが大切です。

---

column　発達障害と特異的能力

　発達障害、特に自閉スペクトラム症の人には特異的な能力が備わっているといわれています。たとえば音楽に対する能力（絶対音感など）、計算能力、記憶能力など通常の人には考えられないような能力を発揮する人がいます。その多くに自閉スペクトラム症に類似の症状が現れているとされているのです。日本でも、画家の山下清や坂本龍馬など、欧米でもアインシュタインやベートーベンなどがいわれています。

　これらの人はすでに亡くなっており、その真意を確かめることはできません。しかし、発達障害と診断された子どもにこれらに似たような能力を発揮する子どもがいます。たとえば努力しなくても外国の国旗をすべていえる、劇の練習を1回しただけでセリフをすべて覚えている、昨日あったことを非常に忠実に絵に描ける、などの子どもです。

　発達障害の子どもは対人関係に苦手意識をもつ子どもも多く、失敗体験が重なり、自己肯定感をもてないまま生活を送ることも多く見られます。このような特異的な能力はないにしても、得意な部分を見つけ、保育の中に生かしていけるような環境を用意していく必要があるでしょう。

　障がいがある子どもは、決して望まれた子どもとはいえない歴史をたどっています。江戸時代には、「神の怒り」として恐れられ、明治時代には「瘋癲白痴^{ふうてんはくち}」や「不具廃疾^{ふぐはいしつ}」として虐げられ、教育の対象にもなりませんでした。これらの意識の改革には、戦後の諸外国からの思想が大きく影響しています。

　障がい児に対する保育が本格的に開始されたのは、1974（昭和49）年の「障害児保育事業実施要綱」の公布以降であり、まだ50年ほどしか経っていません。保育者の中にはまだ昔の考えをそのまま抱いたり、クラスがまとまらないからと障がい児に対する保育を悲観的に見る人がいるのも事実です。

　現在の障がい児保育は、子どもを包括的にとらえ、その発達を保障する「インクルーシブな保育」が望まれています。乳幼児期の発達の重要性を理解し、ノーマリゼーションの考えに基づいた保育を行っていくことが大切です。

演習課題 　　　　　　　　　　　　　　　　　　　　　　　　　　　　assignment

1 　江戸時代までの障がい者観について、どのように感じたかを話し合ってみましょう。

2 　教育において、「就学猶予」「就学免除」が行われた目的を考えてみましょう。

3 　園でどのような「バリアフリー」や「ユニバーサル・デザイン」ができるかを考えてみましょう。

参考文献 　　　　　　　　　　　　　　　　　　　　　　　　　　　　reference

『はざまのコドモ：息子は知的ボーダーで発達障害児』
君影草（原作）、沖田×華（漫画）、ぶんか社、2016

　知的にボーダーライン（発達障害）の子どもが社会の中でどのような目で見られ、どのようなことで困り感を感じているかがわかりやすく描かれています。漫画になっているので読みやすくなっています。子どもの育児や保育に悩む保護者や保育者に理解が深まる内容になっています。

『この子らを世の光に』糸賀一雄、柏樹社、1965（復刻版：NHK出版、2003）

　滋賀県にある重度心身障害児施設「近江学園」の生活について書かれています。重度障がい児に対する当時の処遇、糸賀の子どもらに対する熱い思いが感動を呼びます。障がい児保育を学ぶ人や将来障がい児の保育に携わりたい人には、ぜひ読んでもらいたい一冊です。

186

本書引用・参考文献

【第1章】
1）小学館国語辞典編集部『日本国語大辞典（第2版）』小学館、2007、p.50
2）栗田季佳、楠見孝「「障がい者」表記が身体障害者に対する態度に及ぼす効果：接触経験との関連から」『教育心理学研究』Vol.58、No.2、2010
3）杉野昭博「序論　戦後日本の障害福祉研究」岩田正美監修『リーディングス日本の社会福祉7 障害と福祉』日本図書センター、2011、p.4〜5
4）同上書
5）世界保健機関（WHO）、障害者福祉研究会編『ICF 国際生活機能分類—国際障害分類改訂版』中央法規出版、2002、p.17
6）同上書　　7）同上書　　8）同上書
9）上田敏『リハビリテーションを考える—障害者の全人間的復権＜障害者問題双書＞』青木書店、1983
10）新村出編『広辞苑』岩波書店、2008、p.2393
11）同上書、p.898
12）大場幸夫、網野武博、増田まゆみ『平成20年改定　保育所保育指針解説　保育を創る8のキーワード』フレーベル館、2008、p.69
13）同上書、p.93
14）F.P. バイステック、尾崎新、福田俊子／原田和幸訳『ケースワークの原則（新訳改訂版）：援助関係を形成する技法』誠信書房、2006
15）佐藤曉『実践満載　発達に課題のある子の保育の手だて』岩崎学術出版社、2010、p.9
16）蔦森武夫「「障害受容」論と研究方法論の検討」『東北大学大学院教育学研究科研究年報』No.52、2004

【第2章】
1）川島一夫、渡辺弥生『図で理解する発達』福村出版、2010、p.12
2）大竹明、亀井良政、町田早苗『妊娠したら読んでおきたい出生前診断の本』ライフサイエンス出版、2020
3）日本産科婦人科学会「NIPT 受検者のアンケート調査の結果について（2021）」
4）厚生労働省「令和3年度　出生に関する統計」（2021年7月発表）
5）茂木俊彦監修『特別支援教育大辞典』旬報社、2010
6）「先天性代謝異常等検査について」東京都福祉局 HP
7）厚生労働省「令和3年（2021）度人口動態統計」2022
8）文部科学省「特別支援教育の現状」特別支援教育資料（令和2年度）
9）橋本敏顕「母子保健から見た発達障害　広汎性発達障害（自閉症スペクトラム）」母子保健情報、第63号、p.1〜5
10）文部科学省「通常の学級に在籍する発達障害の可能性のある特別な教育的支援を必要とする児童生徒に関する調査結果について」2022

【第3章】
・林邦雄、谷田貝公昭監修／青木豊他編『保育者養成シリーズ　障害児保育』、一藝社、2012、p.111、p.150〜153
・金沢市福祉保健部障害福祉課『すこやかノート』2000
・佐藤泰正、塙和明編／小林宏明他『障がい児保育　改訂版』学芸図書、2007
・「全国視覚障害児（者）親の会」HP
・「全国難聴児を持つ親の会」HP
・「全国ろう児をもつ親の会」HP

・「全国肢体不自由児者父母の会連合会（全肢連）」HP
・「全国重症心身障害児（者）を守る会」HP
・「全国手をつなぐ育成会連合会」HP
・「全国 LD 親の会（JPALD）」HP
・「日本自閉症協会」HP

【第4章】

1）柴崎正行編『保育方法の探求』建帛社、1994
2）中井昭夫「「療育とは…」再考―環境の中で身体が脳を創り、運動がこころを創る」「脳と発達」第 43 巻第 6 号、2011、p.432
3）厚生労働統計協会『国民衛生の動向 2012 年／ 2013 年』厚生労働統計協会、2013
4）「東京都児童相談センター・児童相談所」東京都保健福祉局 HP
・日本知的障害者福祉協会「障害児施設のあり方に関する調査報告書」厚生労働省、平成 22 年度障害者総合福祉推進事業、2010
・森上史朗、柏女霊峰『保育用語辞典第 6 版』ミネルヴァ書房、2012
・「日本肢体不自由児協会」HP
・「保健所設置数・推移」全国保健所長会 HP
・「児童相談所一覧」こども家庭庁 HP
・「学校基本調査（令和 3 年度）」文部科学省 HP
・「文部科学統計要覧・文部統計要覧（令和 4 年度版）」文部科学省 HP

【第5章】

・中村雄二郎『臨床の知とは何か』岩波新書、1992
・大場幸夫『こどもの傍らに在ることの意味―保育臨床論考』萌文書林、2007
・柴崎正行編『障がい児保育』同文書院、2009
・佐藤暁『実践満載　発達に課題のある子の保育の手だて』岩崎学術出版社、2010
・日本保育学会保育臨床相談システム検討委員会編『地域における保育臨床相談のあり方』ミネルヴァ書房、2011

【第6章】

1）文部科学省『幼稚園教育要領解説』フレーベル館、2018、p.33
2）厚生労働省『保育所保育指針解説』フレーベル館、2018、p.16
3）文部科学省「共生社会の形成に向けたインクルーシブ教育システム構築のための特別支援教育の推進（報告）」2012
4）佐藤暁『実践満載　発達障害のある子の保育の手だて』岩崎学術出版社、2007
5）ジーン・レイヴ、エティエンヌ・ウェンガー／佐伯胖訳『状況に埋め込まれた学習―正統的周辺参加』産業図書、1993
6）大場幸夫『保育臨床論特講』萌文書林、2012
7）本郷一夫『子どもの理解と支援のための発達アセスメント』有斐閣、2008

【第7章】

1）厚生労働省『保育所保育指針解説』フレーベル館、2018、p.14 〜 15
2）星薫、森津太子『心理学概論』放送大学教育振興会、2012、p.51 〜 52
3）同上書
4）津守真『保育者の地平』ミネルヴァ書房、1997、p.293 〜 294
・山本和郎、久田満他編『臨床・コミュニティ心理学』ミネルヴァ書房、1995
・森上史朗、渡辺英則、大豆田啓友編『保育方法・指導方法の研究』ミネルヴァ書房、2001
・藤崎眞知代、本郷一夫、金田利子、無藤隆編『育児・保育現場での発達とその支援』ミネルヴァ書

房、2002、p.177 ～ 182
・長崎勤、古澤頼雄、藤田継道編『臨床発達心理学概論』ミネルヴァ書房、2002
・長崎勤、宮崎眞、佐竹真次、関戸英紀、中村晋編『スクリプトによるコミュニケーション指導』川島書店、2006
・文部科学省『幼稚園教育要領解説』フレーベル館、2008
・東智子「保育の中で発達が気になる子どもについて―保育者の求める支援のあり方を考える」お茶の水女子大学・チャイルドケアエデュケーション講座、2009
・渡部信一、本郷一夫、無藤隆編著『障害児保育』北大路書房、2009
・榊原洋一『よくわかる発達障害の子どもたち』ナツメ社、2011

【第8章】

・「聴覚障害児教育の専門性を身につけるための指導用教材 DVD 解説書」NPO 法人大塚クラブ事務局、2011
・「東京都立聴覚障害特別支援学校」HP
・上野一彦監修／酒井幸子、中野圭子『ケース別　発達障害のある子へのサポート実例集――幼稚園・保育園編』ナツメ社、2010

【第9章】

1）大野智之他『福子の伝承』堺屋図書、1983
2）佐藤陽子「障害児保育―特別な援助を必要とする子どもの保育」尚絅学院大学紀要、2005、p.9 ～ 21
3）清水貞夫、藤本文朗編『キーワードブック　障害児教育―特別支援教育時代の基礎知識』クリエイツかもがわ、2005、p.236
4）前掲書2）
5）柴崎正行「わが国における障害幼児の教育と療育に関する歴史的変遷について」東京家政大学研究紀要 42 集、第 1 号、2002、p.122
6）総務省統計局「令和4年度学校基本調査」2022
7）中村満紀男、荒川智編『障害児教育の歴史』明石書店、2003、p.122
8）柴崎正行「早期教育」日本精神薄弱者福祉連盟編『発達障害白書戦後 50 年史』日本文化科学社、1997、p.201
9）河合隆平、高橋智「戦前の恩賜財団愛育会愛育研究所「異常児保育室」と知的障害児保育実践の展開」東京学芸大学紀要1部門、第 56 号、2005、p.179 ～ 199
10）柴崎正行他編『障害児保育』同文書院、2012、p.83
11）前掲書8）p.200 ～ 202
12）厚生労働省「令和4年版　障害者白書」2022
13）厚生労働省「保育所等での医療的ケア児の支援に関するガイドラインについて」2022
14）国立特別支援教育総合研究所　幼児班「令和3年度 保育所、認定こども園、幼稚園における特別な支援を要する子どもの教育・保育に関する全国調査」の結果報告、2023

著者紹介

編者 **柴崎 正行**（しばざき まさゆき）　元東京家政大学子ども学部子ども支援学科 教授

東京教育大学教育学部特殊教育学科卒業。筑波大学大学院心身障害学研究科博士課程中退。淑徳大学社会福祉学部講師、文部省初等中等教育局幼稚園課教科調査官、東京家政大学家政学部児童学科教授、大妻女子大学家政学部児童学科教授。2016年10月に他界。
主な著書:『保育内容の基礎と演習』わかば社（2015）、『保育方法の基礎』わかば社（2015）、『保育原理の基礎と演習』わかば社（2016）、『障害児保育』ミネルヴァ書房（2001）、『子どもが生き生きする保育環境の構成』小学館（1997）、『保育者の新たな役割』小学館（1999）、『カウンセリングマインドの探究』フレーベル館（2001）、『歴史からみる日本の子育て』フレーベル館（2005）他多数。

東 智子（あずま ともこ）　竹早教員保育士養成所 非常勤講師

亀﨑 美沙子（かめざき みさこ）　十文字学園女子大学人間生活学部 准教授

河合 優子（かわい ゆうこ）　聖徳大学大学院教職研究科 教授

副島 里美（そえじま さとみ）　静岡県立大学短期大学部こども学科 准教授

細川 かおり（ほそかわ かおり）　千葉大学教育学部 教授

松田 好子（まつだ よしこ）　大阪芸術大学短期大学部通信教育部保育学科 専任講師、
石川県立保育専門学園 非常勤講師

宮﨑 豊（みやざき ゆたか）　玉川大学教育学部 教授

協　力　江東区こども発達センター「塩浜CoCo」

● 本文イラスト　　西田 ヒロコ
● 装　丁　　レフ・デザイン工房

2014年 4 月 30 日　初版発行
2023年 12 月 25 日　改訂版発行

編　者　柴 崎 正 行
発 行 者　川 口 直 子
発 行 所　（株）わかば社
〒173-0004　東京都板橋区板橋 2-46-12
tel(03)6905-6880 fax(03)6905-6812
(URL)https://www.wakabasya.com
(e-mail)info@wakabasya.com
印刷/製本　シ ナ ノ 印 刷（株）

● 落丁・乱丁などの不良本はお取り替えします。
● 定価は表紙（カバー）に表示してあります。
● 本書および本書の付属物を無断で複写（コピー）、引用することは著作権法上での例外を除き禁じられています。また代行業者等の第三者に依頼してスキャンやデジタル化することは、たとえ個人や家庭内の利用であっても一切認められておりません。

©Masayuki Shibazaki 2023 Printed in Japan　　　　ISBN 978-4-907270-46-9　C3037